JN437534

# 밀실에 갇힌 예수

밀실에 갇힌 예수



1판 1쇄 인쇄 2012년 5월 14일
1판 1쇄 펴냄 2012년 5월 21일

**지은이** 한종호
**편집** 이희은 | **관리** 김홍희
**디자인** Design Group All

**펴낸곳** 꽃자리
**출판등록** 1993년 5월 20일
**주소** 서울 성북구 성북동 184-37 2층
**전화** 02-762-0598~9 | **팩스** 02-765-9132
**전자우편** gagiobook@hanmail.net
**홈페이지** http://가교출판사.kr

ISBN 978-89-7777-197-0 03200
값 17,000원



**꽃자리는 가교출판의 임프린트입니다.**

# 밀실에 갇힌 예수

한종호 지음

꽃자리

차례



## 1부 숭(崇) – 높이어 기리다



## 2부 도(道) – 마땅히 향하다

## 3부 명(命) – 부르심에 답하다



## 4부 화(和) – 스미어 어울리다



## 5부 법(法) – 그리로 흐르다

서문

# 부끄럽고 민망하고, 죄스러운 마음

한국교회가 위기입니다. 교인 수가 더 이상 잘 늘어나지 않는다던가, 교회성장이 주춤해졌다는 사실 때문이 아닙니다. 정작 본질은 교회의 내면이 부패함으로 그 썩은 내가 교회는 물론 사회전반으로 영향을 끼치고 있는데, 교회 내부에선 교회성장 전략의 한계가 왔다는 등 안일한 생각에 빠져 있기 때문입니다. 한국교회는 지금 골병이 깊이 들어 있습니다. 하지만 안타깝게도 이러한 문제에 대해 절박하게 인식하지 못하고 있습니다. 교회는 스스로 구원하기에도 힘이 벅차 보입니다.

결국 한국교회 안에는 예수님이 계시지 않는 게 아닌가 하는 회의가 생겨납니다. 목회자들의 교권주의와 교회 지도자들의 탐욕이 예수님을 압도하고 있는 것은 아닌지요. 이러다가 교회가 예수님과는 아무 상관이 없는 조직으로 타락하고 마는 게 아닐까 하는 걱정이 깊어집니다. 교회가 예수의 이름을 부끄럽게 하고 하나님의 이름을 망령되이 일컫고 있다면 침묵하며 방관하는 우리들에게도 큰 죄가 있는 게 아니겠습니까?

그런데 이런 타락과 부패를 부추기고 있는 것은 교회 지도자들입니다. 그것도 이름 꽤나 날리고 있는 교회 지도자들이 한 손에는 권력, 다른 손에는 재력을 쥐고 이른바 잘나가는 목사로 살고 있습니다. 모든 특권의 주인이 되고 있는 것입니다. 예수님께서는 그걸 손에 놓고 살라고 몸소

가르치셨는데 그와는 전혀 반대로 가고 있는 것입니다. 이들이 그러고 있는 중에 교회를 통해 세상 권력을 쥐고 있는 일부 교회 지도자들이 세력을 넓힐수록 보통의 일반 신자들은 고통 속에 지내고 있으며, 교회는 사회적 지탄의 대상이 되고 있는 상황입니다. 한국교회에 속한 자로서 부끄럽고 민망하고, 죄스러운 마음입니다.

여기서 방향을 바로잡지 않으면, 그래서 제대로 가지 않으면 한국교회는 크게 실족하고 말 것입니다. 그런데 그건 단지 교회의 실족만으로 그치지 않습니다. 한국사회 전체의 정신적 보루가 무너지는 것을 의미합니다. 스스로도 구하지 못하고 남의 구원도 가로막고 있는 것이죠. 이걸 그대로 두고만 볼 수는 없는 지경입니다.

그래서 붓을 들었습니다. 오랫동안 기독교 언론 언저리에서 활동해오면서 직접 보았던 한국교회의 실상은 너무나도 암담했습니다. 교회에 속한 자로서 교회에 대해 비판의 칼을 드는 심정은 우울하고 무겁습니다. 그러나 예수님께서, "내가 평화를 주러 온 줄 아느냐? 검을 주러 왔다." 하신 말씀에 힘입습니다. 그 검으로 썩은 부위를 도려내지 않으면 우리 모두가 탁류에 휩쓸려 죽을 판입니다.

교회가 세상의 빛이 아니라, 빛을 막는 두꺼운 암막이며, 소금이 아니라 세상을 썩게 만드는 세균이 되고 있다면 기가 막힐 노릇이지 않겠습니까? 그런데 슬프게도 그게 현실입니다. 여기서 우리의 힘을 모아 막아야 합니다. 이름 없이 빛도 없이 예수님의 뒤를 따르는 훌륭한 분들이 도매금으로 넘어가는 것은 도저히 묵과할 수 없는 노릇입니다.

제가 이런 이야기를 할 자격이 있을까 하고 수없이 자문해보았습니다. 그러나 이건 자격 이전에 누군가 입을 열어야 하는 문제로 여겨졌습니다. 치부를 드러내지 않고 그걸 고칠 방법은 없습니다. 저도 그런 치부의

한 부분이라고 여기고 이걸 극복하지 않고서는 신앙인으로 설 수 없다는 심정으로 써두었던 글과 몇 편의 새 글을 묶어 세상에 내놓으려고 합니다. 20여 년이 넘는 세월 동안 기독교 언론에 몸담고 있으면서, 써내려간 흔적입니다. 한편으로 어쩌면 이것은 제 자신의 고백이기도 할 수 있다는 생각이 듭니다. 붓끝은 누군가를 겨냥하고 있지만, 사실은 제 자신을 그 겨냥의 대상에 올려놓고 끊임없는 반성을 해보고 있습니다.

오늘날 우리 사회는 거대한 전환의 기로에 서 있습니다. 신자유주의가 휩쓸고 간 자리에는 사회적 약자들의 고통이 강처럼 흐르고 있습니다. "정의가 강처럼 흐르게 하라."고 하신 성서의 말씀과는 반대의 현실입니다. 불투명한 정치적 현실도 우리에게 고민거리를 던져주고 있습니다. 희망이 될지 아니면 절망이 될지 우리가 잘 선택해야 하는 시기입니다. 이런 때, 우리 신앙의 현주소를 되돌아보고 길을 묻는 일이 요청되고 있습니다. 자신이 서 있는 좌표를 제대로 알지 않고서는 목표도 바로 정할 수 없지 않겠습니까?

부족한 글이지만, 우리의 시대상황을 그때마다 담아 낸 목소리들입니다. 시간이 지난 일도 있지만 그 본질은 크게 달라지지 않았다고 생각합니다. 그래서 이 목소리의 유효기간은 여전하다고 봅니다. 그 유효기간이 여전하다는 것이 우리에게 문제이지만, 그래도 어렴풋이나마 이 목소리에 귀를 기울여 주는 이들이 많아지면 많아질수록, 교회와 세상은 바뀌어나갈 것이라고 어줍지 않게 생각해 봅니다. 비록 이 목소리가 외로운 광야에서 외치는 목소리가 될 지도 모르겠지만, 본래 신앙은 있던 길을 가는 것이 아니라, 없던 길을 만들어 내는 것이며 그로써 하나님 나라의 감격을 함께 나누는 것이기에 용기를 얻습니다.

현실의 교회는 예수님을 밀실에 감금하고 있습니다. 교회의 제도 속에

질식시키고 있고, 교회의 탐욕을 위해 진짜 예수님은 사람들에게 보이지 않아야 하는 것이 되고 만 것입니다. 그래서 교회의 주인공은 예수님이 아니라 교권을 쥐고 있는 이들이 되고 말았습니다. 교회가 보여주고 있는 것은 예수님의 삶이 아니라, 이들의 힘입니다. 그래서 예수님이 곡을 해도 울지 않고, 피리를 불어도 춤추지 않습니다. 다른 가락에 맞춰 춤추고 다른 곡조를 따라 웁니다. 예수님은 이렇게 해서 우리 교회 안에서 따돌림을 받고 있습니다. 한국교회는 예수님을 왕따시키고 있는 셈입니다.

어찌해야 하겠습니까? 진실로 밀실에 갇힌 예수께서 광장에 나오셔서 우리와 함께 덩실덩실 춤추시면서 하나님 나라의 잔치를 베푸시는 그날을 꿈꿉니다. 이 세상에 가장 작은 이들에게 한 것이 곧 내게 한 것이라는 예수님의 말씀대로 살고 싶습니다. 새로운 세상이 펼쳐질 것을 믿으면서 미미한 목소리이나 하나님의 뜻을 믿고 한 권의 책으로 엮었습니다.

세상은 완연한 봄입니다. 꽃 진 자리에선 연둣빛 잎사귀가 새롭게 돋아나고 있습니다. 자연은 존재가 사라졌다고 없어지는 것이 아니라 새로운 생명으로 또 다른 삶을 내놓습니다. 자연의 한 존재인 우리 또한 그렇겠지요. 우리가 거듭날수록 한국교회도 그럴 수 있을 것이라고 믿습니다.

감사합니다.

초록이 온통 마음을 흔드는 5월

한종호

# 당신이 그린 우리의 자화상

## –우리의 병은 치유될 수 있다

민영진/전 대한성서공회 총무

드디어 일을 저지르셨네요. 저수지 둑에 몰래 구멍을 내셨군요. 이 책을 읽는 이들 중에서 적지 않은 독자들이 아직도 교회 안에 머물고 있었다면 서서히 현실 교회를 탈출하는 대열에 가담할 것 같은 생각이 들기도 합니다. 리처드 도킨스는《만들어진 신》서문에서 자기 책을 펴서 읽는 이가 그 책을 다 읽고 마지막 페이지를 닫을 무렵 그 독자는 무신론자가 되어 있을 것이라고 얘기하기도 했지요. 물론 내 경우, 오히려 신관을 더욱 확고하게 정립하는 계기가 되어서 도리어 그에게 감사하고 있습니다.

이 책을 통해 교계에서 존경받는 지도자들 중 몇을 골라서 그들이 얼마나 비기독교적인 사고를 하고 있는가 하는 점을 신랄하게 파헤친 것을 보면서 나는 내 자화상을 보는 것 같았습니다. 그들을 보는 나의 관용이 얼마나 비기독교적인 태도인가 하는 것도 스스로 발견할 수 있었습니다. 이이제이(以夷制夷) 곧 "오랑캐로 오랑캐를 친다."는 말은 일찍부터 들어 알았지만, 한 입으로 두 말 하는, "별일 없이 산다"는 어느 명사(名士)의 발언을 기억해 두었다가 후에 한 말로 전에 했던 말을 치는, 필자로서는 말 그대로 손도 안 대고 코를 풀어 제끼는 재치는 놀랍습니다. 그러나 지금 이런 덕담을 할 처지가 아니네요. "별일 없이 산다"는 분이나 "권력자의 영원한 친구"라는 분은, 한종호 목사께서(이하 한 목사) 짚은 점들만을 본다면 그것은 개인들의 역사이기보다는 기독교 주류의 한 집단의 사회적 전기(社會的 傳記 social biograpy) 같습니다. 그래서 아마 이런 관찰이 독자의 주목을 끌 것 같습니다.

청부(淸富)와 거부(巨富)를 논하는 데서는 앞의 글에 비해 날카로움이 많이 무디다는 생각을 했습니다. 한 목사께서 신학적으로 비평적으로 성찰하려는 대상의 주장을 소상하게 길게 인용하는 것부터가(정직한 태도이긴 하지만), 비판자의 칼날을 무디게 하고 있어요. 그들의 글을 읽지 못했던 이들이 오히려 여기에 인용된 그들의 주장을 읽고 그들에게 호감을 가질 것 같은 생각도 들었습니다. 마치 어두웠던 시대 마르크스주의 비판 서적에 인용된 《자본론》의 단편들을 읽고 마르크시스트가 된 것처럼 말입니다. 다만 그들이 간과한 예수 정신을 한 목사님은 강조하셨는데, 비록 그 목소리가 그들의 설교보다 세미해도 들을 귀를 가진 독자들이 있어 들을 수 있으면 좋겠습니다. 사전에도 올라 있지 않은 청부(淸富)에 관해서는, 미처 일반 독자가 생각하지 못한 신학적 논의를 한 목사께서 소개하고 계신데, 이 부분은 자본주의 사회에 살고 있는 독자들로 하여금 부(富)에 관한 기독교적 성찰을 할 수 있는 좋은 자료를 제공했다고 봅니다.

한 목사의 글을 읽으면서 줄곧 한 목사의 어머니를 생각했어요. 죄송하지만, 예수께서 하시는 말씀을 듣던 한 부인이 큰 소리로 "당신을 밴 태와 당신을 먹인 젖이 참으로 복이 있다."고 한 말이 자꾸 생각났어요. 우리의 일그러진 자화상을 참으로 잘 그려내고 있기 때문입니다. 한국기독교의 미래가 아니, 이미 현재가 비관적일 수밖에 없다고, 누가 기독교를 헐뜯고 무너뜨려서가 아니라 이미 기독교 내부에서부터 지리멸렬한 상태에 빠져들었다는 참담한 심정을 한 목사의 글에서 확인할 즈음에 한 목사께서는 "복음의 멋진 바람이 불어온다."고 속삭이는 소리를 듣습니다. 어떻게 보면, 편애(偏愛) 같기도 합니다. "가시는 길을 따라 나선" 그 목사를 저도 주목하고 있습니다. 개인적으로 저는 그가 헨리 나우웬보다 더 영성이 깊고 감화력이 크다고 보고 있습니다. 그의 설교는 우리를 위로하기보다는 정화시키는 쪽입니다. 우리를 격려하기보다는 우리의 죽어버린 자정능력을 살려내기도 합니다. 개혁에 관한 우리의 비관주의를 낙관주의로 바꾸기도 합니다. 그러나 저는 그의 글을 대할 때마다, 그가 변화를 말할 때마다 욥기 11장 12절을 생각합니다. "거짓된 사람도 제정신이 들 때가 오는 법, 들나귀도 길이 들지 않는가!"(「공역」 욥 11:12). 희망이 있어요. 그러나 같은 구절을 다른 번역으로 읽어 봅니다. "미련한 사람이 똑똑해지기를 바라느니 차라리 들나귀가 사람 낳기를 기다려라."(「새번역」 욥 11:12). 어떤 사람이나 집단은 포기해버릴 수밖에 없어요.

한 목사께서 주목해 보셨으면 하는 다른 목사 한 사람이 있습니다. 은평구의 한 작은 교회 목사입니다. 저는 언젠가 그의 짧은 칼럼 "말씀으로 죄악을 마사지하는 설교자들"이라는 글을 읽고(「햇순」 174호, 2010년 8월) 제가 지금까지 설교를 해 온 것 그 자체가 내가 지은 큰 죄임을 깨닫고 자괴감에 빠졌던 그 순간을 지금도 쓰라리게 기억합니다.

소년 문익환을 길러낸 자양분, 옥에 가둘 수 없는 그의 영혼, 미래를 준비하는 예언자적 비전과 실천, 모두 감격스러웠습니다. 자랑스러웠습니다. 그는 가톨릭과 개신교가 함께 성경을 번역하는 에큐메니즘 실천에서 주도적 역할을 담당한 번역자였음을 첨가하고 싶습니다.

복음과 성공주의 이데올로기 비판, 순복음교회 성령운동의 빛과 그림자, 부자교회의 세습 문제에 대한 통찰과 반성, 이 시대 산상수훈의 하나님 통치와 성서에 나타난 마이너리티의 재발견은 우리의 병든 어머니(교회)를 회생시킬 수 있는 처방입니다. 자살과 빈곤과 삶에 대한 환멸을 춤과 풍요와 찬양으로 바꿀 수 있는 처방입니다. 종교가 악마화되는 것을 막을 수 있는 길이기도 하고요.

저는 한 목사께서 교회 현실을 비판 일변도로 끌고 가지 않고, 목회자와 일반 신도가 각자 자기 위치에서 어떻게 교회 갱신에 참여할 수 있는지를 3부 "부르심에 답하다"에서 제시한 것을 보며 타당하고 실천 가능성이 있는 제안이라고 생각합니다.

종교학자 오강남 교수가 《예수는 없다》라는 책을 써서 교회의 고질을 고발했는데, 그 저자의 의도와는 무관하게 교회가 예수를 밀실에 가두어 버렸으니 "예수는 없다"고 말할 수 있겠군요. 어느 누구도 도스토옙스키를 기독교인이라고 말하지는 않지만 그의 소설 주인공들을 통해서 기독교인이 되었거나 기독교에 긍정적 관심을 가지게 되었다는 고백은 자주 듣습니다. 그가 했던 당대 러시아 기독교 비판이 오히려 기독교의 선교에 공헌한 것입니다. 한 목사께서 쓰신 이 책도 그런 기능을 할 수 있다고 확신합니다.

교회를 떠나기를 한사코 거부하며 실망과 좌절을 겪으면서도 남아 있는 이들이 아직 많습니다. 교회의 바른 모습을 그들의 생애에서 보고 싶고 그런 부름에 기꺼이 참여할 의지를 가지고 있는 이들이 아직 제 주변에도 많습니다. 그들에게 한 목사께서 쓰신 이 책은 교과서로서의 기능을 가질 수 있다고 봅니다. 우선 저부터 이것을 교재로 하여 그들과의 대화를 시도해 보려고 합니다.

한 목사의 곧고 바른 건필을 바라면서 이만 접습니다.

01

# 숭(崇)

## 높이어 기리다

김진홍 목사 ‘별일 없이 산다’

권력자의 영원한 친구 김장환 목사

청부(淸富)와 훌륭한 거부(巨富) 곁에서 서성대는 예수

김동호 목사의 ‘부와 생명’에 대한 생각

복음의 멋진 바람이 분다

퇴색하지 않는 아름다움, 늦봄 문익환

유영모와 함석헌 어떻게 읽을 것인가

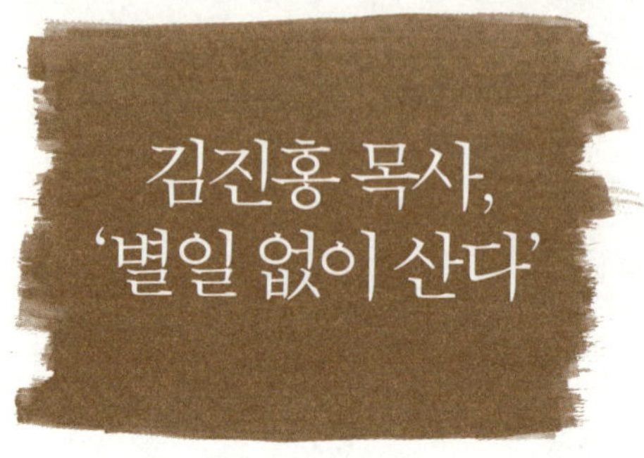

# 김진홍 목사, '별일 없이 산다'

한국교회에서 영향력 있는 목회자 가운데 하나인 김진홍 목사가 노무현 전 대통령의 서거를 둘러싸고 논란의 와중에 휩싸인 적이 있었다. 그는 노 대통령의 서거가 자살이라는 방식을 택했다는 점을 지목하고 모방자살의 여파를 낳을 것이라고 비판했던 것이다. 그러나 이러한 인식은 노 전 대통령을 자살로 몰고 간 정황과 세력에 대해서는 침묵함으로써 현 집권세력의 권력 옹호라는 또 다른 비판을 낳았다. 사람이 그저 목숨을 끊는 일은 없는 데도 불구하고 그렇게 된 연유와 전후사정을 살피지 않는 일방적 매도는 고인에 대한 모독이기도 하다.

그는 당시 〈미래한국〉과의 인터뷰를 통해 자신의 생각을 소상히 밝혔다. 이에 그의 생각과 발언을 근거로 김진홍 목사의 정세인식이 과연 옳은 것이지 살펴보기로 한다. 그는 노무현 전 대통령의 서거 이후 추모열기와 관련해서 이렇게 말한다.

국민 여론이나 사회분위기가 차분하지 못하고 허공에 뜬 거 같아요. 할 말은 하고 애도를 해야지, 순교자처럼 만들면 본질에서 벗어난 거죠. 벌써 노 대통령 따라 죽은 여고생이 나왔잖아요. 그걸 걱정한 겁니다.

그는 국민들의 슬픔과 자발적 추모열기를 차분하지 못하다고 비난하고 허공에 뜬 것이라고 폄하했다. 그렇다면 5백만 명이 넘는 국민들이 그저 분위기에 휩싸여 애도했다는 것이며 차분한 성찰도 없이 그의 죽음을 아파했다는 말인가? 게다가 노무현 대통령을 따라 죽었다고 하는 것을 단순히 모방자살이라고 평가하고, 그 안에 담긴 애정과 아픔에 대해서는 눈을 돌리지 않고 있다.

노무현 대통령의 죽음은 결코 단순한 사건이 아니다. 그렇기 때문에 국민들 스스로도 몰랐던 국민적 사랑이 집약된 현장이 만들어진 것이다. 이러할 때 김진홍 목사는 이 죽음에 대해 비판적으로만 볼 것이 아니라 아파하는 국민들의 심정을 살피고 절절한 심정으로 애도하는 국민들 앞에서 이명박 정권이 보다 겸허해져야 할 것을 주문했어야 했다. 또한 따라 죽는 사람들을 우려했다면, 아무리 마음 아파도 노무현 전 대통령의 뜻을 현실에서 살리기 위해서라도 더욱 꿋꿋이 살아야 한다는 위로와 격려가 더욱 필요했던 것이 아니겠는가? 그에 더하여 노무현 대통령의 서거를 순교로 만들었다고 못마땅해했는데 이는 노 전 대통령의 죽음이 놓인 맥락과 정치적 타살의 성격을 가진 그의 죽음에 대한 무지한 발언이 아닐 수 없다. 노무현 전 대통령의 죽음에 대한 순교적 차원의 평가가 일반적인 것은 아니지만, 일각에서 그렇게 여기는 것은 그가 지향해 왔던 가치가 민주주의이고 그 민주주의가 압살되는 과정에서 빚어진 죽음이기에 순교라는 인식이 가능했던 것이다. 그렇다면 이 경우 김진홍 목사가 말해야 할 것은 그러한 죽음이 또다시 되풀이 되지 않기 위해서라도 참다운 민주주의의 회복이 중요함을 역설했어야 했다.

### 나는 워낙 '배째라' 하는 성격

한편으로 그는 자신에 대한 비판이 잦아드는 것에 대해 국민들의 망각을 비웃었다.

나는 워낙 '배째라' 하는 성격이니까 웃지만, 우리 교인 중에서 섭섭해서 교회 안 나오겠다는 사람도 있었고, 두레교회 인터넷이 마비되고, 그냥 안 둔다는 전화가 빗발쳤죠. 그냥 안 둬 봐라, 신경 안 쓴다, 그러고 말았지요. 지금은 조용해요. 다행히 잘 잊어버리는 국민이라….(웃음)

김 목사의 발언에서 보듯 이 사회의 집권세력 내지 주류는 이 비극적이고 충격적인 사건에 대해 망각을 기대하는 모양이다. 망각하고 망각하기를 바라면서 이 사건의 의미에 대해 깨닫고 깊이 성찰하려는 노력이 중단되기를 바라는 것이 아니고 무엇이겠는가? 그는 이 사건이 결코 망각되지 않아야 하며 그 죽음에 대한 성찰을 통해 우리 사회가 발전할 수 있는 중요한 계기를 발견하고 신앙적 해석을 제시해야 할 위치에 있는 인물이 아니던가?

김진홍 목사는 또한 노무현 전 대통령과 이명박 대통령 두 사람을 비교하면서 이렇게 말했다.

이명박 대통령이나 노무현 대통령은 출발점이 비슷합니다. 바닥에서 어금니 물고 쌓아 올라왔는데 노무현 대통령은 기본적으로 낙관적이지 못했습니다. 신앙에 의지하느냐 안 하느냐의 차이지요. 노무현 대통령의 유서에 '삶과 죽음은 하나'라고 했는데 그렇다면 '이 악물고 살자' 하는 게 이명박, 김진홍 스타일입니다. 김대중 대통령이 '나라도 죽었을 거다'고 했는데, 그것도 비관적인 견해지요. 생각의 기준은 간단합니다. 아들에게 '나를 본받으라'고 할 수 있으면 좋은 거고, '너는 그러면 안 돼'라고 할 정도면 다시 생각해봐야지요. 큰 가치관은 단순하고 명확합니다. 복잡한 건 인위적이에요.

그는 노무현 전 대통령의 죽음은 비관적 사고의 결과라고 진단한다.

그렇다면 이명박 대통령에게도 노무현 전 대통령과 유사한 상황에 놓였다면, 이라는 가정을 전제로 해야 그 평가가 균형이 잡히고, 두 사람이 일생을 통해 지향해온 가치가 무엇인지 정리해야 옳은 것 아니겠는가. 한 사람은 오로지 사적 이해에 사로잡힌 욕망의 정치에 몰두해온 사람이고, 다른 한 사람은 민주주의의 가치를 구현하기 위해 노력해온 인생을 살았다. 사적 이해에 사로잡힌 인물이 수단과 방법을 가리지 않고 포악한 모습으로 권력을 행사하는 것에 반해, 다른 한 사람은 있던 권력도 내려놓고 새로운 사회를 만들기 위해 전력을 다해왔다는 점에 주목하지 않고 낙관과 비관이라는 적용의 의미도 없는 단순한 기준으로 평가하고 있다.

또한 그는 일과 관련한 자신의 원칙을 제시하면서 자기가 얼마나 깊은 성찰을 하고 있는지 말한다.

예수님의 이름으로 교회와 백성을 섬기는 데 꼭 필요한 일이냐 아니냐를 1주일 정도 깊이 기도하고 생각한 뒤 해야 될 일이라는 확신이 오면 두 번째 질문을 합니다. 좋은 일이라고 내가 다 할 수는 없으니까 '내가 해야 할 일이냐, 다른 사람이 해도 되나'를 따져봅니다. 내가 할 일이라는 결론이 나면 '지금 해야 할 일이냐, 나중 미뤄도 되나'를 결정해야죠. 지금 해야 한다는 확증이 오면 '돈이 없다, 조직이 없다, 노하우가 없다'에 관계없이 무조건 합니다. 뉴라이트도, 30대에 빈민촌으로 들어갈 때도, 두레교회를 시작할 때도 그런 과정을 거쳤습니다. 일을 시작하기 전에 한 달 정도 생각하고 기도하고 평가하는 기간을 가지면서 그걸 글로 남겨 책을 냅니다. 노무현 대통령이 나라와 백성을 위해 죽어야 하나, 깊이 생각했다면 결과가 달라졌겠지요. 삶과 죽음은 하나다, 멋있는 얘기지요. 그래도 죽으면 안 됩니다. 애석하게 생각합니다.

한때 이 사회의 민주주의를 위하고 빈민들을 위해 살아왔다는 사람이 이 사회의 기득권층을 옹호하는 뉴라이트의 선두에 선 변치고는 설득력도 없고 자기성찰의 깊이도 엿볼 수 없다. 이것은 그의 전향에 대한 변명으로 들린다. 원칙을 세운 뉴라이트 활동이라고 하지만 그것으로 해서 이 사회는 과거회귀의 역주행 체제로 가고 있지 않은가? 그에 대한 성찰의 편린도 없다.

결국 그는 자신의 원칙에 담긴 내용보다는 자기가 얼마나 힘들게 일들을 감당하고 있는지를 말하는 데 급급하다.

두레교회 목회와 두레마을 운영을 하면서 뉴라이트까지 하느라 기력이 많이 쇠했어요. 하루에 서울, 수원, 대구 옮겨가며 강연을 7번 한 적도 있어요. 우리 교인이 6,000명인데 힘들지요. 과부하가 걸렸어요. 그동안 힘든 세월을 살아왔습니다. 천국에 가는 게 신청제라면 벌써 죽었을 겁니다. 힘들어도 내세관이 있어 열심히 살고 있습니다.

### 이명박이라는 상품 자체가 좋았어요

뉴라이트 같은, 하지 말아야 할 일을 굳이 하면서 힘겹다고 호소하는 것을 우리는 어떻게 들어야 할까?

이와 함께 그는 이명박 대통령에 대한 평가를 이렇게 내린다.

이명박이라는 상품 자체가 좋았어요. 친북 좌파가 지나치게 왼쪽으로 쏠려 국민들의 우려가 깊었어요. 누군가 깃발을 들어줄 필요가 있었는데 뉴라이트가 타이밍에 잘 맞았던 거죠. 맨 처음 뉴라이트 시작할 때 한동대 다니는 아들이 '아버지가 보수주의자 되었다고 교수도 동료도 공격하는데 어떻게 된 거냐'고 물어요. 아들한테 '2년만 지나면 사회 자체가 보수로 회귀한다. 나는 시대정신을 앞질러 가는 거다'라고 얘기했는데 달라졌죠? 뉴라이트를 적절한 시기에 시작한 거, 단기 목표를 성취한 거, 제때 끝낸 거, 제자리에 돌아온 거, 다 만족하고 다 좋습니다.

이명박이라는 상품이 어째서 좋은 것인지 그의 생각을 더 들어보자.

시간이 문제지, 좋아요. 박정희 대통령 이후 최고의 대통령이 될 겁니다. 기대에 못 미친다고 생각하는 건데, 대통령의 일하는 솜씨가 시간이 좀 걸립니다. 금년 들어 페이스를 찾기 시작했으니 내년에는 확실히 좋아질 거고 퇴

임할 때는 좋은 대통령으로 박수 받고 나갈 것으로 100% 확신합니다.

그의 눈에는 이명박 정부의 경찰 폭력과 서울시청 광장 폐쇄, 빈부격차를 심화시키는 정책, 무모한 4대강 정책이 보이지 않는 모양이다. 용산참사도 그의 뇌리에는 존재하지 않는 사건에 불과하다. 이렇게 현실을 알지 못하면서 이명박 상품론을 펼치는 그의 논리는 어떤 현실적 적합성이 있겠는가?

그는 이명박 평가가 제대로 이루어지지 못하고 있는 것은 국민들의 조급성이 원인이라고 지적한다.

그 조급성이 나라를 여기까지 이끌어왔는데 조금 자제할 때도 됐지요. 하느님이 보우하사, 애국가를 잘 지었어요. 이명박 대통령이 들어온 것만 봐도 그렇죠. 다른 사람이 되었다면 경제위기를 어떻게 헤쳐 나가겠어요. 생각만 해도 아찔합니다. 하나님의 은혜입니다.

'하나님의 은혜'라고까지 들먹인다. 이렇게 되니 더 이상 합리적 토론은 거의 불가능해지는 지경이다. 공권력의 폭력을 정당화하는 대통령을 하나님의 은혜의 결과라고 하고, 부자를 위한 정책일변도의 정부 아래서 매일 가난한 사람들이 고통받고 있는데도 이런 말을 하는 그가 과연 과거에 빈민운동을 했던 사람인가 싶기조차 하다.

이명박 대통령에 대한 그의 옹호와 신뢰는 극에 달한다.

최상의 대통령이 적절한 시기에 뽑혔다고 생각합니다. 그분 솜씨를 아니까, 일하는 스타일이 있으니까, 걱정 안 합니다. 첫해는 죽 쑤고, 2년째 감 잡아서, 3년째 속도 내서, 물러날 때는 박수받고 물러날 것으로 예측합니다. 20년 동안 매주 만나 잘 파악하고 있습니다.

'명박산성'에서 알 수 있듯이 국민과의 소통에 실패하고 있을 뿐만 아니라 아예 거부하고 있는 인물을 이런 평가로 치켜세우는 것을 들으니 한심하기 그지없다. 이러할 때 우리는 어떤 생각을 해야 할까?

이 대통령이 포용력이 부족하다는 국민적 비판에 대해서도 그는 이렇게 반박한다.

그건 이명박 대통령에 대한 실례입니다. 박근혜 의원은 한 지역구의 국회의원일 따름이고 이명박 대통령은 한 나라의 대통령입니다. 지역구 국회의원을 대통령과 비교하는 건 밸런스가 맞지 않는 일이죠. 이명박 대통령이 성공해야 박근혜 의원도 유리합니다. 이명박 대통령의 성공을 돕지 않으면 박 의원도 불리해집니다. … 이 대통령은 치밀하고 일에 대한 감을 잡는 데 도사급입니다. 타의 추종을 불허합니다. 나라를 제대로 이끌어 가고 있습니다.

용비어천가를 부르는 김진홍 목사는 이제 어떤 지점까지 가고 있는 것일까?

장점은 인내심이 깊다는 것과 일을 천재적으로 잘한다는 점 그리고 안에서 정리된 투지가 대단하다는 점입니다. 단점은 스킨십이 약하다는 건데 단점이라기보다 팔자라고 할까요. 여의도와 언론 풍토를 싫어해서 투자를 안 해요. 탁월한 사람일수록 밑에 사람이 적지요. 나도 머리가 나쁜 편은 아닌데 대통령 되기 전에 이명박 장로와 얘기하다가 그 탁월성에 깜짝 깜짝 놀란 적이 많아요.

그는 이처럼 이명박 대통령의 탁월성에 찬사를 보내고 있다. 우리가 그 탁월성으로 인해 수종류의 고통을 받고 있는데도 말이다.

그런데 참 알다가 모르겠는 게, 이명박 정권 말기가 되니까 말이 싹 바뀌고 있다. 2011년 12월 12일자 〈주간조선〉과의 인터뷰는 이렇게 표현되어 있다.

김진홍 목사가 〈주간조선〉과 만나 이 대통령을 향해 직격탄을 날렸다. 박근혜 전 한나라당 대표, 정부 여당을 향해서도 독설을 퍼부었다. 김 목사는 이 대통령을 향해서는 "정치적 상상력이 없다"고 했고, 박근혜 전 대표에 대해서는 "긴가민가하면서 그를 지지하던 보수층이 이제는 등을 돌렸다"며 평가절하했다. 한나라당에 대해서는 “같잖다” “골빈당” 등 원색적인 표현을 사용해 공격했다.

참으로 격세지감이다. 그렇게 찬사를 보내던 이명박에 대한 그의 평가를 보자.

여권이 제 구실을 못하고 혼란에 휩쓸린 제 1 원인은 이명박 대통령에게 있다고 봅니다. 대통령 자리가 정치하는 자리임에도 불구하고 자신은 정치에 초연하다는 이유로 너무나 무관심, 무책임하게 굴었죠. 이 대통령이 지난 4년간 국정 운영을 하면서 너무나 정치력을 발휘하지 못해 결국 중심을 잃은 여권이 분산돼서 ‘주인 없는 집’처럼 혼란에 빠졌습니다.

그런데 막판 거리두기는 이 정도에서 끝나지 않는다. 다음의 말을 들어보자.

소통이 안 된다고 얘기하는데 내가 보기에는 ‘소통 DNA’가 없는 사람한테 ‘소통’ 얘기를 가지고 비판해봐야 서로가 불편해지는 겁니다. ‘소통’ 능력이 없으면 있는 사람을 쓰면 되는데 자꾸 ‘편한 사람’만 쓰니까 소통도 안 되고 인사 문제도 불거지는 겁니다. 여권 주변에 소통 능력과 정치력이 있는 사람이 없는 게 아니거든요. 그런 사람들은 재고로만 남겨두니까 문제지요.

대통령 중심제는 본인이 알아서 안 하면 답이 없어요. 장점이자 한계지요.

이렇게 이명박 평가가 달라진 이유를 우리는 그에게서 듣지 못한다. 그토록 칭찬하면서 "상품이 좋다, 박수받으며 떠날 것이다." 하더니 이게 웬일일까? 한 가지만 짚자. 그의 말을 듣고 이명박에게 표를 주었던 이들에 대한 책임은 누가 져야 하는 것일까? 참으로 내키는 대로 말하면서 산다는 느낌이다.

그가 하는 말을 보며 장안에 화제가 되었던 '장기하와 얼굴들'이 부른 〈별일 없이 산다〉가 떠오르는 것은 왜일까. 그것이 알고 싶을 뿐이다.

니가 깜짝 놀랄만한 얘기를 들려주마
아마 절대로 기쁘게 듣지는 못할 거다

뭐냐하면

나는 별일 없이 산다 뭐 별다른 걱정 없다
나는 별일 없이 산다 이렇다 할 고민 없다

니가 들으면 십중팔구 불쾌해질 얘기를 들려주마
오늘밤 절대로 두 다리 쭉 뻗고 잠들진 못할 거다

그게 뭐냐면

나는 별일 없이 산다 뭐 별다른 걱정 없다
나는 별일 없이 산다 이렇다 할 고민 없다

이번 건 니가 절대로 믿고 싶지가 않을 거다
그것만은 사실이 아니길 엄청 바랄 거다

하지만

나는 사는 게 재밌다 하루하루 즐거웁다
나는 사는 게 재밌다 매일매일 신난다

– '장기하와 얼굴들' 〈별일 없이 산다〉

# 권력자의 영원한 친구 김장환 목사

수원중앙침례교회 원로목사이자 극동방송 이사장일 뿐만 아니라, 침례교세계연맹 총회장을 지낸 김장환 목사의 성장기는 흥미롭다. 전쟁의 화마(火魔) 속에서 헤매고 있던 가난한 나라의 한 소년이 당시에는 꿈꾸기 어려웠던 미국에 건너가 중 · 고등학교와 신학대학원까지 마친 뒤 돌아와 이제는 세계적인 기독교 지도자로 자리매김 한 것은 실로 입지전적인 이야기이다. 아무런 신앙적 배경도 없던 소년이, 이역(異域)에서 난관을 뚫고 실력을 쌓아 고국에 돌아온 후 영적 사역에 힘쓰는 인물이 되었다는 것은 감격적인 간증이다.

이와 함께 그가 오늘날 정계에도 막대한 영향력을 미치는 교계 지도자로서 굳건한 위치를 지니고 있다는 점도 목사 김장환에 대한 세간의 관심을 불러 모으는 일이 아닐 수 없다. 그의 전기 《김장환 목사 이야기–그를 만나면 마음에 평안이 온다》 출판 기념식에 내로라 하는 유명 인사들이 운집한 것은 김장환 목사의 정치사회적 위상을 그대로 보여준 사건이었다. 그렇게 우리 사회에 영향력이 막대한 개신교 목사가 있다는 것은 우리에겐 자랑이요, 또한 어려운 처지에 있는 현실에선 소망이 되지 않을 수 없다.

그러나 그의 유명세와 영향력과 위상이 과연 우리 사회를 위해서 바람직한 내용으로 채워져 있는가, 라는 질문을 던질 때 우리는 김장환 목사에 대한 비판적인 시선을 거두지 않을 수 없다. 물론 그의 개인적 성장사에 담겨 있는 고난과 노력 그리고 이후 그가 괄목할 만한 지위를 가지고 여러 일을 해온 것은 결코 가볍게 평가할 일은 아니다. 하지만 그의 삶에서 보이는 그의 가치관과 행적, 그의 정치사회적 영향력의 성격은 이 나라 이 사회의 불의한 기득권과 깊이 얽혀 있다는 점에서 그의 존재는 중대한 질문이 된다.

### 출세지향적 처세관으로 일관한 인생

침례교세계연맹의 총회장이 될 정도라면 대단한 인물임에 틀림이 없겠지만, 그 대단함이 담고 있는 진정한 내용을 보자면 우리는 그의 인생 전체에 걸쳐 일관된 출세지향적 처세관과 이를 이루기 위한 '야망의 열정'을 보게 된다. 그래서 그에게서 하나님의 의를 기준으로 한 역사관에 투철한 자세를 찾아보기 어렵다. 그는 언제나 힘이 있는 곳에 그의 자리를 정하며, 그러한 일에 매우 민감하다는 것을 우리는 알게 된다. 권력자와의 교분을 통해 그가 자신의 위치를 굳건히 하는 과정은 뒤집어보자면 그 권력자들로부터 고통을 당하고 희생을 치르는 사람들에 대한 무관심과 연결된다. 그의 전기 《김장환 목사 이야기-그를 만나면 마음에 평안이 온다》를 읽어보면, 역사의 정의에 대한 그의 관심이라든가 이 땅의 백성들이 겪는 고난에 대한 아픔과 관련한 이야기는 찾을 수 없다. 그러한 것들은 그에게 관심 밖의 사안들이기 때문이다.

오늘날 이 땅이 겪고 있는 불의와 고난의 현실에서, 그는 다소 신랄하게 말하자면, 여전히 골프가 싱글인 목사요, 권력자들과 교분을 나누면서 유명세를 누리는 상류층 인사일 따름이다. 세상은 상류층에 대한 선망을 갖고 있지만 목사는 상류층에 속하는 순간부터 낮은 자리의 섬김과는 멀어지게 마련이다. 이런 그가 우리에게 있어서 귀감의 모형이 될 수는 없다. 우리는 그가 가난한 나라의 소년으로 전쟁의 과정에서 미군 하우스보이 생활을 하다가 미국으로 건너가 어렵게 공부를 마치고 돌아와 목회 현장에 자신의 삶을 투신한 것에 대해서 경의를 표한다. 그리고 그가 자신의 능력을 십분 발휘하여 교회와 방송국을 키우고, 선교 영역을 계속 확대해 온 것에 대해 역시 경의를 표하는 바이다. 그러나 그러한 과정에서 보였던 그의 삶과 행적은 불의한 권력자들에게 기울어 있어 역사의 정의를 외면하고 백성들의 고난과는 거리가 있는 방향으로 치달아 왔다고 할 수 있다.

우선 그가 오늘날 맺고 있는 인간관계의 기본 성격, 특히 권력자들과의 연결이 가지고 있는 특성을 유념해서 보고자 한다. 이렇게 하는 까닭은 목사로서의 그의 정치사회적 위상은 그가 살아온 삶의 내용을 그대로 반영해주기 때문이다.

## 박정희 시절, 미국 순회하며 반한 여론 잠재우는데 앞장

그의 책 서문에는 다음과 같은 구절이 있다. '특별히 자서전 출판기념회 서평을 맡아주신 존경하는 전두환 전 대통령' 30년 전 우리의 5월은 바로 이 전직 대통령이라는 인물이 중심이 된 폭력으로 온 나라가 깊은 질고를 겪었으며, 그로써 역사의 진전은 가로막혔다. 또한 그가 대통령이 된 이후 이 나라는 무수한 젊은이들을 잃었고, 막강한 폭력 체제로 인해 민주주의의 발전은 좌절되었다. 그런 현실에서는 아무런 발언도 하지 않았던 김장환 목사가 권력자가 된 전두환 전 대통령의 정치적 요청을 받아들여 움직였던 행적은 그가 오늘 누리는 사회적 영광의 배경에 무엇이 존재하고 있는가를 되돌아보게 한다. 불의한 권력의 죄를 고발하고 그로 인해 고통 받는 백성들의 삶을 위로하며 용기와 희망을 북돋게 하는 대신, 그 권력과 친밀한 것을 과시하는 목사에게서 우리는 과연 무엇을 기대할 수 있을까.

전기는 그가 '각계각층의 실력자들과 교분을 쌓고 있다.'고 적고 있다. 이에 대해서 당사자인 김장환 목사는 그가 만나는 모든 사람이 전도 대상이라고 대답하고 있다. 얼핏 옳은 이야기로 들린다. 그런데 김장환 목사는 전도 대상인 권력자들의 삶을 변화시키는 전도를 하는 것이 아니라, 권력자들과의 친분 쌓기에 주력하는 전도 활동을 하고 있으니 그것은 결코 전도(傳道)라고 부를 수 없다. 그것은 권력자의 벗이 되려는 출세지향적 자세이며, 그로써 정치사회적 영향력을 가지려는 야망의 표출 외에 다름 아니다.

각계각층의 실력자들과 교분을 쌓는 것이 전도가 되려면, 불의한 정치사회 지도자들의 삶을 근본적으로 변화시키려는 노력이 있어야 하며 삭개오처럼 "내 소유의 절반을 가난한 사람들에게 주겠습니다. 또 내가 누구에게 강탈을 했으면 네 배로 갚아주겠습니다."라는 고백을 이끌어 내도록 해야 하는 것이다. 그러나 그는 권력자들의 불의를 불의로 인식하게 하는게 아니라 자신에 대한 이들의 인정을 자신의 사회적 영향력으로 삼는 일에 골몰했다.

김장환 목사는 박정희 시절, 미주 전역을 순회하면서 당시 이른바 반한(反韓) 여론을 잠재우는 일을 맡았다. 이때의 반한 여론이란 무엇인가? 그것은 한마디로 박정희 독재에 대한 비판이었다. 그렇다면 그의 반한 여론 잠재우기란 결국 박정희 독재 체제에 대한 옹호였다는 이야기가 된다. 하여 당시 박정희 정부의 관리이자 국회의원을 지낸 김영광 전 의원은 "이들이 박정희 대통령으로부터 전폭적인 지지를 받은 '대통령 특사'나 다름없었다."라고 했다. 당시 국내적으로나 국외적으로나 박정희 정권의 억압과 폭력으로 고통을 받고 있던 사람들의 저항의 파고는 높아지고 있는데, 김장환 목사는 불의한 권력자의 편에 서서 폭력의 정당성을 홍보하고 있었던 것이다. 그에게는 실로 역사의 정의라든가, 폭력과 독선을 거부하는 하나님의 선함과 평화에 대한 신앙적 신념이 존재하지 않았다.

## 전두환 정권의 '5월 폭력'에도 침묵으로 방관

전두환 전 대통령과의 교분은 그가 박정희 정권시절부터였다고 기록하고 있다. 그가 차지철 경호실장 밑에서 차장보로 있을 때 예배에 참석한 후였다는 것이다. 이후 전두환을 중심으로 한 신군부가 5월의 폭력을 자행하고 있는 상황에서 김장환 목사는 전두환 당시 국보위 위원장과의 만남을 가진다. 그의 책에는 이 장면을 이렇게 적고 있다.

5월 초 신록이 물들기 시작할 무렵 김장환 목사의 인계동 집 정원에서 전두환 위원장은 실로 오랜만에 느긋한 시간을 보낼 수 있었다. 보안사 요원들이 집을 빙 둘러싸고 있어 바깥 분위기는 긴장이 감돌았지만 식사하는 동안 참석자들은 화기애애한 시간을 가졌다.

이때가 어떤 때인가? 한국의 민주주의가 기로에 서 있고, 군부의 폭력이 역사를 짓밟고 있을 때가 아니었던가? 그런데 김장환 목사는 박정희 정권이 끝나자 이제 새로운 독재자로 등장한 전두환과 '화기애애한 시간'을 가졌다는 것이다. 김장환 목사가 가진 화기애애한 시간에 민주화 운동의 지도자들이 체포되어 고문을 당하고 이 나라 백성들은 피를 묻힌 군홧발에 숨죽여야 했다는 사실에 대해 오늘날 그는 어떻게 생각하고 있는지 궁금하기 짝이 없다.

5월 광주항쟁이 발생하자 전두환 국보위 상임위원장이 김 목사에게 어떻게 대처하는 것이 좋을 지에 대한 자문을 구했다. 김 목사는 군목을 광주로 내려 보내 정확한 사태를 파악하는 것이 급선무라고 이야기했다.

이후 군목과 광주 현지에 내려가 현장의 소리를 듣고도 그는 전두환에게 이를 직접 알리지 않고 군목에게 떠넘긴다. 폭력 진압을 중지하는 것이 우선이었으나 그는 그렇게 하지 않았다. 그에게 광주 현장은 "한마디로 무법천지"로 규정될 뿐, 그 현장에 가한 불의한 권력자의 폭력에 대해서는 침묵했던 것이다.

"어떻게 대처할까요?" 하는 권력자의 물음에 침묵한 것은, 그가 그의 폭력에 암묵적으로 동조한 것과 다름이 없고 따라서 그는 전두환 체제 성립에 협력한 셈이었다. 그러하기에 그가 이후 전두환 체제의 정치적 안정을 위해 정치 활동을 한 것은 당연한 결과였다. 이러한 맥락 속에서, 김장환 목사는 전두환 정권 당시 수원 지역의 국회의원으로 출마하라는 권유를 받는다. 그러나 그는 이를 거절하면서, 시애틀 총영사로 있던 죽마고우 안세훈을 대신 천거한다. 전두환 폭력 체제의 정치적 생명을 위해서 죽마고우를 활용한 셈이다.

뿐만 아니라 그는 전두환에서 노태우로 이어지는 권력 교체기인 1987년 대선에서, 노태우를 옹호하는 선거관련 강연을 하고 다닌다. 당시 그는 대선 후보의 자격을 이렇게 말한다.

첫째로 미국 우방이 믿어주는 후보, 둘째로 군대가 믿어주는 후보, 셋째로 북한이 무서워하는 후보, 넷째로 가정이 건전한 후보를 찍어야 한다고 이야기했지요.

여기서 우리는 그의 국가관이나 역사관 그리고 민주주의에 대한 생각을 고스란히 읽을 수 있다. 김장환 목사는 이 나라의 대권이 미국이 신뢰하고 인정하는 인물이어야 한다고 주장함으로써 그가 얼마나 사대친미적 식민지 근성을 가진 인물인가를 자인하고 있다. 이 나라 대통령이 되어야 할 사람의 제 1 조건은 이 나라 백성들이 믿고 따를 수 있는 지도자여야지, 어찌해서 미국이 받아들일 만한 사람이 되어야 한다고 생각하는가? 김장환 목사가 얼마나 미국에 대한 정치적 사대근성을 가지고 있는가를 가감 없이 드러내는 대목이 아닐 수 없다. 백성들이 믿고 따라야 할 지도자에 대한 생각과 신뢰에 대해서는 한마디의 언급도 없다.

### 하나님의 의와 대적하는 삶… 청산할 구시대의 유산

또한 그는 군부의 정치적 개입을 공식적으로 지지하고 나섰다. 군대가 밀어주는 후보란 군부가 지원하는 인물이어야 한다는 이야기인데, 군부독재 체제를 청산해야 할 시대적 과제는 그에게 아랑곳없는 일이었던 것이다. 여기서도 우리는 그가 건강한 민주적 시민의식과는 완전히 거리가 있는 인물임을 알 수 있다. 게다가 그는 남북한 화해와 협력을 위해 노력하는 인물이 아니라 북한에 대해 적대적 공포를 주는 인물을 내세움으로써 냉전 체제의 존속을 바라는 자세를 보였다. 결국 김장환 목사는 전두환 체제가 계속 이어지기를 바란 것이었고, 미국의 지배와 냉전시대의 유지 그리고 군부의 통치에 복종하는 사회를 갈망한 것이었다. 이것은 하나님 나라의 의와 평화, 선한 다스림과는 전면으로 대적하는 일이 아닐 수 없다.

인간의 존엄한 권리를 짓밟고, 나라의 자존은 생각도 않고 대국에 머리를 굽히는 자를 지도자로 내세워 어떻게 하자는 것인가? 그것은 한 마디로 김장환 목사가 누려왔던 불의한 기득권을 지켜줄 사람과 질서, 체제를 그대로 유지시키고 싶다는 것이다. 그렇지 않았다면 그는 첫째, 역사의 정의를 위해 자신의 생명도 바칠 사람, 둘째, 백성들의 고난과 아픔을 자신의 것처럼 여기면서 섬김의 헌신을 할 사람, 셋째, 민주주의에 대한 신념이 투철하고 나라의 자존을 지켜낼 수 있는 사람, 넷째, 가정의 물질적 · 영적 안정을 위해 최선을 다하는 사람 등을 내걸었을 것이다.

그러나 김장환 목사에게는 미국의 관심과 군부의 관심이 우선권을 가지고 있었기에 이 나라 백성들의 고난과 절박한 현실은 눈에 들어오지 않았던 것이다. 이런 그가 이 나라 교계의 지도자연 하는 것은 우리들에겐 불행이며 수치이다. 그는 우리에게 귀감의 모델이 아니라, 극복의 모델이며 구시대의 유산으로 청산해야 할 유형인 것이다. 실로 나사렛 예수께서는 예루살렘의 권세자들에게 회칠한 무덤이라고 일갈하시면서 하나님의 집을 강도의 소굴로 만들었다고 질타하셨다. 불의한 권력자들이나 상류층과 교분을 맺으면서 정치사회적 영향력을 과시하려는 한 김장환 목사의 삶은 하나님의 의와 대적할 수밖에 없다.

이렇듯 불의한 기득권층의 벗이요, 미국의 입장을 대변하고 있다시피한 김장환 목사의 행적은 그가 살아온 인생사를 돌아보면 매우 당연한 귀결이라는 생각을 갖게 한다. 권력과 출세의 정상을 향한 끊임없는 야망, 그것을 위해서라면 주변의 희생은 아랑곳하지 않고 강요하는 그의 독선적이고 권위주의적 처신 등을 보면 그가 한국사회에서 상류층의 권력적 실세가 되기 위한 이기적인 줄달음이었음을 우리는 알게 된다.

하여 그의 입지전적 삶이란, 그가 한국사회에서 낮고 천한 이들의 삶에 다가가려는 목자보다는 높고 강한 자들의 우군이 되려는 과정이었음을 확인하게 되는 것이다. 따라서 그의 책제목처럼 "그를 만나면 마음에 평안이 오는" 사람들은 불의한 삶을 살면서 그것을 정당화하려는 이들이 김장환 목사를 통해서 얻게 되는 자기 자신의 "위선적 은폐"라는 점을 주시해야 하는 것이다.

불의한 권력자들을 전도의 대상으로 삼아 친교한다고 하지만, 그들의 역사적 죄악에 대해 회개를 촉구한 바 없으며 그들의 삶에서 이 땅의 가난하고 불우한 사람들의 인생을 위해 무언가 해보겠다는 결단을 끌어 낸 바도 없다는 것은 김장환 목사가 무엇을 지향하면서 이들과 어울리는가를 그대로 보여주는 실례들인 것이다. 이런 그가 침례교 세계연맹의 총회장까지 된 것은 사실 우려스러운 일이 아닐 수 없다. 그의 삶이 그리스도의 헌신을 집약해서 보여주는 것이 아니라는 인상이 깊기 때문이다.

## 하우스 보이 빌리

이제 그의 성장사에서 중요한 대목을 짚어 김장환 목사의 처세관의 기반을 살펴보자. 그 첫 대목은 아무래도 그가 미군부대의 하우스 보이 '빌리'로 그의 삶을 바꾼 그 역정이 경계선일 수밖에 없을 것 같다. 그렇지 않았다면 그에게는 미국 유학이라는 길이 열릴 수 없었을 것이기 때문이다.

미군 부대 하우스 보이란 이 나라가 겪은 가장 비극적인 전쟁의 와중에서 가난한 백성들의 아들들에게 주어졌던 일종의 별천지의 축복이기도 했다. 적나라하게 말하자면, '주둔군의 하인'이 되는 일이었지만, 당사자에게는 일종의 권력이었고 주변에게 물질적인 은택을 나누어 줄 수 있는 기회가 되기도 했다. 초콜릿과 껌, 그리고 그밖에 미군부대에서 흘러나오는 물건이 선망의 대상이 되었던 시절, 하우스 보이는 그런 선망의 대열에 낀 존재였기 때문이다.

김장환 목사는 소년 시절, 수원교도소에 주둔하고 있던 미군부대에 하우스 보이로 들어가 가난한 소년 시절의 삶을 지탱하게 된다. 그 후 그곳에서 '빌리 김'이 된 그는 미국에 대한 꿈을 키우게 된다. 미군부대에서 나오는 물건, 잡지의 상품들은 모두 빌리 김에게 미국이라는 나라에 대한 열망의 재료가 되고 있었다. 그것은 그 만이 아니라, 당시 한국인들이라면 거의 누구에게나 있었던 공통의 사회심리이기도 하였다.

그런 의미에서 빌리 김은 '선택된 소년'이라고 할 수 있다.

선택된 행운은 마침내 미국 유학으로 이어지게 되었는데, 이것이 평생 미국이라는 나라가 그에게 어떤 위치를 차지하게 되는지를 결정짓게 하는 과정이라고 할 수 있다. 미국은 그에게 어디까지나 은혜의 나라요, 기회의 땅이었으며 그를 가난에서 구출해준 국가였던 것이다. 그러나 그는 이런 과정을 통해 자신이 "미국이라는 나라의 하우스 보이"가 되고 있다는 사실은 절박하게 깨우치지 못하고 있었다. 그의 마음과 정신은 미국인의 마음과 정신으로 물들어가고 있었으며, 밥 존스라는 극우적 학교로의 유학은 이러한 성장사의 가치관을 더욱 굳어지게 만들고 말았다.

하우스 보이 빌리가 아무런 기독교적 이해와 경험도 없이, 미국의 극우적 정신세계에 막바로 끌려 들어가, 진정한 인간의 내면적 자유보다는 율법적 권위주의와 미국의 패권적 정치관을 배우게 된 것은 실로 불행한 일이 아닐 수 없다. 김장환 목사의 미국 유학이 그의 개인사에 있어서 출세의 길을 열어주었는지는 모르나, 그 자신과 이 나라를 위해서는 하우스 보이의 굴종적 민족관과 극우적 신학의 길을 열었다는 점에서 안타까운 일이다.

## 극우적인 신학교에서 극우적인 가치관 심어져

밥 존스는 미국에서 가장 극우적인 신학을 지향하는 학교이다. 김장환 목사가 다니던 시절에는 그러한 극우적 성향에 대한 사회적, 신학적 비판과 견제가 더더욱이나 약했던 때였기에 김장환 목사가 그런 자신의 처지를 제대로 돌아볼 기회는 없었으리라 짐작이 된다. 교회라고는 다녀본 적이 없던 그가 밥 존스에 가서 학교생활을 했다는 것은 그에게 일종의 고통이었으리라. 아무튼 그는 학교생활에 곧 적응하기 시작했으며 발군의 실력을 나타냈다고 그의 자서전은 적고 있다. 그런데 밥 존스가 어떤 학교인지를 보여주는 보기를 책은 이렇게 기록하고 있다.

마틴 루터 킹 목사가 죽었을 때 당시 존슨 대통령이 한 달 동안 조기를 달 것을 지시했다. 그러자 당시 총장이었던 밥 존스 2세가 목사 한 사람이 죽었는데 미국 국기를 한 달 동안 달 필요는 없다며 하루만 게양했다. 그러자 흑인들이 밥 존스 재단에 성조기를 계속 달지 않으면 보일러실을 폭파하겠다고 위협했다. 학교에서 주 정부에 보호 요청을 하면서 군대를 파견해달라고 당부했다. 그러자 주 정부에서 '공립학교도 다 못 지키는데, 어떻게 사립학교를 지키느냐'며 거절했다. 그러자 밥 존스 재단에서는 성조기를 게양하는 대신 기관총을 사들여 방어에 나섰다.

밥 존스 대학은 애초부터 마틴 루터 킹의 민권운동에 적대적이었으며, 미국에서 태어난 흑인들의 입학은 아예 봉쇄하고 있다. 이후 김장환 목사가 빌리 그레함의 집회에서 통역을 맡았다는 이유로 졸업자 명단에서 제명이 될 정도로, 교단적 폐쇄성이 강한 학교인데다가 앞에서 보듯이 폭력에는 폭력으로 맞서겠다는 식의 극우적 백인주의의 가치관이 가득한 학교이다. 이 학교 출신들의 극우적 성향은 미국사회에서 종종 논란이 되고 있는데, 그런 학교에서 교육받은 김장환 목사의 가치관이 어떠할 것인지는 충분히 짐작 가는 일이다.

그가 이후 한국사회에서 가장 극우적인 군사주의 세력과 아무런 갈등 없이 어울리게 되는 것도 이러한 그의 성장사를 통해 보면, 하등 이상하지 않은 일이라는 것을 알 수 있다. 이렇게 보자면, 김장환 목사의 유학과 그의 귀국은 한국사회에 미국의 극우적 가치관을 심어나가고 그것을 확산시키는 과정이기도 했다. 미국의 극우세력이 극우적 종교관을 기반으로 성장한 세력이라는 점을 주시하면, 김장환 목사와 전두환, 노태우 등 이 땅에서 극우적 폭력을 휘두른 세력간의 친교와 연대는 어쩌면 자연스러운 일이었는지도 모른다. 그리고 이러한 관계는 미국이 이 땅에서 일어나기를 바라는 일이었다는 점에서, 김장환 목사는 하우스 보이 빌리 시절의 역할을 계속해서 톡톡히 수행해나간 셈이라고 하겠다.

### 권위주의적 품성, 혁대로 자식을 때려 순종을 가르치다

부인의 입에서 나온 남편의 단점은 이렇게 표현되고 있다. "목사님은 성격이 급해요." 대담자가 이것은 사람들이 공통적으로 지적하고 있는 이야기라고 하자 그녀는 하나의 예를 들면서 이렇게 결론을 내린다. "불평하는 것을 조금도 못 참아요." 이것은 사실 그의 권위주의적 품성을 그대로 보여주는 대목이라고 할 수 있다. 밥 존스에서 받은 엄격한 규율 교육, 그리고 어려운 시절에 미국 유학까지 다녀온 행운의 청년, 자신의 성취에 대한 넘치는 자신감 등등이 이러한 권위주의적 자세를 길러온 것으로 생각된다. 그는 자신의 결정이나 권위에 대한 다른 이견을 용납하지 않으며, 이러한 그의 자세는 다른 인간에 대한 따뜻한 배려나 격려의 결여로 나타난다. 그리고 다른 사람의 실수나 문제에 대해서는 관용보다는 정죄와 질책을 매우 강력하게 드러내는 품성으로 이어진다.

두 아들 요셉과 요한은 물론 딸 애서도 초등학교를 졸업할 때까지 아버지 김장환 목사에게 혁대로 맞았다고 고백하는데, 그의 이러한 교육관은 순종에 대한 훈련이었다고 한다. 즉 아버지의 권위에 대한 순종에 어긋나면 가만히 두지 않는 것이었다. 순종을 폭력으로 가르쳤다는 점에서 그의 교육은 여전히 극우적이며, 억압적이라는 인상을 지우기 어렵다. 그렇게 자란 아들 김요셉 목사도 초등학교에 다니는 자녀에게 자신이 받은 교육과 마찬가지로 혁대로 체벌한다고 말하고 있다. 그는 자신이 혁대로 맞은 경험을 이렇게 밝히고 있다.

아버지는 손으로 때리지 않고 꼭 혁대로 때리셨어요. 어떻게 아이를 혁대로 때리느냐고 놀라는 분들이 있지만, 사실은 대단히 좋은 기능이 있습니다. 잘못을 저질렀을 때 아버지가 무섭기보다는 혁대가 무서웠어요. 아버지가 혁대를 매지 않는 날은 굉장히 기쁜 날이었어요. 야단 안 맞을지도 모르니까요.

과연, 혁대로 때리면 아이는 그 두려움을 아버지보다는 혁대에게 돌릴까? 사람을 가죽띠로 때리는 전통은 주인이 노예를 때리는 역사에서 연유한다. 노예는 자신을 가죽띠로 잔혹하게 때리는 주인보다는 그 가죽띠에게 두려움과 적대감을 느끼게 될까? 사람을 때려서 순종을 가르치겠다는 발상 자체도 문제거니와, 그 체벌의 수단을 자신이 차고 있는 혁대를 선택하는 성품의 냉혹함은 실로 문제가 아닐 수 없다. 폭력적 권위에 저항하는 민중에게 자신이 차고 있던 총을 휘두른 세력과, 자신이 차고 있던 혁대를 어린 아이들에게 휘두르는 사람의 차이는 얼마나 다를까?

아들은 아버지에 대하여 이렇게 말하고 있기도 하다.

특히 아버님의 성격이 급하십니다. 그래서 말실수를 하기 쉬운 것 같습니다. 남에게 상처를 남길 수도 있기 때문에 잘못을 나무라고 꾸짖는 반면 격려나 칭찬도 필요하다는 생각을 합니다.

그와 함께 일을 한 직원들의 공통된 이야기도 그가 격려나 칭찬보다는 질책이 많다는 것이다. 이것은 극우적 교육의 가학적(加虐的) 인간관의 결과이다. 따뜻하고 자상하며, 격려가 풍요한 말을 사용하기보다는 어떤 목표를 위해 인간을 짓누르는 말을 많이 하는 사람들은 대다수가 권력 지향적 권위주의자들이다. 그런 사람들은 자신보다 권세가 강한 이에게는 도리어 매우 따뜻하고 자상한 듯이 군다. 인간에 대한 이중적 성품이 드러나는 대목이 아닐 수 없다.

김장환 목사보다 낮은 자리에 있는 사람들은 그가 매우 엄격하고 질책을 우선하는 사람이자, 두려운 존재라고까지 말하고 있는 반면에 권력자들은 그로부터 마음의 평안함을 느끼게 된다고 하는 이 모순은 어디에서 비롯되는 것인가? 그 이유는 분명하다. 김장환 목사가 자신보다 못하다고 여겨지거나 약하다고 여겨지는 사람에게는 함부로 대하는 반면에, 자신의 권세에 도움이 된다고 생각하는 이에게는 굴종적 처신을 하고 있기 때문이다.

## 약자에겐 군림으로, 강자에겐 굴종으로 일관

이것은 예수 그리스도의 모습과는 거리가 멀어도 한참 멀다. 그의 이러한 자세가 주변의 희생을 강요하면서 자신의 출세와 권위를 도모하는 삶을 살아오게 한 동력이었다고 말하면 지나친 짓일까? 극동방송 내부에는 그를 지지하는 사람들도 있지만, 그에 대한 깊은 불만과 인간적 적대감까지 가지고 있는 사람들조차 있었다는 것을 그는 어떻게 느낄까?

그의 경영관이 이른바 공격적 유형이라고 할 수 있다면, 그의 이러한 공격적 자세는 아들 요셉 목사가 말했듯, "관계중심보다는 업무중심"으로 말하자면 일단 목표가 정해지면 그 목표를 향해 사람들을 수단으로 동원하는 일에 열중하는 가치관에서 비롯되었다고 해도 과언이 아닐 것이다. 그렇게 해서 인간이 성과를 달성한다고 해도 그 결과는 인간의 고유한 가치 자체를 파괴하는 것으로 나타난다는 점을 김장환 목사는 깨우쳐야 하는 것이 아닐까? 모든 권력자들은 자신의 목표를 위해 인간을 수단화하고 있다는 점, 바로 이러한 면모를 혹 김장환 목사는 자신의 가치관으로 삼고 있는지 돌아볼 일이다.

김장환 목사의 삶을 짧은 지면을 통해서 분석한다는 것은 물론 무리이다. 그러나 한 가지 분명한 것은 오늘날 그의 출세와 명성은 이 땅의 가난하고 어려운 사람들의 삶에 헌신했기 때문이 아니라 권력자들과 교분을 깊게 하고 미국의 입장을 대변해온 사람이라는 점에 기인하고 있기 때문이다. 이러한 인물이 한국 교계의 지도적 인사가 되고 있다는 것은 이 시대의 비극이기도 하다(그는 2013년 한국에서 개최되는 WCC총회 한국 측 고문이다). 한국사회의 모순이 그대로 반영된 결과이기 때문이다.

우리는 그가 자신이 받은 은사와 기회를 다시 새롭게 사용할 수 있는 기회가 있기를 기도한다. 권세자들과의 교분이 아니라, 진정 이 땅에서 아우성치고 고통 받고 있는 사람들의 처지를 새롭게 변화시킬 수 있는 길을 위해 새로운 헌신을 할 수 있기를 바라는 것이다. 그러면 그의 생은 완전히 변화할 수 있을 것이다. 그리고 그 결과는 한국교회에 중대한 변화로 나타날 것이다. 그렇지 못하다면, 그의 생은 이후 그가 바라는 바대로의 평가를 받기에는 아마도 참으로 힘들 것이다.

# 청부(淸富)와 훌륭한 거부(巨富) 곁에서 서성대는 예수

이 세상에 누가 가난으로 쩔쩔 매면서 살고 싶을까? 누가 또한 부유한 삶을 거부하고 싶어할까? 그런데 진정 양심적으로, 깨끗하게 부자가 되는 길이 있을까? 그리고 그것이 하나님께서 내리신 복임을 확인할 수 있기만 한다면, 그러한 부자가 되는 것이야말로 세상살이에서도, 신앙 안에서도 모두 성공할 수 있는 길일 텐데 그것이 과연 가능한 것일까? "부자 아빠와 가난한 아빠"가 대조되는 세상, 그래서 누구나 다 부자 아빠가 되고 싶어 하는 세상에서 기독교 신앙인의 양심은 어디를 향해 있어야 하는 것일까?

## '종교적 엑스터시'

김동호 목사의 《깨끗한 부자》와 강준민 목사의 《형통의 원리를 상속하라》라는 제목의 두 책은 오늘날 기독교 신앙인들이 고뇌하는 물질의 문제에 대하여 '청부'와 '형통'이라는 관점으로 우리들에게 그 대답을 내놓고 있다. "깨끗한 부자"와 "하나님 안에서 무엇이든 잘 되어 간다."는 것만큼 매력적인 구호도 없을 것이다. 손가락질 받는 부자가 아니라, 물질적 풍요와 사회적 존경을 한 손에 거머쥘 방도가 있다면 그야말로 '짱'이다. 양손의 떡이다.

게다가 믿음만 좋으면 그저 영적 성숙만이 아니라 물질적 형통도 그대로 이루어지는 판국에 마다할 까닭이 없다. 돈을 많이 가지고 있는 것이 뭐 문제인가, "잘 벌어서 잘 쓰면 되지."라는 주장, 또한 이 모든 것이 하나님의 은총이라는데 시빗거리가 될 수 없다. 물질에 대한 탐욕을 신앙으로 포장하고 있는 '기복주의'라는 비난도 이렇게 면할 수 있다. 신앙과 물질이 모두 풍요롭게 주어지는 최고의 상태, 실로 '종교적 엑스터시'가 아닌가?

신앙이라는 것이 기뻐야지, 늘 주눅 들고 빌빌거리고 물질적으로도 영 시원치 않고 하는 일마다 제대로 되는 것이 없다면 누가 그런 신앙생활을 하겠는가? 그러니 김동호 목사와 강준민 목사의 논지는 사뭇 주목을 받지 않을 수 없다. 믿음으로 록펠러와 같은 거부가 되고, 그도 부족하여 신앙으로나 사회적으로나 존경을 받는 위치에 오른다면, 최상의 성공이 된다. 그리고 그 성공이 곧 하나님이 그에게 주신 복의 움직일 수 없는 증거라는 상황에 이르면, 그의 현세적 삶에서 하나님 나라는 완성되는 셈이다.

하지만 이 책들이 주장하는 내용을 깊이 살펴보면, 부유하지 못한 이들이 겪어야 하는 고뇌가 자칫 그 신앙에 문제가 있는 결과로 인식될 수 있으며, 자본주의 사회의 구조적 빈부 차이의 해결에는 전혀 관심이나 대안을 제시하지 못한다는 것을 알게 된다. 잘 살지 못하는 것은 다 믿음의 중심에 제대로 된 물질관이 없는 탓이며, 사용만 잘하면 모두에게 감격적인 즐거움이 되는데 신학적 견해가 왜곡되는 바람에 엉뚱하게 부자와 강한 자를 비난이나 하게 된다는 것이다. 그러나 과연 그러할까?

뿐만 아니라 오늘날과 같은 현실에서 '부'의 문제가 인간에게, 그리고 인류의 삶에 어떤 문제를 일으키고 있는지 그 뿌리를 보지 않고 그 누림에만 주목함으로써 자칫 부유한 자들에게 양심의 고통을 덜어주고 부에 대한 신학적 정당성을 부여하는 기능을 하고 마는 것이 아닌가 하는 의구심을 불러일으킨다. 이는 마치, 자본주의에 대한 신학적 정당성이 이른바 "프로테스탄트의 윤리"로 집약되어 부유함이 하나님의 은총을 확인하는 명백한 증거처럼 내세워질 수 있는 오류를 내포하고 있는 것이다.

이러한 주장들이 부자와 강한 자에게 신학적 면죄부를 발행하는 것이 된다면, 그래서 이들에게 양심의 고뇌도 할 필요가 없게 해주면서 지금 사는 것이 다 그런 대로 하나님 안에서 문제가 될 게 없다는 식이 된다면 이것은 한 번 깊이 생각해 볼 일이다. 아름다운 부(富)가 과연 무엇인지, 그래서 그 부가 하나님께 영광을 돌리고 이 세상에 기독교 신앙의 빛을 발하게 하는 길은 어디에 있는지 우리는 고민하지 않을 수 없다.

## 기독교 신앙에서 물질의 문제

기독교 신앙에서 물질의 문제는 크게 나누어 보면, 첫째, 금욕적 물질관과 둘째, 물질의 풍요와 복을 동일시하는 것으로 나뉜다. 기독교 역사에서 오랜 세월, 세속에 대한 부정, 하나님 나라에 대한 긍정은 물질에 대한 금욕적 자세를 낳았으며, 그로써 자연 청부보다는 청빈이 신앙인의 종교적 덕목으로 이해되었다. '하나님'과 '물질의 신'을 동시에 섬길 수 없다는 예수님의 말씀은 이러한 금욕적 물질관에 중대한 영향을 미쳤다. 물질을 구하는 것이 우선이 되면 자연 그 물질에 대한 탐욕이 자라고 그로써 물질의 노예가 될 수 있다는 점에서 아예 그럴 소지를 만들지 말아야 한다는 식이었다.

이러한 생각이 깨져 나가기 시작한 것은 서구 사회가 자본주의적 발전 과정을 밟아 나가면서였다. 금욕주의적 자세가 하나의 엄격한 종교윤리적 기준으로 작용할 경우, 부를 축적하는 행위는 정죄의 대상이 된다는 점에서 자본주의 발전에 문제를 불러일으킬 수 있다는 것을 인식하게 되었던 것이다. 따라서 물질을 손에 넣는 행위, 그로써 세상에서 사회경제적 지위가 높아지는 것은 신앙과 충돌하지 않는다는 것을 입증하고 이를 교리적 확신으로 만들어야 할 필요가 생긴 것이다.

칼빈의 은총관이 자본주의 초기 태동에 필요한 상업주의적 발상과 자세를 기르게 되었다는 점을 갈파한 막스 베버의 논리는 바로 이 점에 주목한 결과였다. 그는 자본주의 발전과 개신교의 물질관, 은총관이 어떻게 결합되어 있는가를 살펴보면서 자본주의적 물질관의 뿌리를 개신교의 신학적 관점에서 찾았다. 즉 중세 가톨릭 교리는 금욕주의적 물질관을 강조함으로써 개인의 물질적 축적보다는 교회의 물질적 축적에 치중하게 만든 반면, 가톨릭에 반기를 든 개신교의 경우, 그 주체세력인 초기 부르주아 계급의 물질적 기반을 종교적으로 정당화하는 과정이 요구되었다는 것이다. 그래서 이들 신앙인들에게 물질의 축적은 신앙적으로 전혀 문제가 되지 않고, 열심히 노동하고 함부로 쓰지 않고 잘 모아 부유해지는 것은 다름 아닌 자신이 하나님의 은총과 사랑을 받고 있다는 명백한 현실적 증거라는 논리가 전개되었다는 것이다.

이러한 신학적 교리는 이후 자본주의 체제가 보다 발전해 나가면서 아예 물질적 풍요가 곧 복이라는 형태로 변형되어 나갔다. 우리나라의 경우에도, 이른바 근대화가 급속하게 진행되던 1960년대와 1970년대에 이와 같은 '물질의 풍요=복'이라는 등식의 기복주의적 신학이 유포되었던 것을 돌이켜봐도 자본주의 체제 아래에서 물질의 풍요가 신학적으로 얼마나 중요한 정당성을 부여받게 되었는가를 알 수 있다. 그러면서 바로 이러한 신학적 정당성으로 물질적 풍요에 아무런 양심의 거리낌을 받지 않게 된 이들 중 일부가 교회를 살찌우기 시작했으며 대형교회의 출현이 가능하게 된 것을 보면, 부의 문제가 기독교 신앙 안에서 피할 수 없는 핵심적 사안의 하나임을 확인하게 된다.

아무튼 이렇게 물질적 부유함이 신앙의 척도가 되는 것을 옹호하는 논리도 초기의 유치한 기복주의에서 이제는 좀 더 체계화해가는 경향을 보인다. 기도의 내용이나 하나님의 은총이 내포하고 있는 내용물들 모두가 다 현세의 물질적 형통에 주력하고 있는 것이 하나의 흐름처럼 되어 가고 있는 것은 그러한 현실을 반영하는 사회적 징후라고 할 수 있다. 더군다나 1997년 IMF사태를 겪으면서 한국사회가 물질적 안정을 얼마나 갈급하고 있는가를 생각할 때, 이 문제를 신앙적으로 정리해내는 데 성공한다면 그 교회와 목회자는 소위 '인기'가 오를 수밖에 없다.

하지만 기독교 신앙의 핵심에는 어디까지나 예수 그리스도가 존재한다. 따라서 이 모든 문제를 어떻게 볼 것인가, 어떤 평가를 내릴 것인가는 바로 이 '예수 그리스도의 눈'으로 이루어져야 한다. 예수께서는 과연 어떤 물질관을 가지고 계셨는지, 그리고 그것은 오늘날 우리들에게 물질에 대한 자세를 어떻게 결론지어야 하는지 분명하게 일깨워 준다.

### 김동호 목사의 "깨끗한 부자"

김동호 목사의 청부론(淸富論)은 유명하다. 그는 이 문제를 놓고 공개 논쟁을 벌이기도 했고 적지 않은 글도 썼다. 또한 이를 주제로 하여 설교도 한다. 그러니 그는 청부론 전문가라고 할 만하다. 뿐만 아니라, 종교인의 부유함이 사회적 지탄의 대상이 되기 쉬운 상황에서 그는 전혀 위선적인 태도를 취하지 않고, 내놓고 이를 신학적으로 옹호한다. 그의 논지는 매우 분명하다. 물질이 문제가 아니라, 그 물질을 대하는 인간의 자세가 문제라는 것이다. 그리고 하나님께서는 우리가 하나님의 뜻에 따른 부자, 강자로 만드셔서, 그렇게 주어진 물질로 세상을 바로 세우도록 권세를 주셨다는 신학적 논리를 편다.

그렇기 때문에 그는 물질을 복으로 규정하지 않는다. 물질은 하나님의 뜻을 위해 쓰임 받는 은사라는 것이다. 그런 점에서 그의 논지는 기복주의가 아니다. 복과 물질적 성공을 동일시하지도 않는다. 이런 차원에서 김동호 목사의 청부론은 기존의 탈금욕적 물질관과 그 격을 달리한다. 그는 금욕적 물질관도 거부하고, 기복주의적 물질관도 부정한다.

그는 이렇게 그의 논지를 시작한다.

기독교인들의 돈에 대한 신학과 신앙은 대개 두 가지로 나타난다. 하나는 물질을 터부시하는 유교적인 물질관이며, 다른 하나는 물질을 축복으로 여기는 기복적인 물질관이다. 그러나 이 두 가지 물질관으로는 기독교의 물질관을 설명할 수 없다. 기독교인 가운데 기독교의 물질관이 기복적 물질관과 다르다는 것을 아는 사람은 많다. 그러나 물질을 터부시하는 유교적 물질관과도 다르다는 것을 아는 사람은 그리 많지 않은 것 같다. 하지만 분명한 것은 기독교의 물질관이 기복적인 물질관도, 그렇다고 해서 돈을 터부시하는 유교적인 물질관도 아니라는 사실이다.

이를 출발점으로 하여 그는 자신의 물질관, 즉 돈에 대한 생각을 이렇게 밝힌다.

돈은 복이 아니다. 예수를 믿는다고 해서 누구나 부자가 되는 것은 아니기 때문에 돈은 복이 아니라 은사라고 했다. 신앙인으로서 물질에 대해 반드시 알아야 할 중요한 사실 가운데 하나는 바로 물질은 복이 아니라는 것이다. … 그러므로 돈 많이 벌어 부자가 되는 것을 인생의 목적으로 삼아서는 안 된다.…부자가 되는 것 자체가 나쁘지는 않지만 인생의 목표로 삼을 만큼 중요하지도 않다.

하여 김동호 목사는 이 모든 기준의 개념을 소유 가치와 존재 가치로 대별한다. 에리히 프롬의 《소유냐 존재냐》에서 정리된 개념을 따라 그는 기독교 신앙의 핵심을 존재 가치로 본다. 그리고 이 존재 가치가 실현된 부자를 청부의 모델로 삼는 것이다. 그의 말을 들어보자.

부자 중에 소유형의 인간이 많은 것은 사실이다. 그러나 모두가 다 그런 것은 아니다. 많은 것을 소유한 부자 중에도 삶의 의미와 목적을 존재에 두고 사는 사람을 얼마든지 찾을 수 있다. 대표적인 예로 들 수 있는 사람이 욥이다. 욥은 소유가 많은 부자였으나 삶의 의미와 목적을 단지 소유에만 두고 사는 소유형의 인간은 아니었다.

그러면 어떻게 할 것인가? "소유 가치를 팔아 존재 가치를 높이는 사람이 되라"는 것이다. 그리고 이에 따라 부자가 된 이를 그는 '의로운 부자'라고 부른다. '의로운 부자'란 "자기의 필요를 위해서가 아니라 하나님의 필요를 위해 큰 돈을 벌고 쓸 줄 아는 사람"이다. 그렇게 될 때 그 부유함은 세속의 부유함과 달리 하나님의 뜻을 위해 쓰는 은사가 된다는 것이다. 이러한 의로운 부자가 있는 한 부자에 대한 편견은 잘못된 것이라고 그는 강조한다.

이 세상은 가난하고 약한 자에게 편견을 갖고 있는 것처럼 부하고 강한 자들에게도 똑같은 편견을 갖고 있다. 그래서 강하고 부한 자들을 무조건 악한 사람으로 몰아붙인다. 그러나 이것 또한 가난하고 약한 자들에 대한 편견만큼이나 옳지 않다.

이러한 논의에 따라 그는 다음과 같은 결론을 내린다.

예수 믿는 우리가 궁극적으로 욕심내고 도전해야 할 것은 우리가 부자가 되고 강한 자가 되어서 예수 믿는 사람답게 사는 일이다. … 좋은 차를 타고 넓은 집에서 사는 것을 무조건 비판적으로 보는 세상은 절대로 발전할 수 없다. 부함과 강함에 대해 좀 더 긍정적인 눈을 가져라. 부함과 강함을 무조건 부정적으로 보고 비판적으로 생각하는 자세를 버려라. 할 수 있는 대로 강한 자가 되라. 높은 자가 되라. 부한 자가 되라. 뛰어난 사람이 되라. 그렇게 되기를 힘쓰라. 바울이 하나님을 위해 로마 시민권을 쓴 것처럼 부함과 강함을 주님을 위해 선용하라. … 돈에 대해, 세상에 대해, 권력에 대해 반듯한 믿음의 자세를 갖춘다면 하나님은 우리에게 즉시 천국 열쇠를 주셔서 우리 마음대로 이 땅에서도 풀고 매는 삶을 살 수 있도록 하시리라고 나는 확신한다. 그렇게 되면 우리는 이 땅에서 부자도 되고 권력자도 될 것이다. 세상의 부자와 권력자와는 달리 다른 사람들을 축복하며 하나님의 영광을 드러내는 그런 부자와 권력자가 될 것이다. 나는 우리 모두가 이런 복을 받을 수 있기를 진심으로 바란다.

결국 김동호 목사의 핵심 논지는 물질적 부유함과 사회정치적 권세의 획득은 하나님 나라를 위해서 필요한 은사이니, 이를 긍정적으로 해석하여 더욱 강렬하게 이를 얻어 의롭게 선용하는 복을 누리라는 것이다. 한마디로 그의 돈, 물질에 대한 접근은 그것을 대하는 사람의 자세가 신앙적으로 바로 서 있기만 하다면 그야말로 그 때문에 세상이 더욱 좋아질 수 있다는 것이다. 즉, 이러한 그의 '청부론'은 세상을 움직이는 힘이 돈과 권력이라는 점을 전제로 하고 있다. 그리고 그러한 돈과 권력을 제대로 된 사람이 쥐고 있으면 세상이 다 잘 될 수 있으니 제대로 된 사람들은 이러한 돈과 권력을 어떻게든 적극적으로 획득하여 하나님의 영광을 위해 쓰는 사명을 지니라는 것이다.

좋은 이야기이다. 물질적으로 풍요하고 권세도 있는 존재가 그 마음과 영혼까지도 선하고 의로워서 그가 가지고 있는 것을, 세상을 선하고 의롭게 만들어 가기 위해 쓴다면 그야말로 나무랄 데가 없다. 그렇다면 문제는 어디에 있는 것일까?

### 청부가 가능한 현실을 만들어내는 일이 우선되어야

첫째, 그는 한국사회에서 부자가 된다는 것은 정직하고 양심적이며 올바른 방식으로는 거의 불가능하다는 현실에 눈을 감고 있다. 열심히 정직하게 자신의 땀과 수고를 바치는 노동자들이 청부를 꿈꿀 수 있다면, 김동호 목사의 이야기는 옳다. 그러나 가난한 이들이 올바른 양심을 가지고 자신의 노동으로 누구나 부러워할 부를 축적한다는 것이 가능하지 않은 지금의 현실이 바뀌지 않는 한, 청부(淸富)는 기본적으로 개념적으로나 현실적으로나 이루어질 수 없다.

따라서 그가 먼저 주의를 집중시켜야 할 바는 올바른 방식의 부의 축적이 가능하지 않은 현실의 문제이다. 한국사회에서 부자라고 할 수 있는 사람들이 과연 정직하게, 그리고 노동자들에게 노동의 대가를 충분히 지급하면서 부자가 된 경우가 얼마나 될까? 청부를 논하려면, 바로 그러한 청부가 가능한 현실을 만들어내는 일이 우선이다. 공정한 경쟁, 정직한 거래, 정당한 임금 지급, 투기경제의 제거, 초국적 독점 자본의 횡포를 저지하는 일 등등 청부가 진정 가능한 현실을 이루어내는 방법에 대한 고민이 앞서야 하는데 그에게서 그런 점은 발견되지 못한다.

### 의로운 부자들의 당연한 권리(?)

둘째, 오늘날 한국사회처럼 나날이 빈부격차가 심해지고 있는 상황에서 기독교적 신앙 양심을 가지고 있으면서 자신만을 위해 그 많은 재산을 사용하고도 마음이 편할 수 있을까? 최상의 저택에 최상의 물질적 장식과 넓은 땅에 대한 부자들의 독점욕은 끝 간 데를 모른다. 그런데 김동호 목사는 자신이 가지고 있는 물질을 제대로 쓰기만 하면 이러한 누림은 문제 삼을 수 없다고 주장한다. 의로운 부자들의 당연한 권리라고 여긴다. 그러나 이미 그러한 최상의 물질 환경 자체가 물질을 올바로 쓰고 있지 않은 증거이다. 온전한 신앙 양심을 가진 종교인이라면, 지도자라면 적어도 가난한 사람들이 위화감을 느끼지 않도록, 그리고 바로 이러한 빈부격차를 줄이고 사회경제적 약자들의 생존을 위해 자신의 재산을 내놓을 수 있는, 그런 자세를 갖는 것이 온당하다. 예수께서 부자 청년에게 요구했던 것은 예외적인 것이 아니라, 인간 개인이 쓸 만한 것을 넘치게 가지고 있는 물질의 용도에 대한 기독교 신앙의 행동 원칙을 보여준다. 부자는 부의 개인적 용도가 그 도를 넘는 상황에 있는 사람들이다. 따라서 그 부는 부족한 사람들에게 넘겨주어야 마땅하다. 예수는 부자 청년에게 바로 이것을 요구했던 것이다.

### 부자들의 양심을 편안하게 해주는 역할

셋째, 무엇보다도 김동호 목사의 청부론에서 문제가 되는 것은 부자들의 양심을 치는 강력한 말씀의 요구가 약하다는 점이다. 이것은 자칫, 그의 논리가 약간의 선행을 통해서 부자들의 양심을 편안하게 해주는 역할을 할 위험이 있다. 부자들의 영혼은 이미 물질의 노예가 되어 있다. 그렇지 않고서는 부자가 되기 어렵다. 그래서 예수께서는 부자들이 천국에 가는 것은 낙타가 바늘귀를 통과하는 것보다 어려운 일이라고 하신 것이다. 풍요한 물질에 둘러싸여 있으면, 그 물질의 풍요가 주는 안락함에 젖게 되고 이 세상에서 가난과 질병으로 고통 받는 이들의 일상은 눈에 들어오지 않게 된다. 만일 그러한 현실이 눈에 들어온다면 부로 안락을 누리는 일은 그의 양심을 치는 일이 되어, 그렇게 할 수 없게 된다.

진정 그의 말대로 기독교 신앙인들은 소유가 아니라 존재로 살아야 한다. 그 존재가 지향하는 바가 하나님 나라와 의라면 그것을 추구하는 것은 수백 번, 수천 번 강조되어야 할 것이다. 그리고 그러한 꿈과 목표를 위해 자신을 던지면 나머지 필요한 물질과 권세는 자연 주어져서 그 주어진 까닭대로 쓸 수 있게 되는 것이다. 그러나 그러한 하나님 나라와 의를 구하는 일의 신앙적 인식이 절대적 우선권을 가질 정도로 강렬하지 않으면, 부는 언제나 인간을 물질의 노예로 만들게 되어 있다.

그런 점에서 그의 청부론은 하나님 나라와 의를 구하는 삶, 그 인생의 모습에 대한 신학적 설득력이나 성서적 꿈의 전개가 부족하다. 사회경제적 모순이 심화되어가고 강대국이 약소국을 짓밟으며 강자들이 약자들을 능멸하는 사회에서 하나님 나라와 의를 구한다는 것은 무엇을 의미할까? 바로 이 질문에 대한 대답이 온전하지 못하다면, 그의 청부론은 세속적 부를 추구하는 이들이 떳떳하게 내세울 수 있는 구실을 마련해 주는 꼴이 될 수 있다.

무엇을 입을까 무엇을 먹을까 염려하지 말라. 너희는 먼저 그 나라와 의를 구하라. 그리하면….

이 '그리하면'을 믿는가, 믿지 못하는가가 무엇보다 핵심적인 신앙의 축이다. 그의 말대로, "예수 믿는 우리가 궁극적으로 욕심내고 도전해야 할 것은 우리가 부자가 되고 강한 자가 되어서 예수 믿는 사람답게 사는 일이다."가 아닌 것이다. 하나님 나라와 의를 위해 자신을 바치는 존재가 곧 강한 자요, 부한 자인 것이다. 진정 강한 자, 진정 부한 자의 의미는 이로써 달라진다.

우리는 없으나 있는 자요, 약하나 강한 자이며, 죽은 듯 하나 영원히 산 자가 아닌가? 그렇다면 "예수 믿는 우리가 궁극적으로 욕심내고 도전해야 할 것은 우리가 물질의 풍족 여부를 떠나 이미 그 마음과 꿈이 부하며 그의 믿음이 강해 그 어떤 고난의 와중에서도 주눅 들지 않고 활기차고 용기 있게 예수 믿는 사람답게 살게" 될 것이다. 그런 사람에게는 이미 청부, 청빈의 문제를 초월하여 그 스스로의 삶 속에서 어떤 의미를 실현시키면서 사는가가 최고의 관심사이자 가치가 될 것이다. 실로 진정한 '청부'는 가진 것이 없어도 그의 마음과 삶이 하나님 나라의 꿈으로 부유한, 그래서 돈과 권세가 없어도 '예수의 이름으로' 믿음의 능력을 발휘하는 존재일 것이다. 그것이 우리가 예수 안에서 세워야 할 진정한 부자가 아니겠는가?

## 강준민 목사의 "형통의 원리를 상속하라"

강준민 목사의 경우는 김동호 목사와는 달리 부의 문제에 대한 고민이 별로 보이지 않는다. 그의 논지는 보다 노골적이다. 그는 아예 내놓고 "거부가 되는 법"-그 앞에 '훌륭한'이라는 말을 달긴 했으나 -을 내세운다. 그의 논지 안에서 거부가 되는 것과 형통해지는 것은 다르지 않다. 김동호 목사나 강준민 목사 모두 부와 권세가 나쁜 것이 아니라, 이것을 섬김의 수단으로 사용하지 못하는 것이 문제라고 하나, 특히 강준민 목사의 경우, 보다 중요한 초점은 부하고 강한 자가 되는 법에 있다는 인상을 준다.

그는 록펠러를 예로 들면서 그가 최고의 부자이면서 십일조 생활을 열심히 했다는 점에 주목했다. 그러나 록펠러를 비롯한 미국의 대자본 소유주들이 세계적 독점자본의 주도자이자 미국 노동자들과 세계 약소민족들의 삶을 희생시킨 세력에 속한다는 사실에는 눈을 감는다. 가령 록펠러의 스탠더드 오일 회사가 지구촌 수많은 곳에서 미국의 무기를 앞세워 식민지를 경영하는 일에 앞장을 섰고, 오늘에 이르기까지 미국의 대외 팽창정책의 배후에서 힘을 발휘해 온 것은 침묵하고 있는 것이다.

이처럼 부자들이 아무리 십일조를 많이 한다 해도 그것은 이미 부의 축적 과정과 부의 사용이 하나님의 뜻과 어긋나기 때문에 인류 사회에 지탄의 대상이 되는 것을 피하기 어렵다. 바로 그러한 까닭에 록펠러

재단은 자신의 그 같은 사회적 이미지를 포장하기 위해 여러 가지 작업을 벌이곤 하지만, 그 본질에 있어서는 문제 삼지 않을 수가 없다.

강준민 목사는 형통의 원리에 따라 자아상을 조절하면 그것이 곧 자신을 새롭게 만들어가는 길이라고 주장한다.

성경적인 원리를 따라 부자가 된 사람들이 살고 있는 집을 방문해서 관찰해 보십시오. 집이 크고 아름답습니다. 정원도 아름답습니다. 전망도 좋습니다. 중요한 것은 그렇게 좋은 환경에서 사는데 전혀 불편을 느끼지 않는다는 것입니다. 그렇게 사는 것이 자연스럽고 자신이 그럴 권리가 있다고 생각하는 것입니다.… 훌륭한 거부가 되기 위해서는 먼저 훌륭한 거부가 되는 자아상을 가져야 합니다. 우리는 우리의 자아상 이상으로 소유하지 못하고 누리지 못합니다.… 어떤 세일즈맨이 한 달에 3,000 달러 버는 자아상을 가졌다고 합시다. 그 사람은 자아상을 바꾸지 않는 한 3,000 달러 이상의 돈을 벌지 못합니다.… 타는 차도 마찬가지입니다. 대부분의 사람들은 자신의 자아상 이상의 차를 타지 못합니다. 좋은 차를 타는 것이 불편하고 어색하면 그 차를 타지 못합니다.…

한마디로 잘 살지 못하는 사람은 자신의 자아상이 잘못되어 있기 때문이라는 것이다. 훌륭한 거부는 그 자신이 훌륭한 거부의식과 자아상을 가지고 있기 때문에 그리 됐다는 것이다. 거부로 사는데서 그에 걸

맞은 자아의식이 있기에 아주 자연스럽게 큰 부자로 살고 있다는 주장이다. 고급 차를 못 타는 사람은 결국 그런 수준의 차를 탈 만한 자신으로 스스로를 사고하지 않기 때문이라는 대목에까지 이르게 되면 솔직히 경악스럽기까지 하다.

그는 이러한 자아상의 근거를 성서의 요셉에서 찾는다.

요셉이 국무총리가 되어 쉽게 성공에 적응할 수 있었던 것은 그가 가진 자아상 때문입니다. 요셉은 보디발의 집에서 종살이할 때에도, 감옥에서 옥살이할 때에도 국무총리가 되는 자아상을 가지고 살았습니다.

과연 그러한가? 그렇지 않다. 그는 오직 하나님의 뜻을 헤아리고 그에 따라 사는 것뿐이었고 국무총리는 그러한 삶의 결과였다. 요셉에게 주어진 자아상은 하나님의 자녀라는 것이지 세속의 국무총리가 아니었다. 다시 한 번 강조하자면 신앙인에게 필요한 것은 하나님의 자녀이지 훌륭한 거부로서의 자아상이 아니며, 자신은 고급 차를 타고 다닐 만하다고 여기는 자기 최면적 자아상 확립에 있지 않다.

그런데 실로 이와 같은 강준민 목사의 논지는 적지 않은 문제가 있다. 한국사회의 빈부격차와 그에 따른 계층적 위화감은 결국 자기가 어떤 자아상을 가지고 사는가의 문제의 차이일 뿐 사회경제적 모순이나 기타 여러 가지 불합리한 부의 축적 구조에 기인한 것이 아니라는 이야기가 되기 때문이다. 수십 평이 넘는 거대 아파트에 살 수 없는 것도 그러한 집에 살 수 있는 자아상을 충분히 갖지 못한 것이지 부동산 투기로 인한 아파트 값 폭등은 요인이 되지 못한다. 아무리 남편과 아내가 열심히 노력하고 벌어도 전세신세를 면하지 못하고 고물이 다 된 중고차를 겨우 끌고 사는 것도 모두 자기 자아상이 '부자'로서의 권리를 가진 자아상을 갖지 못한 까닭이 되고 만다. 불편한 서민 주택에 살고 있는 것도 다 크고 화려한 저택에 사는 자신의 자아상을 갖지 못한 결과인 것이다. 그러니 결론적으로 제가 못나서 그런 것이니 어디 다른 데다 탓을 돌리지 말라는 것이다.

이런 식이 되면 노동자들이 보다 나은 생활을 위해 임금투쟁을 하는 것도 다 문제가 될 수밖에 없다. 그런 것 하지 말고 부자로 살아가는 자아상을 얌전하게 잘 갖고 있기만 해도 되는데 괜히 난리법석을 떠는 것이 된다. 근본적인 빈부격차와, 부의 정의로운 분배구조가 존재하지 않는 마당에, 아무리 자아상이 그럴싸해도 그것은 현실에서 곧 좌절을 가져오고 만다는 것에 대해서 그는 아무런 언급이 없다.

### 마치 경영원리를 강의하는 것인 양 착각

그는 김동호 목사와 다를 바 없이 존재의 가치가 더 중요하다고 이야기는 한다.

훌륭한 거부란 물질을 초월한 사람입니다. … 존재가 넉넉한 사람이란 소유로 사는 것이 아니라 존재로 사는 것입니다.

하지만 그의 책은 처음부터 끝까지 물질적 풍요를 추구하고 이를 완성하는 방법에 대한 제시로 일관해 있다. 한편으로는 존재 가치의 중요성을 가진 삶을 거론하면서도 "물질의 풍요로 성공하는 삶"을 목적으로 하고 있음을 내내 강조하고 있는 것이다.

그래서 그의 책은 마치 경영원리를 강의하는 것인 양 착각하게 만든다.

한꺼번에 투자하지 말고 분산해서 심으십시오. 그러나 너무 많이 분산해서는 크게 얻지 못합니다.

하나님은 그것이 많이 얻건 적게 얻건 관계없이 헌신할 것에는 헌신하고 그렇지 않을 것은 그렇지 않도록 가르치셨다. 그 열매의 많고 적음이 아니라, 그 열매의 진실성, 그 열매의 진정한 힘, 그 열매의 아름다움 그 자체가 의미가 있는 것이다. 크게 얻을 것을 계산하는 것이 아니라 진정 하나님의 뜻에 합당한 것을 얻을 것인가에 따라 행동을 결정하는 자가 복된 것이다. 그러나 강준민 목사는 이러한 성서의 헤아림을 계산과 이득의 기준에 따른 사고방식으로 접근함으로써 성서를 자본주의적 풍요의 교과서처럼 읽게 만들고 말았다. 그의 책에는 이 세상의 고난과 핍박, 억울함, 부정의, 희생 등에 맞서서 하나님 나라를 일구어 내는 이야기는 전혀 없다. 그에 필요한 용기와 의지와 의식에 대한 언급 또한 당연히 보이지 않는다.

강자의 횡포와 부자들의 착취, 그리고 이로 인한 약자들의 눈물과 고통에 대한 성찰은 기본적으로 없다. 부와 강한 권세에 대한 예언자들의 질타, 그로써 하나님 나라의 의를 위해 우리가 자신을 어떻게 바쳐야 할 것인지, 그로써 진정 이 세상의 부유함이 모두의 것이 되도록 하신 하나님의 뜻을 이 땅에 이루기 위해서 우리가 무엇을 해야 하는지, 그는 아무런 이야기도 하지 않는다. 오로지 이 세상에서 돈도 손에 쥐고 신앙적 존귀함도 함께 쥐는 그런 기술에 대한 가르침으로 일관한다. 그러나 과연 그가 말한 대로 온유하고 겸손하며 이웃의 삶에 자신을 나누려는 이가 그토록 대단한 저택과 최상의 차를 타면서 이를 자연스럽게 여길 수 있을까? 바로 옆의 이웃은 끼니를 잇지 못해 쩔쩔매고 있으며, 폭등하는 부동산 가격으로 인해 그동안 수고하고 땀 흘린 대가가 그의 꿈을 이루는 데 턱없이 모자라는 현실에 대하여 그냥 입 다물 수 있을까?

물질적으로 풍요하지 못한 것은 이러한 이유 때문이 아니라 다 자기가 자기를 어떻게 여기며 사는가에 따른 문제라고 하면서 자기가 다 알아서 하라고 할 수 있는가? 잘못된 정치와 경제, 그리고 대외관계로 인해 이 땅의 가난한 민중들이 더욱 피폐한 삶을 살아가고 있어도 여전히 그것은 자신의 자아상이 잘못된 결과라고 강변할 수 있을까? 강준민 목사가 주장하는 이른바 '형통의 원리'란 바로 그러한 사회적 모순에 눈을 감게 하면서 부자가 되려는 탐욕을 신앙적으로 은폐하는 논리를 제공해 주고 마는 것은 아닌가?

오늘날 이 땅에서 살아간다는 것이 무수한 사람들에게 경제적으로 어려움을 주고 있는 현실을 직시하면서, 정의로운 경제 공동체, 정의로운 분배 구조, 정의로운 국제 경제의 관계 형성 등을 요구하고 이를 실현시켜나갈 노력은 강준민 목사의 논지에선 결코 기대할 수 없다. 세상이 어떻게 굴러가건 상관없이 물질적 풍요를 추구하는 일에 신앙적 정당성을 부여하는 쪽으로 그의 이야기가 이바지하고 있다면 이는 실로 하나님 나라와 의를 구하는 일과 대적하는 것이다. 믿음은 세상을 이기는 것이다. 그 세상은 우리에게 끊임없이 '물질의 신'을 숭배하기를 바라며, 그로써 우리의 믿음대로 살 수 있는 조건과 환경을 파괴해 나가는 모습을 보인다. 그러므로 진실로 믿음이 있는 이들은 물질적 풍요가 아니라 그 물질의 풍요가 하나님의 뜻에 따라 모두에게 공의롭게 주어질 수 있는 세상을 만드는 일에 자신을 헌신해야 할 것이다. 그것이 전제가 되어야 비로소 우리는 주어진 조건이 차별성이 없는 가운데서 진정 아름다운 부를 소유할 수 있는 현실을 만나게 되는 것이며, 그러한 권리를 실현하는 개인을 갖게 될 수 있다.

그러기 전, 우리는 불평등한 세상에서 그 불평등을 더욱 심화시키고

도 아무런 양심의 가책을 느끼지 않고 다 자기의 자아상이 잘 서 있어서 그런 줄로 아는 이상하고 기괴한 신앙인들을 보고 말 것이다. 그리고 그러한 신앙인들이 모범적인 기독교 신앙인으로 추앙되어 무수한 사람들을 오도하는 결과에 직면하고 말 것이다.

우리는 하나님과 물질의 신을 동시에 섬길 수 없다. 우리의 신앙에서 최고의 가치는 하나님 나라와 그 의를 이루는 일에 있다. 그 열매로써 얻어지는 부는 참되다. 그것은 의로운 과정과 의로운 결과를 가져오기 때문이다. 예수 그리스도께서 어디 한 번 우리에게 훌륭한 거부, 깨끗한 부에 대하여 이야기하고 가르친 바가 있던가? 그렇지 않다. 십자가는 우리에게 그러한 문제 자체를 관심의 대상으로 삼기를 거부하도록 한다. 십자가는 하나님의 뜻에 절대적으로 순종하고 사는 이의 길이다. 오로지 그것만이 그의 관심사인 것이다. 그 과정에서 하나님이 주신 부는 그를 진정 부유하게 할 것이며 그 과정에서 겪는 빈곤 또한 그를 부유하게 할 것이다. 이것을 믿고 사는 자에게 '부'의 문제는 더 이상 문제가 아니라, '의와 사랑'이 그 자리를 대신하여 그를 살아가게 할 것이다.

# 김동호 목사의 '부와 생명'에 대한 생각

그동안 '교회개혁론'과 '청부론'의 제기로 주목을 받아온 김동호 목사는 오늘날 한국사회를 흔들고 있는 자살의 사회적 현상과, 부의 편중 문제를 어떻게 받아들이고 있을까? 더욱이 자살이 빈곤의 심화로 인한 결과라는 측면이 조명되고 있는 현실에서 '부와 생명'의 문제는 기독교 신앙인으로서 피해갈 수 없는 문제다.

문제는 자살이 하늘이 내린 생명에 대한 죄라는 측면과 함께, 자살로 몰고 가는 사회적 조건에 대한 추적을 함께 하지 않으면 진상이 온전히 드러나지 않는다는 점이다. 그와 함께, 부의 축적과정에 대한 냉철한 안목이 없으면, 부의 사회경제적 문제를 제기하는 것이 부자들에 대한 적개심 정도로 이해되고 만다는 점이다.

김동호 목사의 문제는 바로 이 점에 있다고 하겠다. 한 인간을 자살로 몰아가고 있는 공동체 내부의 문제를 깊이 있게 파고들지 않은 채 자살의 개인적 책임만 묻고 만다면, 그것은 자살한 개인을 더욱 억울하게 만드는 일이 될 수 있다. 또한 문제는 여전히 남아, 자살의 덫에 빠지는 사람은 계속 양산되고 마는 것이다. 부의 축적과정에서 벌어지는 반윤리적, 반사회적, 반생명적 차원의 문제는 외면하고 부자가 한 두 마디 그럴싸한 말을 하는 것으로 그의 책임은 사라지고 부자는 이내 이 사회의 모범적 모델이 될 수 있다.

이러한 태도는 이 사회의 문제를 근본적으로 해결할 수 있는 자세가 아니다. 도리어, 문제의 진원지는 덮고, 문제의 결과만 가지고 따지고 드는 형국이 된다. 원인과 결과의 혼동이며 그로써 문제의 뿌리에는 전혀 접근하지 못하는 것이다.

## '예수의 눈'을 갖지 못한 신학의 결정적 오류

기독교 신앙은 언제나 문제의 뿌리로 다가간다. 그것은 곧 자신에 대한 추궁이다. 그러나 그 자신에 대한 추궁은 개인적 차원의 책임을 묻는 것으로 그치는 것이 아니다. 그러한 모습의 자신이 구성하고 있는 공동체 전체의 문제와 직면하는 출발점을 인식하는 것이다. 가인은 자신이 "아벨을 지키는 자인가?"라고 하나님에게 항변한다. 그러나 그 항변을 정당한 것으로 인식하는 순간부터 그 사회는 죽음의 사회로 전락하고 만다.

나의 책임은 그 공동체의 운명에 대한 책임의식이 없는 것에서 문제가 발견되어야 한다. 다만 문제의 발생 이후 그것을 감당할 개인적 의지의 부재만이 질타의 대상이 아니다. "내 이웃을 내 몸처럼 여기는 마음", 그것을 갖지 못할 때 나의 책임은 사회적 문제로 확산되어간다.

김동호 목사와 같은 방식의 인식에는 개인의 의지에 대한 추궁은 있으나, 그 개인의 마음이 사회적 차원으로까지 이어지는 과정에 대한 이해와 주시는 존재하지 않는다. 이것은 '예수의 눈'을 갖지 못한 신학의 결정적 오류이다.

그가 했던 '천국의 열쇠'(마태복음 16:13-20)라는 제목의 설교를 보기로 해보자. 설교는 최근 사회적 문제로 부각되고 있는 자살 문제에 대한 언급으로 시작된다.

요즘 들어 부쩍 자살을 하는 사람들이 많아지는 것 같습니다. 공부에 대한 스트레스를 이겨내지 못한 학생들의 자살로부터 시작해서 카드빚을 해결하지 못해 어린 자식까지 살해하고 자살하는 주부까지 신문과 텔레비전을 떠들썩하게 하더니 얼마 전에는 재벌의 총수까지 투신을 하여 세상을 발칵 뒤집어 놓고 말았습니다.

사람들이 얼마나 힘들었으면 그렇게까지 하였을까를 생각하면 참으로 안타깝고 한 걸음 더 나아가 나 자신이 저들이 살기 힘든 세상을 만든 공범이라는 생각에 죄책감이 드는 것이 사실입니다. 그러나 그럼에도 불구하고 우리가 알아야 할 가장 중요한 사실은 자살은 어떤 면에서도 합리화 될 수 없고 받아들여져서는 안 된다는 사실입니다.

사람들이 자살을 하면 많은 사람들은 언제나 세상을 탓합니다. 사람들이 자살을 하는 데는 세상의 탓이 많습니다. 그것을 부정할 수는 없습니다. 그러나 과연 그것이 문제의 전부일까요? 세상이 나아지면 사람들은 과연 자살을 하지 않게 될까요? 모두가 잘 아시는 바와 같이 답은 그렇지 않다는 것입니다.

보통 쉽게 생각해서 사회보장제도가 완벽하게 되어 있는 나라에서도 사람들은 자살을 합니다. 오히려 우리보다 더 많은 사람들이 자살을 합니다. 그것을 통하여 우리는 자살이 꼭 세상과 사회의 문제만은 아니라는 사실을 알 수 있습니다. 자살은 세상과 사회의 문제인 동시에 개인의 문제입니다. 우리는 이 면을 소홀히 해서는 안 됩니다.

저는 사람들과 언론들이 자살의 문제를 세상과 사회의 탓으로만 몰아가는 것에 대하여 찬성하지 않습니다. 이렇게 이야기 하면 비난을 받을 수도 있겠지만 자살한 사람에게만 세상이 힘든 것은 아닙니다. 세상이 힘들다고 그때마다 자살을 한다면 이 세상에 살아남아 있을 사람이 어디 있겠습니까? 세상에는 자살한 사람 못지않게 힘들고 어려운 세상을 살아가고 있는 사람들이 얼마나 많이 있는지 모릅니다. 아니 오히려 그보다 더 힘들고 어려운 가운데서도 자신의 삶을 끝까지 포기하지 아니하고 하루하루를 전쟁하듯 살아가는 사람들이 얼마나 많은지 모릅니다.

세상에 한 두 번쯤 죽고 싶으리만큼 사방이 꽉 막히는 절망적인 상황에 빠지지 않는 사람이 과연 있을까요? 세상은 과연 가난한 자에게만 힘이 든 것일까요? 그렇지 않습니다. 이번에 재벌 총수가 자살하는 것을 보면 알 수 있습니다. 삶은 모두에게 다 힘듭니다. 가난한 사람은 가난한 사람만 힘들고 부자들은 세상이 힘들지 않은 줄 알지만 그렇지 않습니다.

부자도 가난한 사람 못지않게 사는 것이 힘들고 어렵습니다. 부자가 되어 좀 넓은 집에서 살고 좀 좋은 자가용을 타고 산다고 사는 것이 편한 것은 아닙니다. 사람들은 그냥 생활이 좀 넉넉하면 그것으로 삶의 모든 문제가 다 해결되는 줄로 생각하는데 천만의 말씀입니다. 삶의 무게는 가난한 자나 부한 자나 다 똑같이 무겁고 힘든 것입니다.

세상은 자살하는 사람들에게만 힘들고 어려운 곳입니까? 다른 사람들은 그와 같이 힘들고 어려운 때가 한 번도 없었을까요? 사람들은 지금 세상이 나빠졌다고 이야기들을 하지만 그렇다면 과연 과거 지난 세상은 지금보다 살기 좋은 세상이었나요? 과연 세상이 그렇게 살 수 없으리만큼 갑자기 나빠진 것일까요? 세상은 예나 지금이나 우리들에게 언제나 살기 힘든 곳 아닙니까?

## '적자생존의 논리에 대한 신학적 정당성

자살이라는 죽음의 원인에 대한 개인적, 사회적 요인에 대하여 그는 함께 볼 것을 주문하고 있다. 그와 함께, 보다 결정적 요소는 그 개인에게 있다는 점으로 이야기를 끌어 가고 있다. 아무리 사회적 조건이 문제가 있다 해도 그걸 이겨내지 못하는 그 개인에게 궁극적 문제가 있다는 주장이다. 이 주장은 틀리지 않았다.

그러나 문제는 그러한 개인으로 만들어가고 있는 사회적 조건에 대한 충분한 추적이 존재해야 이 이야기는 올바른 균형을 갖는다. 모든 사람들이 다 강력한 의지를 갖고 있는 신앙인도 아니고, 불굴의 정신력으로 버티고 사는 사람들도 아니다.

혹 정신과 의지가 약해도 살아갈 수 있는 사회, 그래서 그들이 보호받을 수 있는 사회로 만들어가기 위한 노력은 이러한 관점에서는 별반 이루어질 수 없다. 엄혹한 세상을 전제해놓고, 그 세상을 돌파하라는 요구만 남게 된다.

그 요구가 잘못되었다는 것이 아니라, 그런 요구에 응하기 어려운 사람조차도 구해낼 수 있는 우리 모두의 자세가 주목받지 못하고 있다는 점이 그의 논지에서 우리가 발견하게 되는 '일정한 냉혹함'이다. 결국, '적자생존의 논리에 대한 신학적 정당성을 부여'하는 꼴이 되고 만다. 김동호 목사는 다음과 같이 이어 말하고 있다.

세상이 나빠지고 있다고도 이야기할 수 있지만, 저는 사람들이 점점 더 약해지고 있다고 이야기하고 싶습니다. 사람들이 점점 나약해지고 있다고 이야기하고 싶습니다. 사람들의 정신이 약해진 것은 역설적이지만 세상이 나빠져서가 아니라 세상이 점점 인간적으로 발전하고 나아지면서 나타나는 현상입니다. 사람들은 세상이 나빠지면 인간이 약해지는 줄 알지만 그렇지 않습니다.

세상이 나빠지면 인간은 오히려 보편적으로 강해집니다. 세상이 좋아지고 편해지면 인간은 오히려 보편적으로 약해집니다. 사람이 강해지면 세상이 좀 힘들어도 이겨 삽니다. 그러나 사람이 약해지면 세상이 조금만 힘들어져도 그것을 이겨내지 못하고 세상을 포기합니다. 저는 요즘 급격하게 늘어나고 있는 자살의 현상이 바로 그와 같은 우리의 나약함 때문이 아닌가 생각합니다.

그는 세상이 예전보다 살기 편해지니까 인간이 고생을 할 줄 모르고 약해빠지고 말았다는 식으로 진단하고 있다. 물론, 어려운 시절에 강인한 정신이 태어날 수 있다. 그러나 어려움이 너무 깊으면, 정신력이 해체되기도 하는 법이다. 그 사회적, 개인적 고난이 불필요하게 심화되지 않도록 돕는 일, 그것이 우리가 생각해야 하는 공동체의 윤리이다. 그렇지 않다면, 가난하고 고생스럽게 살도록 내버려두고 그래서 정신력이 강해져서 강한 인간이 되도록 하는 것이 윤리적이고 신학적이 된다.

과연 그러한가?

김동호 목사는 다음과 같이 그의 고난을 돌파하는 자세에 대한 결론으로 설교를 마무리 지어간다.

한 평생을 사는 동안 사람은 누구나 최소한 한 두 번 감당할 수 없는 어려움을 당하는 때가 있습니다. 사방으로 우겨쌈을 당하고 거꾸러트림을 당하는 것과 같은 일을 당하는 때가 누구에게나 있습니다. 그럼으로 우리는 때문에 누구나 그와 같은 일을 당할 때 어떻게 해야 하는가에 대한 생각이 있어야만 합니다. 준비가 있어야만 합니다. 과연 그와 같은 일을 당할 때 우리는 어떻게 해야 하는 걸까요?

첫째, 가장 중요한 것은 고난을 피하지 말고 직면하는 것입니다. 사람들은 고난이 크고 강하다는 것은 다 잘 알고 있지만 그와 같은 고난을 당하는 우리 인간이 얼마나 강한 존재인지는 잘 모르고 있습니다. 인간은 고난보다 강합니다. 그래서 성경은 "우리에게 감당치 못할 시험 즉 고난은 없다."라고 말씀하고 있는 것입니다.

둘째, 세상의 모든 줄이 끊어졌을 때 가장 중요한 것은 그와 같은 고난의 이유와 원인이 무엇인가를 정확히 파악하고 이해하는 것입니다. 세상의 모든 줄이 끊어져 살 소망이 없게 되는 이유가 무엇인지 여러분 아십니까? 그것은 세상에 우리를 구원할 줄이 없기 때문입니다. 사람들이 자살을 하는 이유는 세상에 자신을 구원해 줄 줄이 하나도 없기 때문입니다. 남편도 아내도 부모도 자식도 친구도 지식도 명예도 권세도 그 어느 것도 자신을 구원할 줄이 되지 못하기 때문입니다.

세상의 줄이 끊어졌을 때 해야 할 가장 중요한 일이 있습니다. 그것이 여러분 무엇인지 아십니까? 그것은 세상의 줄을 놓는 것입니다. 세상과 사람과 돈과 명예와 권력과 지식을 하나님의 자리에서 내려오게 하는 것입니다. 자기 자신까지도 부인하는 것입니다.

고난을 당하여 죽고 싶으리만큼 힘들 때 해야 할 마지막 세 번째는 진정한 구원자를 찾는 것입니다. 그리고 전적으로 그에게 의지하는 것입니다. 세상과 사람은 우리의 좋은 친구는 될 수 있지만 절대로 우리의 구원자가 될 수는 없습니다. 자신도 부모도 자식도 남편도 아내도 절대로 하나님을 대신 할 수는 없습니다. 그러므로 세상의 그 어느 것도 하나님 보다 더 사랑하고 의지하게 될 때, 그것으로 하나님을 대신하게 될 때 우리는 언제나, 반드시 그리고 아주 철저히 무너지게 될 것입니다.

고난을 직시해야 한다는 것, 좋은 이야기이다. 그렇다. 고난을 피해 도망가면 안 된다. 그리고 그 고난의 사회적, 역사적 차원까지 꿰뚫어 봐야 한다. 바로의 억압 아래 고난을 겪고 있던 이스라엘 민족들은 단지 그 고난을 견뎌내는 것으로 문제를 푼 것이 아니다. 그것이 그들의 역사를 사멸시키고 있다는 것, 그것을 분명히 내다보고 과감히 바로의 체제에 반기를 든다. 그리고 그곳에서 이탈한다. 낡은 질서와 결별하고 새로운 하나님 나라를 위한 여정을 떠나는 것이다.

그것은 오늘날 우리에게 낡은 질서 안에 들어 있는 기만과 폭력, 그리고 억압을 분명히 고발하는 것이다. 그로써 그러한 것들이 온갖 명분을 쓰고 우리를 더 이상 지배하지 못하도록 하는 것이다. 그래야 고난의 사회적 뿌리가 제거된다. 고난에 대한 개인적 의지를 강하게 갖는 것과 함께, 바로 그 고난의 사회적 뿌리를 제거하는 노력 또한 귀중하며 그 과정에서 받게 되는 새로운 고난을 이기도록 하는 것이 성서적인 것이다.

김동호 목사는 다윗의 예를 들었지만, 그 다윗은 왜 고난을 겪었는가? 사울의 억압 때문이 아닌가? 그 사울은 백성을 위한다고 하면서 사실은 자신의 욕심을 차리기 시작했던 데서 문제가 생겨난다. 그런 사울과의 대결, 그로써 생긴 고난은 다윗이 바로 이 고난의 진면목과 그 뿌리를 보았기 때문이다.

그러니 그가 두 번째로 든, 고난의 원인과 이유에 대한 인식의 투철함에는 하나님의 뜻을 중심에 놓고 이 사회에서 해결해야 할 바를 깨닫는 일까지 포함하는 것이다. 그리고 그 문제의 해결을 하나님께 구하는 동시에, 그 하나님이 우리에게 명하시는 바, 즉 가난하고 억울한 자들의 대언자가 되는 것, 그래서 이들의 한이 더 이상 죽음의 원인이 되지 않도록 하는 일까지 오직 하나님만이 우리의 유일한 구원자 되시는 중심 이유가 되는 것이다.

**그런데 그는 하나님을 매우 추상적 존재로만 한정시키고 있다.**

하나님만이 우리의 유일한 구원자이십니다. 하나님은 천지를 창조하신 전능하신 분이십니다. 그에게는 능치 못할 것이 없습니다. 뿐만 아니라 하나님은 우리를 사랑하시는 분이십니다. 우리를 구원하시기 위하여 자신을 십자가에 못 박기까지 하시는 분이십니다. 우리의 소망은 하나님께만 있습니다. 누구든지 주의 이름을 부르는 자는 구원을 얻을 것이라고 성경은 말씀하고 있습니다.

세상 줄을 붙잡고 살면 반드시 삶이 끊어질 것입니다. 세상은 우리의 줄이 될 수 없기 때문입니다. 그러나 우리가 하나님으로만 줄을 삼고 매달린다면, 다윗처럼 살아간다면 세상은 아무리 힘들고 어려워도, 다윗의 표현대로 천만인이 둘러치려 하여도 문제 될 것이 없을 것입니다.

예수님이 천국의 열쇠입니다. 계시록에도 보면 예수님을 열쇠로 표현하였습니다. 열면 닫을 사람이 없고 닫으면 열 사람이 없는 분으로 표현을 하였습니다(요한계시록 3:7). 엉뚱한 세상과 사람과 자신과 지식 그리고 명예와 권력으로 세상을 열고 닫으려 하다가 패가망신하여 산다 죽는다 하지 말고, 처음부터 하나님으로만 자신의 주인을 삼아 그 믿음의 열쇠로 이 땅에서도 천국을 열고 닫으며 사는 저와 여러분들이 다 되실 수 있기를 바랍니다. 아멘.

## 삼성 이건희 회장에 대한 구구절절한 찬사

하나님을 믿는다는 것, 예수님을 천국 열쇠로 받아들인다는 것, 그것은 그저 이런 고백으로 살면서 마음을 달래고 의지를 갖는 것이 아니다. 하나님이 보여주시는 방식, 예수께서 우리에게 일깨워주시는 방식에 대한 분명한 깨우침, 그리고 그 깨우침에 따라 개인과 사회 모두를 아우르는 해결책을 만들어가는 것, 그것이 하나님을 믿고 그 뜻에 따라 이 땅에 하나님 나라를 일구고자 하는 이들의 참된 신앙적 자세이다.

아니나 다를까, 김동호 목사는 부의 축적 과정과 그 부의 쓰임에 대한 성서적 교훈과 경고를 망각한 채 다음의 칼럼을 교회 홈페이지에 버젓이 쓰고, 재벌 총수에 대한 존경을 공개표명하기조차 한다.

"삼성그룹 이건희 회장님에게"(2003. 6. 18)

저는 높은뜻숭의 교회라고 하는 교회에서 목사로 섬기고 있는 김동호라고 하는 사람입니다.

며칠 전 어느 경제신문에서 회장님에 대한 기사를 읽었습니다. 회사의 총력을 5년 10년을 내다보고 1,000명을 먹이고 10,000명을 벌어 먹일 수 있는 인재들을 양성하는데 두라는 내용의 말씀이었습니다.

그 기사를 읽으며 가슴이 뛰었습니다. 아직도 나라의 희망이 있음을 느끼게 되었습니다. 그리고 조금 아부성 발언 같아 보입니다만 그 말씀 하나만으로도 회장님을 존경하여야겠다고 생각했습니다.

회장님께 편지를 쓰고 싶었는데 어떻게 하면 회장님께 편지가 전해질 지 잘 몰라서 그냥 우선 저희 교회 홈페이지에 씁니다. 유리병에 넣은 편지를 바다에 던지는 심정이지만 우선 그렇게라도 하고 싶었습니다.

일제시대 때 남강 이승훈이라는 어른이 계셨습니다. 해방을 준비하기 위하여 오산학교를 세우신 분입니다. 해방이 되면 지도자가 없어서 나라와 사회가 혼란해질 것을 내다보시고 민족의 지도자를 키우시기 위하여 세우신 학교입니다.

오산 학교에는 〈오산가〉라는 노래가 있었습니다.

백두산서 자란 범을 백두호라고
부엉(호랑이)중의 부엉으로 불리우느니라
너희들은 오산에서 자라났으니 어디를 가든지 오산이로다.

남강 선생은 오산의 청년들을 백두산의 호랑이로 키우려는 뜨거운 마음이 있었습니다. 그 마음은 오산의 젊은이들에게 그대로 전해졌고 정말 오산의 출신들은 백두산 호랑이 같은 민족의 지도자들이 되었습니다.

삼성이 오늘 우리 민족의 백두산 호랑이를 키우는 기업이 되시기를 축원합니다.

그러기 위하여 꼭 하나 말씀드리고 싶은 것이 있습니다. 1,000명을 먹이고 10,000명을 벌어 먹이는 천재를 키우라 하셨는데 회장님 천재만으로는 그 일을 할 수 없습니다. 저도 천재(인재)를 중히 여깁니다. 그러나 천재도 중요하지만 사람이 되는 것이 보다 중요합니다.

천재가 사람이 되지 않으면, 회장님, 천 명 만 명을 먹이는 사람이 되지 않고 천 명 만 명을 잡아먹는 사람이 되고 만다는 사실을 꼭 염두에 두셨으면 합니다. 그러므로 장학금을 주시고 사람을 키우실 때 다른 조건은 몰라도 저들의 인성 교육에 대한 조건을 꼭 거실 수 있었으면 합니다.

천재가 되는 것보다 사람이 되는 것이 더 중요하다는 것, 특히 천재는 더욱 더 그렇다는 것을 꼭 유념해 주셨으면 합니다. 사람이 덜 된 둔재보다 사람이 덜 된 천재의 피해가 더 크다는 사실을 기억해 주시기 바랍니다.

오늘부터 저는 삼성 팬이 되렵니다.

늘 강건하시고 경영하시는 기업을 하나님께서 축복해 주시기를 바라고 회장님의 뜻대로 삼성을 통하여 나라와 민족을 먹여 살리는 인재들이 많이 배출 될 수 있기를 기도하겠습니다.

누구를 존경하겠다는 것은 그 개인의 문제겠지만, 남강 이승훈 선생과 삼성의 이건희 회장이 동격의 차원에서 언급될 수는 없는 것이다. 더욱이, 한국경제에서 삼성이 이룩한 업적 못지않게 그로써 이 나라에 정의로운 사회경제적 관계가 저지되고 있는 현실 또한 묵과할 수 없는 것이다.

김동호 목사에게 이러한 현실은 전혀 보이지 않는 모양이다. 먼저 사람이 되고 천재가 되도록 해야 한다는 권고는 바로 삼성의 총수 이건희 회장에게 동일하게 주어져야 할 권고가 아니겠는가? 오늘의 빈부격차와 왜곡된 정경유착, 가난한 서민들에 대한 멸시와 부자들을 위한 정치판 등의 현실에 대한 일단의 책임을 재벌총수에게 묻지 않고 이렇게 찬양일변도의 주장을 하는 것을 우리는 어떻게 받아들여야 하는가?

하나님을 믿는 신앙양심은 이러한 방식의 사고와 자세를 허락하지 않는다. 부한 자 앞에서 준엄해야 하며, 가난한 자 앞에서 한없이 자애로워야 한다. 강자 앞에서 엄중해야 하며, 약자 앞에서 마음 아파하며 그 삶을 껴안아야 하나님의 종이다. 목회자가 그렇지 못하면, 결국 교회는 강한 자, 부한 자, 높은 자, 권세 있는 자들의 신학적 휴식처로 전락하고 말 것이다. 그렇다면, 이 시대의 고난 받아 그 마음과 육신이 갈 곳이 없어하는 이들은 과연 어디로 가야 하는 것일까?

# 복음의 멋진 바람이 분다

김기석 목사의 글은 언제나 잔잔하면서도 풍요롭다. 그건 참 묘한 경험이다. 침착함 속에 넘치는 열정과 그저 무심한 듯 지나치는 것 같으면서도 깊숙이 응시하는 성찰의 힘을 느끼게 된다. 그의 영혼 속에 마르지 않는 우물이 하나 있구나 하는 감탄이다. 대단한 독서가로 알려진 그의 글에는 그의 독서 편련이 묻어나고, 그것만으로 그치는 것이 아니라 그의 인생사와 현실에 대한 생각의 무늬들이 그대로 손에 만져진다.

청파교회 김기석 목사의 설교집 《가시는 길을 따라 나서다》(부제:예수의 길, 평화의 길)도 예외는 아니다. 그 책 제목대로 이 설교의 주제들은 오늘날 무수한 한국교회가 전하고 있는 예수 이야기와는 달리 "가시는 길을 따라 나서는" 모습이 그려져 있다. 그건 한마디로 넓은 길이 아니라 좁은 길을 가는 이의 발걸음이다. 그러기에 그의 설교는 오늘날 한국과 지구촌이 겪고 있는 고통을 마주하며 무엇을 어떻게 바라보며 어떤 자세로 실천의 길에 들어설 것인지 일깨우고 있다. 예수를 따르는 이의 순결한 마음과 진지한 성찰, 그리고 의로움을 저버리지 않는 외로운 결연함이 스며있다.

### 한국교회에 깊숙이 박히고 있는 가시

그런데 이와 같은 김기석 목사의 설교는 대다수 교회의 대중들에게 사실상 환영받기 어려운 내용들이다. 그 일의 윤리적 평가는 도외시한 채 만사에 축복을 기대하고, 자기 욕심을 꿈으로 치장하며 예수라는 이름을 동원해서 욕망의 충족과 출세로 치닫도록 유혹하고 있는 교회들의 세뇌에 길들여진 마음이 이런 설교를 반기는 것은 쉽지 않다. 그저 기도하고 할렐루야만 외치면 만사형통이거나, 또는 목사의 권위에 머리를 숙이고 순종하는 것이 곧 신실한 믿음인 것처럼 다그치고 그리 생각하도록 만들고 있는 곳에서 김기석 목사의 설교는 어쩌면 몸에 박힌 가시일지도 모르겠다. 가난하고 억눌린 이들의 현실을 주시하고, 이들의 삶을 괴롭게 하고 있는 권력과 현실의 힘에 대한 분노를 드러내며 바로 그것이 예수의 마음임을 일깨우는 그의 설교는 그런 의미에서 한국교회에 깊숙이 박혀 있는 가시다.

그러나 그 가시는 진정 무엇 때문에 아파해야 하며 무엇 때문에 눈물 흘려야 하며 무엇 때문에 기도하고 무엇 때문에 사랑해야 하는지 일깨우는 하나님의 음성으로 와 닿는다. 더군다나 최근 들어 더욱 난무하면서 대중들을 현혹하고 있는 저열한 입담들과는 달리, 그의 설교는 시종일관 진지하다. 하지만 그 진지함은 지루하거나 구태의연하지 않다. 그것은 무엇보다도 그의 설교가 갖는 성실함의 무게와, 성서 해석의 진실성, 그리고 현실에 대한 가슴 아픔이 깊이 깔려 있기 때문이다. 아파하는 자와 함께 아파하며, 웃는 자와 함께 웃는 마음이 곧 하나님의 마음이고, 억울한 고통에 시달려 우는 자의 눈물을 닦아주며 그들을 일으켜 세워주는 것이 다름 아닌 복음의 진정한 역할이다. 그런 까닭에 김기석 목사의 글을 읽으면 우리가 서슴없이 직면해야 할 현실이 무엇인지, 그리고 그 현실과 외롭게 쟁투하고 있는 사람들과 우리가 어떻게 함께 해야 할 것인지 분명해진다.

### "생명을 택하라"

"생명은 소명이다"라는 글의 마무리에서 그가 말했던 것처럼 "사랑이 있는 곳에서 삶은 축제"이며 그래서 그런 사랑을 그의 영혼에 가득 품은 "우리가 이르는 곳마다 생명과 평화의 축제가 시작"된다. 예수께서 가신 길마다 바로 그렇게 생명과 평화의 축제가 벌어졌기에, 이는 마땅한 이야기다. 문제는 그 축제가 그저 이루어진 것이 아니라, 작고 보잘것없어 보이는 것에게도 하나하나 사랑을 불어놓고 그 사랑을 훼방하고 가로막는 힘과 싸워야 할 때는 물러섬이 없이 싸우는 자세로 가능해진다는 사실이다. 이는 곧 죽음을 이기고 생명을 택하는 모습이다. 그의 "생명을 택하라"에는 그러기에 이런 글이 기록되어 있고, 이 글은 책 뒤표지에도 길게 인용되어 있다.

하나님에게서 온 생각은 행복은 공생공락(共生共樂: conviviality)에 있다고 말합니다. 사탄에게서 온 생각은 행복은 남과의 경쟁에서 이기는 데에 있다고 말합니다. 하나님에게서 온 생각은 가엽게 여기고, 기다려 주고, 일으켜 주고, 벗이 되어주어야 한다고 말합니다. 사탄에게서 온 생각은 자비심이나 사랑, 우정 따위는 한가한 자들의 말장난일 뿐이라고 말합니다. 하나님에게서 온 생각은 가장 여린 생명 하나도 소중하다고 말합니다. 사탄에게서 온 생각은 인간은 만물의 영장이니 자연 따위는 아무래도 상관없다고 말합니다. 하나님에게서 온 생각은 인간을 인간되게 하는 것은 늘 초월을 향해 자기를 열어 놓는데 있다고 말합니다. 사탄에게서 온 생각은 잘 살기 위해서는 쓸데없는 데 한눈팔지 말고 죽기 살기로 일해야 한다고 말합니다. 하나님에게서 온 생각은 나눔, 돌봄, 섬김이 가장 아름다운 가치라고 말합니다. 사탄에게서 온 생각은 독점, 무정함, 지배가 가장 귀하다고 말합니다. 하나님에게서 온 생각은 전쟁과 폭력과 착취를 버리고, 상대방의 필요에 응답하는 것이 참 평화의 길이라고 말합니다. 사탄에게서 온 생각은 모든 힘을 동원해서라도 상대방을 굴복시키는 것이 평화의 길이라고 말합니다. 하나님에게서 온 생각은 우리와 생각이 다르고 삶의 방식이 다른 사람도 존중해야 한다고 말합니다. 사탄에게서 온 생각은 우리와 언어와 피부색과 종교가 다른 사람들은 위험한 존재라고 말합니다.

하나님에게서 온 생각과 사탄에게서 온 생각의 차이는 이렇게 인간의 생명과 존엄성을 지켜내는가 아닌가에 있다. 그 결과는 함께 살아갈 것인가, 아니면 자신의 욕망을 독점적으로 누리려 하는가, 로 갈라진다. 그것은 생명과 죽음의 대립이며 평화와 전쟁의 대결이고 사랑과 적대의 대치가 된다. 이렇게 김기석 목사는 단순하고 명쾌한 눈길로 하나님의 길을 드러내면서, 하나님의 이름으로 사실은 사탄의 생각을 불어놓고 있는 무수한 종교, 이데올로기, 정치, 문화, 사회의 진상을 폭로하고 있다. 이는 예언자적 설교이자 오늘의 현실에 대해 침묵하지 않고 예수의 길을 일깨우는 명징한 목소리다.

그의 이러한 설교는 앞서도 잠시 언급했던 것처럼 한국교회의 강단에서는 사실 이단자에 속한다. 그의 설교는 정치적이다, 인본주의다, 다원주의다, 라는 식의 비난에 직면할 수 있다. 그러나 그것은 본래 성서의 복음이 하나님 나라의 다스림에 대한 증언이요, 인간의 존엄성에 대한 하나님의 보증을 확인하는 것이며, 온 우주의 생명체가 가진 다채로움만큼이나 인간의 생각과 존재의 모습에 대한 존중을 담고 있음을 모르는 소치다. 그러기에 교회는 하나님 나라를 선포한다면서 사탄의 욕망을 가르치고, 인간의 존엄성보다는 인간의 굴종을 유도하고 다채로운 생명의 아름다움보다는 단색의 획일주의를 내세운다. 이는 교회가 하나님 나라를 도리어 가난하게 만들고 파괴하고 있는 현실을 보여준다. 무변광대한 하나님의 넓고 깊은 마음보다는 독선과 교리적 위선으로 악을 정당화하는 쪽으로 치닫고 있는 상황이 그 안에 펼쳐져 있는 것이다. 바로 그런 현실 앞에서 김기석 목사는 예수께서 가신 길을 따르는 것이 과연 무엇인지 바위에 망치를 내리치듯 일깨우고 있는 것이다. 그런 점에서 보자면, 나사렛 예수께서도 이미 당대의 이단자로서 현실의 교회와 정면으로 마주하고 예언자적 육성을 낸 것은 당연했다.

### "마음의 눈"

그런데 이 예언자적 육성은 기본적으로 기존의 질서에서 쫓겨나고 밀려난 자의 삶과 맞닿아 있다. 그건 달리 말해, 독선과 교리에 묶여 있는 사람들이 밀어내어버린 존재들과 하나가 되어 하나님의 육성을 내는 소리다. "마음의 눈"이라는 제목의 설교에서 김기석 목사는 예수로부터 눈 고침을 받은 이가 회당에서 축출당한 이후 예수와 다시 만난 장면에 대해 이렇게 말하고 있다.

여기서 우리는 참 어려운 진실과 만나게 됩니다. 그가 예수님을 주님으로 모신 자리는 기득권자들에게 쫓겨난 자리였습니다. 사드락, 메삭, 아벳느고는 풀무불 속에서 살아계신 하나님을 만났습니다. 다니엘은 사자굴 속에서 도우시는 하나님의 손길을 경험했습니다. 우리가 한 평생 교회에 출입하면서도 주님을 깊이 체험하지 못하는 까닭은 안주의 울타리를 조금도 벗어나지 않으려는 삶의 관성 때문인지도 모르겠습니다.… 예수님도 유대교와 로마 제국에 의해 울타리 밖으로 쫓겨나셨습니다. 히브리서 기자는 그래서 예수께서 자기의 백성을 거룩하게 하시려고 성문 밖에서 고난을 받으신 것처럼 우리도 진영 밖으로 나가 그에게로 나아가서 그가 겪으신 치욕을 짊어지자고 말합니다.… 새로운 세계는 중심이 아니라 변두리에서 시작되는 것인지도 모릅니다. 하나님은 지혜 있는 자들을 부끄럽게 하시려고 세상의 어리석은 것들을 택하시고, 강한 것들을 부끄럽게 하시려고 세상의 약한 것들을 택하십니다. 눈멀었던 사람, 이제는 공동체의 울타리 밖으로 쫓겨난 사람에게 주님은 당신의 소명이 무엇인지 알리십니다.

이렇게 김기석 목사는 기존의 독선과 안주로 인해 하나님의 길과 멀어지고 있는 이들에게 다시 편입되어 들어가려는 것이 아니라, 이와는 도리어 결별하고 쫓겨나고 밀려난 바로 그 울타리 밖이 새로운 하나님 나라의 중심이 되는 출발점이라는 점에 주목한다. 이는 예수 선교의 총체적 핵심을 그대로 압축시킨 내용이라고 하겠다. 바로 그 자리에서 비로소 우리는 이전에 보았던 것이 정작은 보지 못했던 것이며, 이전에 볼 수 없었던 것을 보게 되는 놀라움을 체험하게 되는 것이다. 이야말로 인식론적 혁명이 이루어지는 순간이다. 이로써, 예수의 손길에 의해 눈뜨게 된 장님은 바로 이 인식론적 혁명을 온몸으로 경험한 자가 된다. 사도 바울(사울) 역시 그런 체험의 전형이 된다.

다마스커스로 가던 사울은 스스로 '본다'는 자부심에 가득 찼던 사람입니다. 그런 그가 환한 빛 앞에서 소경이 된 것은 은총이었습니다. 자기의 눈멂을 자각할 때라야 비로소 눈을 뜰 수 있으니 말입니다.

이어 김기석 목사는 아주 인상 깊은 "인당수"론을 펼친다. 아버지의 눈이 뜨여지기를 바라고 심청이가 뛰어든 인당수를 영의 세계가 열리는 지점으로 주목한 것이었다.

그들의 눈뜸의 시작은 바로 깊이를 알 수 없는 인당수였습니다. 아버지의 한을 풀어드리고 싶어 자기를 희생한 그 자리야말로 제3의 눈이 열리는 지점이었습니다. 그런 의미에서 나는 골고다 언덕에 세워진 예수 그리스도의 십자가야말로 인당수라고 생각합니다. 주님은 우리의 눈을 열어주려고 스스로 십자가를 지셨습니다. 십자가 아래 서있던 백부장은 '이 사람은 정말 하나님의 아들이로구나'하고 고백했습니다. 눈이 열린 것입니다.

**"예수의 길"**

결국 문제는 욕망과 독선, 그리고 고정된 교리에 세뇌되어버린 마음이 진리로 해방되어야 하는 것이다. "진리가 너희를 자유롭게 하리라"고 하신 말씀대로다. 그것은 예수자신에게도 매우 중대한 경험으로 압축되어 나타난다. 사탄의 시험을 이기고 하나님의 길로 들어서는 순간의 사건이 존재했던 것이다. "예수의 길"이라는 제목의 설교에서 김기석 목사는 이 시험의 대목을 두고 이렇게 말한다.

예수님께서 광야에서 당하신 시험은 육적인 욕망의 탈을 벗는 기회였습니다. 그 후로 예수님은 흔들리지 않는 바위처럼 당신의 길을 가셨습니다. 우리는 그 길이 생명의 길이라고 믿기에 그 길을 따르기로 한 사람들입니다. 물질과 허영심과 권력의 유혹을 물리치고 나면 우리 삶도 맑아질 것입니다. 예수님이 택하신 좁은 길을 통해 우리는 하늘에 이를 것입니다.

이렇게 그는 예수의 길이 무엇인지 명확하게 인식하면서 그 길로 따라 나서는 것이 곧 믿음임을 일깨우고 있다. 이러한 김기석 목사의 "믿음"에 대한 이해는, 예수의 길을 따르는 것이 아니라 예수의 이름을 앞에 내세워 "욕망을 채우는 길"을 신앙으로 포장하고 있는 한국교회 전체에 대한 질타와 도전이 된다. 사실 오늘날 한국교회는 이렇게 신학적 논전을 펼치지 않아도 이미 사회적으로 지탄의 대상이 되어온 지 오래다. 한국교회는 부와 명성과 권력의 산실처럼 여겨지고 있으며, 이로써 예수의 부활은 사라진 채 부활하신 예수조차 다시 자기들의 독선의 무덤에 묻어버리고 조작된 비명(碑銘)을 가지고 장사하기 바쁘다. 예수께서는 하나님과 돈을 함께 섬기지 못한다고 하셨는데, 예수께서도 하지 못한다고 하신 이 일을 한국교회는 할 수 있다고 선전하고 있으니 이를 어찌해야 할까?

김기석 목사는 이러한 의미에서 "절대신뢰"라는 제목의 설교를 통해, 인간의 비열한 욕망을 감싸주는 망토역할을 하는 아모스의 예언을 이렇게 인용하고 있다.

나는 너희가 벌이는 절기 행사들이 싫다. 역겹다. 너희가 성회로 모여도 도무지 기쁘지 않다. 너희가 나에게 번제물이나 곡식제물을 바친다고 해도 내가 그 제물을 받지 않겠다. 너희가 화목제로 바치는 살진 짐승도 거들떠보지 않겠다. 시끄러운 너의 노랫소리를 나의 앞에서 집어치워라! 너의 거문고 소리도 나는 듣지 않겠다. 너희는 다만 공의가 물처럼 흐르게 하고, 정의가 마르지 않는 강처럼 흐르게 하여라.

그리하여 그는 한국교회의 현실을 이렇게 비판한다.

오늘의 한국교회는 개혁의 주체가 아니라 개혁의 대상이 되고 말았습니다. 소외된 이들의 음성이 되기보다는 기득권자들의 입이 되는 경우가 많습니다. 많은 목회자들이 거칠거칠한 복음을 사람의 기호에 따라 부드럽고 세련되게 갈아내어 제공합니다. 완악하고 거짓된 삶을 깨는 쇠망치여야 할 말씀이 사람들의 욕망을 자극하는 신제품으로 둔갑한 채 팔리고 있습니다. 선포되는 말씀이 사람들의 이성을 마비시키고 욕망을 부풀리고 있습니다. 너희는 만민의 기도하는 집을 강도의 굴혈로 바꾸었다고 책망하신 주님의 피끓는 음성이 들려오는 듯 합니다. 예수정신이 사라진 교회는 짓다만 건물처럼 괴기스럽게 보입니다.

바로 그러한 한국교회에 도리어 무수한 사람들이 몰려들고 물량적으로 성장하고 있으니 그 교회는 혹시 이미 "예수 없는 예수교회"가 아닌가? 그리하여 김기석 목사는 탄식하고 애통해한다. 그러나 이 탄식과 애통함이 바로 말씀의 뜻을 바로 새기는 힘이 된다. 그렇지 않으면 그것은 한국교회가 잘 나가고 있다고 여길 것이기 때문이다. 용산참사에 아직도 침묵하고 있는 한국교회의 모습과는 달리, 그는 이 참사에 대해서도 발언하고 있다. 예수께서 가신 길을 따르지 않는 한국교회와는 다른 길을 걷는 그의 모습을 주목할 수밖에 없다.

사람들은 이 사건의 책임이 누구에게 있는지를 가지고 왈가왈부하고 있습니다. 서있는 자리에 따라 판단도 달라집니다. 하지만 우리는 어떤 판단을 내리기에 앞서 예수님의 마음을 헤아려야 합니다. 주님이시라면 삶의 벼랑으로 내몰린 사람들, 그리고 희생자들의 입장에서 이 사태를 바라보실 것이 분명합니다. 가난한 이들의 폭력도 문제지만, 그보다 압도적인 힘을 가지고 있는 공권력자의 폭력은 더 큰 문제입니다.… 개발주의의 악령은 인간세상을 전쟁터로 만듭니다. 주님은 이런 세상을 사랑과 섬김과 우애로 넘치는 곳으로 바꾸라고 우리를 부르셨습니다.

**"겨자풀처럼"**

생명에 대한 소명을 철저하게 인식하는 것, 그것이 다름 아닌 교회가 갈 길이라고 외치는 그의 육성은 그의 책 도처에 스며있다. 이는 어쩌면 이미 세상의 대세를 쥐고 있는 질서에 대한 역습과 전복(顚覆)이 된다. "겨자풀처럼"이라는 설교는 그런 의미에서 오늘날, 힘없이 현실의 위력에 무너지고 있는 이들에게 무한한 용기와 격려가 된다. 그는 "백향목 세상의 전복"이라는 개념을 통해, "겨자 풀의 미래"를 꿈꾼다.

백향목 세상은 몇몇 특권적인 사람에게만 천국이고 대다수의 사람들에게는 지옥인 세상입니다. 예수님은 사람들이 그런 세상에 눈뜨기 원하셨습니다.… 지배와 피지배가 아니라 모두가 저마다의 삶의 몫을 살아내는 세상을 꿈꾸셨던 것입니다. 그래서 주님은 척박한 땅에서도 억센 생명력으로 살아가는 겨자 풀의 예를 들고 계십니다. 예수님이 가르치시는 하나님 나라는 잘난 사람들만 들어가는 곳이 아닙니다. 그것은 잡초와 같은 사람들이 열어가는 현재 시제의 나라입니다.… 그런데 우리가 여기서 한 가지 유의해 보아야 할 것이 있습니다. 앞에서 말씀드린 대로 겨자풀은 번식력이 강하고 토양을 망가뜨리기 때문에 자기 밭이나 정원에 그것을 가져다가 심는 사람은 거의 없었습니다. 그런데도 예수님은 겨자씨가 저절로 퍼지는 것이라 하지 않으시고, 누군가가 심는 것으로 표현하고 있습니다. 이것은 하나님의 나라는 저절로 오는 것이 아니라 누군가의 의도적인 수고와 땀 흘림을 통해 오는 것이라는 것입니다.

말하자면, 보기 좋고 강하고 큰 것들이 주름잡고 있는 세상에서 남들이 보기에는 잡초처럼 여겨지는 이들의 가슴에 하나님 나라가 들어차면 세상은 뒤집어진다는 것이다. 희망이 없다고, 미래가 보이지 않는다고 그대로 주저앉거나 스스로를 초라하다고 여기지 말고 이제로부터 시작하면 된다는 것이다. 거센 바람이 불면 이를 향해 일갈한다는 것이다. 그래서 김기석 목사는 "바람을 꾸짖으시다" 편에서 이렇게 말하고 있다.

오늘 우리시대에도 이런 공포와 두려움이 가득 차 있습니다. 거센 바람 앞에서 어쩔 줄 모르는 제자들의 이야기는 사실 우리들의 이야기입니다.… 그런데 주님은 그런 공포와 두려움을 주는 현실을 꾸짖고 계십니다. 누가 꾸짖을 수 있습니까? 꾸짖음은 자기 욕심을 여읜 사람, 그래서 맑아진 사람만이 할 수 있습니다. 거룩함이 아니고는 사악함과 더러움을 이길 수 없습니다. 우리시대의 비극은 세태를 꾸짖을 수 있는 맑은 정신이 사라졌다는 사실에 있습니다. 교회조차 영적 권위를 드러내지 못하고 있습니다. 스스로 가난해지고, 고통 받는 이들의 삶의 자리에 화육해 들어가지 않는 교회가 이 시대를 꾸짖을 수 있겠습니까? 자기를 버려 하나님의 뜻을 받드는 사람과 교회만이 이 시대의 공포를 물리칠 수 있습니다.

그러자면 예수께서 가신 길을 따라야 한다. "가시는 길을 따라 나서다"의 편에서 그는 이렇게 말하고 있다.

우리가 세상을 얼마나 바꿀 수 있을지는 아무도 모릅니다. 하지만 주님은 무능하고 무지한 제자들을 끝까지 믿어주시고 참아주셨습니다. 주님은 우리 없이 구원의 일을 하기 원치 않으십니다. 이게 바로 은총입니다. 할 수 있기 때문이 아니라, 해야 할 일이기에 해야 합니다. 그리고 나머지는 하나님에게 맡기면 됩니다. 우리는 예수님을 길에서 따르기로 작정한 사람들입니다.… 주저 없이 그 길을 걷는 사람은 세상이 뒤흔들어 놓을 수없는 자유와 평안을 맛보게 될 것입니다. 세상의 등불에 집착하는 사람은 밤하늘의 달빛과 별빛을 누릴 수가 없습니다.…

세상의 등불을 즐기고 있는 한국교회는 이러한 김기석 목사의 말과 글을 어떻게 받아들일까? 그는 "나무와 열매"라는 설교에서 이렇게 말하고 있다.

지금 한국교회라는 나무는 고사 위기에 처해 있습니다. 살아남기 위해서는 가지치기가 필요합니다. 먼저 사람들에게 풍요에 대한 환상을 주입하는 가치를 쳐내야 합니다. 환경에 부담을 주는 생활방식을 청산해야 합니다. 지구의 자원을 거덜 내는 삶의 방식은 더 이상 지속가능하지 않습니다. 가을이 되어 잎을 떨구고 겨울나기를 준비하는 나무처럼 우리는 부푼 욕망을 덜어내고 소박한 생활을 시작해야 합니다. 우리가 쳐내야 할 또 다른 가지는 권력에 대한 집착입니다. 부자가 되고 다수가 된 교회는 어느 새 권력의 자리에 서게 되었습니다.… 교회가 세상에 영향을 끼치는 것은 '빛과 소금'으로서이지, 다수의 힘을 바탕으로 한 압력을 통해서가 아닙니다. 도덕성이 아닌 다른 영향력에 기대는 순간, 교회는 변질될 수밖에 없습니다.

김기석 목사의 설교를 읽고 있으면 복음의 본래 가치가 회복되고 있음을 느끼게 된다. 오염되지 않고 맑고 경건한 울림으로 이 세상을 일깨우는 목소리를 듣게 되는 것이다. 복음을 빙자하여 현실에 눈감게 만들고 욕망의 노예 또는 포로가 되게 하고 있는 한국교회의 무수한 강단이 부르짖고 있는 지점과 전혀 다른 곳을 바라보게 한다. 그 눈길이 달라지면서 우리는 복음이 본래부터 가지고 있는 혁명적 전복성이 뚜렷해지는 것을 체험하게 되는 것이다. 이러한 김기석 목사의 설교는 그래서 고사위기에 처한 한국교회를 다시 일으켜 세우고 빛과 소금이 되게 하는 말씀의 전범(典範)이 될 만하다. 그건 탁류가 넘치는 강을 뚫고 솟아오르는 맑은 샘물줄기와 같다.

책을 덮고 나니 김기석 목사의 최근 설교가 궁금해진다. 올해 우리는 지난해보다 더욱 강력해진 권력의 무자비한 얼굴을 보았고, 무수한 사람들이 또 희생되고 무너져가고 있는 현실을 목격하고 있기 때문이다. 역시 김기석 목사는 현실을 외면하지 않았다. 그는 힘겨운 현실 앞에서도 역사에 대한 꿈을 접지 않는다. "역사의 꿈"이라는 설교의 한 대목이다. 그는 이사야가 꾸었던 꿈을 들려준다. 길지만 들어보자.

이사야가 활동하던 주전 8세기 말엽 유다는 강대국인 아시리아의 팽창정책과 그에 맞서는 애굽과 블레셋 동맹의 틈바구니에서 고초를 겪고 있었습니다. 어느 편을 들더라도 전쟁은 불가피했습니다. 민중들이 겪게 되는 고통은 이루 말할 수가 없었습니다. 이사야는 강자들의 횡포로 말미암아 유린되는 약자들의 아픔을 깊이 헤아리지 않을 수 없었습니다. 눈 밝은 예언자로서 그는 강자들의 폭력은 반드시 대가를 치르게 마련이라고 말합니다. 그리고 절망의 심연에 떨어진 동족들에게 하나님의 멋진 계획을 들려줍니다. 그는 이새의 줄기에서 나오는 한 싹에 주목합니다. 지혜와 총명의 영, 모략과 권능의 영, 지식과 주님을 경외하게 하는 영이 그에게 부어집니다. 그는 주님을 경외하는 것을 즐거움으로 삼습니다. 눈에 보이는 대로 재판하지 않고, 귀에 들리는 대로 판결하지 않습니다. 그는 강자들과 언론에 의해 왜곡된 현실에 현혹되지 않고, 실체적 진실에 입각해서 판단합니다. 마음을 낮은 데 두기에 들리지 않는 소리를 들을 수 있고, 보이지 않는 현실을 볼 수 있는 것입니다. 그는 가난하고 억눌린 사람들의 권리를 찾아주고, 잔인한 자를 단죄합니다. 그는 아모스의 표현을 빌리자면 "공의가 물처럼 흐르게 하고, 정의가 마르지 않는 강처럼 흐르게" 하는 분입니다. 주님의 영에 충만한 사람은 역사 속에, 그리고 이웃들의 마음에 생기를 불어넣습니다. 바람이 불지 않으면 깃발은 축 늘어지지만, 바람이 불면 펄럭입니다. 세계인의 존경을 받았던 피에르 신부는 성령에 충만한 사람의 삶을 설명하기 위해 바람과 돛의 비유를 들려줍니다. 우리가 배를 앞으로 몰아가기 위해 돛을 펼쳤다 해도 바람이 불지 않는다면 아무 소용이 없습니다. 그런가 하면 바람이 불더라도 돛이 펴져 있지 않다면 배는 앞으로 나아가지 않습니다. 하나님은 우리를 나아가게 하기 위해 우리의 동의를 필요로 합니다. 인간은 키를 잡고 돛을 폅니다. 그제야 성령께서 그를 항구로 인도할 수 있는 것입니다.

**"그래도 나는 씨를 뿌린다"**

김기석 목사는 '바람 부는 날에는 압구정동에 가자'가 아니라, 역사의 한 복판으로 가자는 것이다. 그러면서 절망하지 않는 믿음의 헌신을 이렇게 표현하고 있다. "그래도 나는 씨를 뿌린다"의 한 대목이다. 농부가 이곳저곳에 뿌린 씨앗의 운명에 대한 비유와 관련된 이야기다.

씨앗은 이렇게 보이지 않는 곳에서 자라고 있는 것입니다. 우리 삶이 제 아무리 곤고하고, 역사가 제 아무리 척박해도 모든 사람들이 사람다운 대접을 받고, 모든 피조물이 창조주 하나님의 은총을 노래하며 살기를 바라는 주님의 꿈은 그저 스러질 수 없습니다. 오늘 우리가 외치는 음성이 메아리조차 없이 흩어지는 것 같을지라도, 하나님의 뜻을 이길 힘은 세상에 없습니다. 하늘은 때때로 폭우를 쏟아 가던 길을 멈추게 하기도 하고 다리를 끊어 되돌아가게도 합니다. 그래도 나는 씨를 뿌리렵니다. 지향이 분명하다면 우리는 견뎌낼 수 있습니다. 압도적인 힘으로 세상을 호령했던 로마 제국은 사라졌지만, 사랑의 힘으로 폭력에 맞섰던 예수의 꿈은 여전히 스러지지 않았습니다.… 주님은 우리를 씨 뿌리는 자로 부르십니다. 오늘도 내일도 이 부름에 응답하여 살아가십시오. 아멘.

바람 부는 날에도 밭에 나가고 구름이 낀 날에도 들판에 나간다. 그것이 예수를 따르는 이의 갈 길이다. 이 암담하고 답답한 시대의 거리에서 바람 한 점 불지 않고 온통 열기에 지쳐 가는 가 했더니, 복음의 멋진 바람이 분다. 김기석 목사의 말과 글은 그렇게 우리의 삶에 새로운 용기와 기력을 부어줄 것이다. 물론, 그것이 김기석 목사의 헌신과 능력의 소산이겠지만, 그건 무엇보다도 그를 통해 이 세상에 들려주고 싶으신 하나님의 마음이 그득 담긴 말씀이기에 그렇다. 가난하고 굶주려가는 세상에서 영혼의 떡이 되는 말씀을 만나니 이토록 기쁘다.

# 퇴색하지 않는 아름다움, 늦봄 문익환

늦봄 문익환, 그 이름 석 자는 이 나라 신학과 운동과 역사에 박힌 빛나는 보석이다. 퇴색하지 않는 아름다움이요, 늘 푸른 힘을 주는 생기이다. 책상물림으로 앉아 있던 구약성서학자가 들판에 나와 광야의 소리로 변신하자 역사는 꿈틀거렸고, 함께 춤을 추었다. 그리고 고난의 시대를 기운차게 뚫어내었다.

## 이 나라 신학과 운동과 역사에 박힌 빛나는 보석

그 문익환이 우리 곁을 떠난 지도 어언 20년이 다 되어간다. 산천은 변했으나 그 맑은 미소와 청아한 꿈은 아직도 여전히 우리에게 뜨거움으로 있다. 목사이면서 목사로만 머물지 않았으며, 시인이면서 시인으로 그치지 않았고 학자이면서 학자로 멈추지 않았다.

정치의 소용돌이에서 야욕이 없었고, 존경의 상석 위에서 교만하지 않았다. 그는 그의 내면에 쏟아져 내린 하나님의 영과 시대의 소리에 맞추어 자신을 던졌고, 그로써 역사로 존재하게 되었다. 모두가 지쳐 스러질 때에 우뚝 선 우리의 마음이 되었고, 막히지 않은 길이 되었으며 꺼지지 않는 불꽃이 된 것이다.

그리하여, 그가 떠난 10년의 세월이 먼 듯 하지 않으며, 그는 여전히 우리 곁에 살아 움직이는 생명 같기만 하다. 하나님의 영으로 충만한 존재의 모습은 모두 그러한가 보다.

'재야인사(在野人士)'라는 말이 주었던 무게가 시대를 울렸던 때가 있었다. 백발 휘날리며 포효하듯 민중의 마음을 흔들었던 그의 모습 한 자락이라도 보이면 권력이 긴장했던 시절이 있었다. 그가 노년의 몸을 청년처럼 움직이면 모두가 어느새 일제히 일어나 오만과 독선, 그리고 독재의 성채를 향해 진군했던 역사가 있다.

손에 수갑을 차고 옥에 들어서도 만면에 미소를 지으며 옥 밖에 있는 이들을 도리어 위로하던 그의 넉넉한 웃음이 우리 모두를 기쁘게 했던 시간이 있었다. 그가 두 팔을 벌리고 소리를 토해내면 그것이 곧 역사의 육성이 되고, 그가 훌쩍 발걸음을 옮기면 그것이 곧 역사의 한 걸음이 되었던 충격이 있었다. 그리하여 문익환은 시대의 선봉이었으며, 우리 모두의 횃불이었고 내면의 감격이었다.

1989년, 김일성 주석과의 전격적인 만남으로 세상을 놀라게 했으나 그 놀라움은 사실 그의 순수한 꿈의 연장이었다는 것, 그래서 김일성 주석과의 뜨거운 포옹이 그 어떤 외교적 제스처가 아니라 그의 몸에서 나온 자연스러운 사랑과 삶의 모습이었다는 것, 그것을 이해하기까지 그에게 가해진 고통은 그에게 역설적으로 힘이 되었고, 달려갈 길을 줄기차게 달려가는 자로 만드는 동력이었다.

어찌 그 만남 하나로 통일이 되고 남북이 통하며 세상천지가 바뀌겠는가 만은, 누군가 앞장서서 길을 내지 않으면 결국 길은 언제고 영영 생기지 않는 법. 문익환은 없는 길을 만들어 뚫었고, 그 뒤로 무수한 사람들이 줄을 이어 그 길을 밟았으니 역시 선각자는 달리 있던 것이었다.

## 소년 문익환을 길러낸 자양분

1918년, 만주 북간도 명동에서 문재린, 김신묵의 첫아들로 태어난 문익환은 민족에 대한 사랑과 새로운 시대의 문명에 대한 깊은 일깨움이 있었던 그곳 이주 조선인촌에서 이미 장래의 문익환으로 자라난다. 북간도 명동은 일제의 지배 아래 놓이게 된 조국의 현실을 가슴 아파하면서 그곳으로 떠난 일군의 선비들이 모여 만든 동네.

그곳에서 교육과 기독교의 열정은 소년 문익환을 길러내는 자양분이었다. 목사인 아버지 문재린의 모습을 통해서 그는 평생 그가 택할 수 있는 길은 목사임을 자각하고 있었고, 그것을 위해 살아가야 하는 자신에 대하여 고뇌하지 않을 수 없었다. 하지만, 성서를 통해서 만나게 된 믿음의 사람들은 소년 문익환에게 꿈을 불어넣었고, 그로써 그는 성서의 세계에 일찍 탐닉하게 된다. 무척이나 성숙한 소년이었다.

민족혼이 강렬했던 명동의 분위기에서 그는 신사참배를 거부했고, 민족의 자존심을 지키는 일과 신앙의 세계가 하나가 되는 가장 기초적인 훈련을 그때 하게 된다.

그런 명동인지라 이후 이곳에서는 민중 신학 교육자로서만이 아니라 민중을 위한 정치에 나섰던 그의 아우 문동환, 이후 민중신학의 태두가 되는 안병무 등이 배출된다. 명동은 아이들에게 민족의 존엄을 배우게 한 현장이었고, 기독교 신앙이 역사와 하나로 어울려야 함을 일깨운 자리였던 것이다.

물론 그가 처음 접한 기독교는 그가 이후 구약성서의 예언자적 전통에 서서 외쳤던 그런 종류의 것이 아니었다. 오늘날로 치면 보수적 신앙의 원류에 지나지 않았다.

그러나 그 신앙의 틀에서 그의 뼈대는 굵었고, 웬만하면 물러서지 않는 강단이 생겨났다. 이것은 그가 오랜 세월 동안 한눈팔지 않고 히브리 성서를 번역하는 작업에 몰두할 수 있게 한 힘이었고, 결국 그런 예언자적 삶으로 살아가게 한 근력이 되었다.

일본 동경의 신학교에 입학한 그는 그곳에서 신학수업을 했고, 만주 북간도에서와는 다른 자유로운 사상적 흐름 속에 있게 되었다. 일본 동경시대의 그는 그 과정에서 자신의 보수적 신앙에 대한 비판적 성찰을 할 수 있는 기회를 가지게 되었고, 그로써 한 단계 발전한 신학적 이론의 토대 위에 설 수 있었다.

이후 그는 학병 소집을 거부, 만주 봉천 신학교로 이적하여 만보산 한인교회에서 전도사 생활을 하게 된다. 아직은 그리 특별할 것 없는, 그러나 공부에 관심이 깊은 젊은 청년 신앙인이었다.

해방 직전인 1944년, 그는 평생의 가약을 맺은 박용길과의 삶이 시작되고, 해방 후 한국신학교의 전신인 조선신학교를 졸업하게 된다. 그러나 그의 학구열은 중단되지 않아 목사 안수를 받고 난 이년 뒤인 1949년, 미국 프린스턴 신학대로 유학을 떠나게 된다.

1950년대의 한국에서, 미국으로 유학 간다는 것은 쉽지 않은 일이었다. 그렇게 프린스턴에서 수업하던 그는 6·25 전쟁이 터지자 귀국, 그가 배운 영어실력 탓으로 꼬박 3년을 판문점과 동경의 유엔 사령부에서 근무한다.

남북 대결과 전쟁, 그리고 분단의 현장에서 보았던 역사는 그가 이후 통일의 길을 향해 가게 되는데 중요한 밑거름의 경험이 된다. 3년간 계속된 전쟁이 휴전으로 미완성된 종결을 하자, 그는 마치지 못한 학업에 대한 열망을 주체치 못하고 다시 유학길에 올라 프린스턴에서 석사 학위를 끝낸다.

한국 기독교계에서 당시 "프린스턴 신학대"라는 이름이 차지했던 영광을 떠올려본다면 청년 문익환이 전란에 휩싸였던 조국에 돌아와 신학자로서의 길을 걷게 된 처지가 어떤 것이었을까 짐작해볼 수 있을 것이다.

한신대와 연대에서 구약학을 강의하는 한편, 한빛교회의 목회자로서 어찌 보면 얌전한 길을 걸었던 그에게 1965년에서 1966년의 유니온 신학대 유학은 의미 있는 충격으로 남는다. 민권운동이 한참이었던 그 시기에 유니온 신학대학은 흑인 해방신학의 산실이었으며, 라틴 아메리카 해방신학의 요람이기도 했다.

구약의 예언자적 전통의 흐름과 이 해방신학의 만남은 그에게 역사의 지평을 열어주었고, 이후 실천의 능력을 갖도록 하는데 있어서 매우 소중한 체험이 되었다.

## 밀실에서 시대의 광장으로

이후 그는 십년간 신구교 공동 구약 번역 책임 위원으로 살면서 히브리어와, 그 언어의 세계를 통해서 성장했던 예언자들의 삶 속에 그대로 푹 파묻힌다. 시대의 중심에 살면서 소용돌이치듯 세월을 보냈던 윤동주, 장준하의 꿈속에서의 부름도 마다한 채, 그는 히브리 성서의 번역에 미친 듯 몰두했던 것이다.

그가 윤동주에 대한 시인으로서의 열등감을 이후 고백하지만, 그의 구약 성서 번역 작업은 그러한 열등감의 극복을 넘어 그에게 새로운 시의 세계를 열어주게 된다. 아무튼, 그는 1976년에 이르기까지 일찍 일본과 미국에 유학을 하고 온 탁월한 성서학자였고, 히브리어를 우리말로 옮기는 예술적 재능을 가진 한 목회자에 불과했다.

그러나 박정희 군사독재 체제는 그의 이러한 신학적 헌신의 세계를 그대로 놓아두지 않았다. 예언의 언어를 번역하고 있기만 해서는 말씀이 육신이 될 수 없다는 것을 일깨우시기나 하시려는 듯, 역사는 문익환을 성서번역의 외로운 밀실에서 시대의 광장으로 전격 불러낸다. 진정 부름을 받은 것이었다.

이른바 "3·1 민주구국선언" 사건이라고 불린 반독재 민주화 운동에 연루된 그는 처음으로 영어(囹圄)의 몸이 된다. 애초에 이 사건은 그가 연루되지 않게 기획되어 있었다. 필력이 좋은 그가 구국선언문을 기초한 사실은 아무도 불지 않게 되어 있었던 것이다.

그에게는 구약성서의 번역작업이 거의 다 마쳐가고 있다는 중대과제가 있기에, 이 일과 관련되었던 이들은 모두 그의 이름을 발설하지 않았다. 그러나 아우 문동환은 고문의 고통 속에서도 문익환 이름 석 자가 나오지 않도록 인내했던 동지들의 아픔이 더 이상 계속될 수는 없다고 판단, 형의 이름을 내놓는다.

다른 누가 그리했으면 동지들에 대한 배신이 되었겠지만, 아우가 동지들의 고통을 덜고자 형을 역사의 현장에 끌어들였으니 이를 어찌 거부할 수 있을 것인가?

사실, 이 시기에 이르기까지만 해도 재야 민주화 투쟁의 지도급 인사는 오히려 그의 아우 문동환이었다. 그러나 이렇게 졸지에 엮이게 된 문익환은 그간 히브리 성서 번역의 과정과, 해석의 훈련 속에서 다져온 믿음의 내공을 이른바 초식으로 펼쳐보이게 된다.

1977년 전주교도소에서의 24일간 옥중 단식은 약골로만 여겼던 문익환 목사에 대한 당국의 인식을 바꾸는 계기가 되었고, 재야 민주화 운동을 그를 중심으로 하는 판으로 집결시켜 가는데 있어서 중요한 역할을 하게 되었다.

그가 재야인사로서 뒤늦게 입문하여 스스로를 늦봄이라고 불렀고, 그 사로잡힘의 자리에서 도리어 하나님의 뜻을 세상에 알렸으니 그야말로 사도 바울의 모습대로 산 셈이다.

## 옥에 가둘 수 없는 영혼

1977년, 기독교계에서 존경받는 그를 더 이상 구속 수감할 수 없어, 박 정권은 그를 형 집행 정지로 석방시켰으나 이내 그는 유신 헌법에 대한 비판의 목소리를 높여 형 집행 정치 취소로 재수감 된다. 이렇게 해서 그의 감옥 생활의 긴 세월이 시작된다.

첫 투옥이 22개월, 형 집행 정지 취소로 재수감 되어 박정희 암살사건으로 유신체제 붕괴에 이르기까지 옥살이는 한 것이 15개월, 1980년 5월 광주 연루혐의로 이른바 "내란 예비음모죄"로 세 번째 투옥되어 31개월 만에 출옥하게 된다.

1985년에는 5·3 인천항쟁사건으로 네 번째 투옥되어 형 집행 정지로 26개월 만에 나오고 1989년 평양을 다녀왔다는 죄목으로 국가보안법에 걸려 다섯 번째 투옥, 형 집행 정지로 19개월 만에 출옥한다.

1991년, 이른바 분신정국에서의 활동 혐의로 형 집행 정지로 여섯 번째 투옥되어 21개월 만에 옥에서 나오게 된다. 이렇게 1976년에서 1993년까지, 17년 세월 동안 그가 옥에서 보낸 세월은 도합 134개월, 그러니까 11년이 넘는 시간을 감옥 생활을 해야 했넌 것이다.

그러나 그런 오랜 세월의 투옥 생활도 그의 총기와 열정을 잠재우지 못했다. 아니, 도리어 그는 투옥의 고난이 쌓이면 쌓일수록 더욱 강한 존재가 되어 우리들 앞에 나타났다. 도무지 옥에 가둘 수 없는 영혼과, 민족에 대한 사랑이 펄펄 넘치는 "자유청년"이었다.

그러기에 그에게서는 어두운 그림자가 보이지 않았다. 힘겨운 영어(囹圄)의 생활에도 불구하고 그는 그 어디에 갖다놓아도 불길이었고, 역사의 산 현장이 되었으며 곳곳에서 시대를 일깨우는 소리요, 무딘 마음을 깨는 타고난 교사였다.

그래서 그가 수감되면 그 자체로서 역사는 격동했다. 문익환을 감옥에 집어넣는 시대가 그냥 온전하게 자기보신을 하고 지낼 수 있을 리 만무했다. 그가 온 몸으로 부딪혀 깨려는 어둠의 장벽은 그렇게 하나하나 무너져내려갔다.

그를 가두는 횟수가 늘어나면 날수록 민중은 그로써 깨어났으며, 현실의 모순을 명확하게 보게 된 것이었다. 그러니, 그는 자신의 몸으로 이 시대의 눈을 뜨게 했다. 눈 먼 시대를 자신의 생명을 걸고 개안(開眼)시키는 존재가 되어가고 있었던 것이다.

문익환의 명망(名望)은 민주주의와 통일을 바라는 사람들에게 귀중한 자산이 되어갔다. 그의 명성은 개인적 출세와는 아무 관련이 없는, 시대의 고난을 뚫고 가려는 이들에게 자랑이요 용기가 되었으며 그의 이름은 마치 열정의 암호처럼 사람들의 영혼에 와 박혔던 것이다.

문익환이 하는 일이라면, 문익환이 하는 말이라면, 문익환이 가는 곳이라면 문익환이 목숨을 거는 일이라면, 그것은 곧 이 시대가 반드시 해야 하고 귀 기울여야 하며 함께 가야하고 그로써 생명을 거는 사건이 된 것이었다.

이러한 그의 혼신을 다한 뜨거움과 그 어떤 위협과 압박에도 굴하지 않고 소신대로 사는 모습은 이 시대의 예언자가 과연 어떤 존재이어야 하는가에 대하여 모두에게 성찰할 수 있는 재료를 주었다.

구약성서에 등장하는 예언자들의 삶을 껴안고 평생을 살아왔던 그가 어느새 그 자신의 형상을 예언자의 것으로 만들어가고 있었던 것이다.

하여 늦봄 문익환 기념사업 이사장 이재정 신부는 문익환의 발걸음을 "가나안땅을 향하여 모진 고난을 무릎 쓰고 걸었던 모세의 길이었으며, 마른 뼈로 뒹굴며 죽어 있던 동족을 살려내기 위하여 골짜기를 헤매던 에스겔의 길이었고, 정의를 위하여 권력에 맞서 몸을 던졌던 예레미야의 길이었으며, 살라진 민족을 다시 하나로 만들어 남북을 통일하려고 설파하던 아모스와 호세아의 길이었다."고 회고한다.

민중들이 어떤 고통을 당하고 있어도 눈 하나 깜짝하지 않고, 입 한 번 열지 않으며 거동조차 하지 않은 무수한 기독교계 지도자들과는 달리, 그는 하나님이 외치라는 소리만 있으면 장소와 때를 가리지 않고 토해냈던 것이다.

목에 칼이 들어와도, 이미 그 안에 십자가의 죽음과 삶을 품고 있는 그를 물러서게 할 수 없었으며 죽기로 하나님의 뜻에 순종하고 있는데 무엇으로도 그를 굴복시킬 수 없었다. 많은 회유와 협박에도 그가 끝까지 자신을 지키고 살아갈 수 있었던 것은, 다름 아닌 그러한 예언자 정신의 삶과 믿음 때문이었다.

자신은 자신이 사는 것이 아니라 하나님의 영으로 충만해서 그 말씀을 대언할 뿐이라는데, 실로 무얼 가지고 그를 꺾을 수 있었겠는가?

그렇게 살았던 그에게 1992년에는 노벨 평화상 후보로 추천되었다는 소식이 날아든다. 그건 그에게 감사였다. 노벨 평화상을 받고 안 받고 가 문제가 아니라, 이 땅의 현실이 인류사회로부터 주목받고 있다는 것, 그래서 이 역사의 한계를 밀어나가는 것이 인류에게 평화의 꿈을 나누게 하는 일이 된다는 것.

그것이 그에게 감사의 이유였다. 1989년 그가 북을 방문하여 김일성 주석과 만났던 일도 다 이렇게 고난의 민족에게 살 길을 열겠다는 심정 하나로 이루어낸 일이었으며, 그로 인해 고초를 겪었어도 그것이 그에게 아무 상처와 좌절의 원인이 되지 않았다.

노벨 평화상 후보로 추천된 것 자체로서 그는 기뻤고, 하나님 나라와 의를 구하면 그 나머지는 하나님께서 알아서 해주신다는 믿음이 더욱 깊어갔던 것이다.

형 집행 정지로 풀려나 마지막 투옥 생활을 마치고 난 1993년, 그는 "통일맞이 칠천만 겨레모임"운동을 제창하였다. 그에게 통일은 이미 온 것이었다. 그것은 "하나님의 은혜 안에서 아직 오지 않은 것을 이미 맛보는 복"과도 같은 개념이었다.

기도하면 이미 주어진 것이니, 그와 마찬가지로 통일도 아직 오지 않았으나 이미 온 것으로 받아, 통일된 조국의 삶을 살아내는 연습과 훈련이 우리에게 필요하다는 것이었다. 그는 그렇게 언제나 앞서 있었다.

사실 이러한 그의 생각은 우리의 현대 민족사의 반성과 깊은 관계를 가진다. 1945년 해방은 왔으나, 그 해방을 맞이하는 삶을 살아오지 않았기에 우리는 혼란과 위기, 그리고 마침내 분단의 세월을 맞이하고 말았다는 것이다.

그러니, 그 어느 때인가 통일의 역사가 열리면, 그것이 우리에게 혼란과 위기로 치닫는 일이 되지 않도록, 그래서 통일된 나라의 백성답게 성숙하고 힘 있게 현실을 감당할 수 있도록 해야 한다는 것이었다.

그는, 아직 건너지 않은 요단강 저편의 가나안을 미리 보고 산 위에서 이미 기뻐한 모세처럼 그렇게 미래의 역사를 감격으로 전망했던 것이었다.

그리고 그는 여생의 사업으로 바로 이 일을 해야겠다고 팔을 걷어 부친다. 통일을 부르짖지만, 각기 방식과 노선이 달라 분열되어 있던 통일운동을 하나로 묶어내고, 그로써 "새로운 통일 운동체"를 결성하기 위한 준비작업에 들어갔던 것이다.

이 일은 매우 어려운 일이었다. 정세(政勢)에 대한 인식도 서로 다르고, 운동방식에 대한 생각도 차이가 나며 인적 구성이나 조직의 내력도 틀린 사람들을 하나로 만들어 가면서 통일 운동의 핵을 키워나간다는 일이 어찌 쉬운 것이었겠는가?

그러나 그는 에스겔의 계시에서처럼 두개로 나뉘었던 막대기가 하나로 이어지는 그 통일의 꿈을 결코 포기할 수 없어 주변의 오해나 때로의 중상모략, 그리고 비난에도 마다하지 않고 한 길로 뚜벅 뚜벅 나간다.

그의 가슴에는 이미 가야 할 땅이 보였고, 그 땅을 가기 위한 대열만 정비하면 되는 것이었다. 하지만, 그렇게 시작한 일의 열매는 그의 손에 쥐어지는 것이 아니었다. 그것은 그의 후대가 맛볼 열매였기 때문이었다.

물론 그것이 그에게 상관되지 않았다. 다만, 그의 진심을 이 시대가 이해하고 그로써 통일의 기운이 대세가 되는 세상을 꿈꾸었던 것이다. "새로운 통일 운동체"를 꾸리는 것은 흩어졌던 통일운동의 기운을 견고한 하나의 힘으로 만드는 일이었고, 통일의 시대를 맞이할 수 있는 매우 중요한 준비였던 것이었다.

그는 이 일에 밤낮으로 매달렸다. 주변에서는 그의 건강을 걱정했고, 때로 그의 마음을 힘들게 하는 모략과 중상을 걱정했다.

## 문익환의 목소리가 그리운 것은…

그러던 중, 1994년 1월 그는 갑자기 가슴을 쥐어뜯는 듯한 고통을 한 바탕 겪더니, 잠을 자고 있던 중 심장마비로 인해 그가 그렇게 사랑하고 뜨겁게 열정을 쏟았던 이 세상을 홀연히 떠난다. 모두에게 놀라운 충격이었고, 한 시대의 통곡이 그의 죽음을 향해 쏟아 부어졌다.

님이 가신 것이었다. 어두운 역사의 밤을 지새우며 예수의 길을 따라, 좁은 길만 찾아다니고 그로써 형극(荊棘)의 삶을 마다하지 않던 그가 졸지에 우리 곁을 떠났던 것이다.

그러나 어디 떠난다고 떠나지는가? 문익환은 그저 떠나고 만 것이 아니라, 이 분단의 시대에 그리스도 신앙인들이 무엇을 생각하고 무엇을 위해 살아야 하는가를 두고두고 가슴에 새기도록 하였다.

고난을 피하지 않고 정면으로 맞이하는 자에게 하나님은 어떤 능력을 주시는가를 보도록 하였다. 민족의 현실과 만난 신앙이 어떤 불꽃을 피워내는가를 목격하게 하였다. 그로써 참된 그리스도인의 기쁨이 어디에 있는지 일깨웠던 것이다.

한반도의 정세가 어지러운 이때에, 문익환의 목소리가 그리운 것은 다른 까닭이 아니다. 순수하고 열정적인 그의 모습을 다시 보고 싶어 하는 것 또한 다른 이유에서가 아니다. 일신의 영달이나 개인적 야망, 또는 출세의 자랑을 모두 접고 한 시대의 절절한 요구 앞에 하나님의 부르심을 받아 자신을 던질 줄 아는 "아름다운 이"가 제대로 보이지 않기 때문이다.

그러나 우리는 믿는다. 그의 삶이 이 땅에 뿌린 그 무수한 씨앗이 보이지 않게 여기저기서 싹을 틔우며 가지를 뻗고 열매를 맺고 있다는 것. 그래서 민중의 거대한 함성이 그날 그때에 울리면 "역사의 여리고 성"은 무너지고 만다는 것. 그것을 우리는 믿는다.

문익환, 그는 바로 그렇게 그 날을 준비하시고자 하는 하나님의 전령(傳令)이자, 그리스도의 날을 예비하는 광야의 외치는 자의 소리였던 것이다. 그가 흔든 깃발, 우리도 뒤따라 흔들어 하나님 나라의 의를 이루고자 하니, 한 시대의 스승으로 그를 가진 우리는 정녕 복 받은 존재들이 아닌가?

# 유영모와 함석헌 어떻게 읽을 것인가

우리의 기독교 신앙 역사 속에는 소수의 굵직굵직한 이들이 선두에 서서 미답(未踏)의 경지를 개척해나갔다. 특별히 유영모와 함석헌 선생이 그러하다. 그 미답의 경지란 무엇인가? 그것은 우리 동양인들의 삶과 기독교 신앙을 깊숙이 만나게 하려 했던 점에 있다. 다시 말해서, 서양이 전해준 기독교 신앙과 그 신학체계를 그대로 받아들여 신주단지처럼 떠받들고 모시려했던 것이 아니라, 우리의 호흡과 우리의 역사, 우리의 삶을 기반으로 하여 기독교 신앙의 의미를 재해석해 들어갔던 것이다.

유영모와 함석헌의 이러한 자세가 언제나 옳았다고 주장하려는 것이 아니다. 적어도 이러한 시도는 우리 자신의 현실에서 기독교 신앙으로 다가가는 능력을 길러나가는 데 있어 매우 귀중한 자산이 되었다는 점에 주목할 필요가 있을 것이다.

미국인들이 가지고 있는 기독교 신앙의 이해와, 아프리카 흑인들이 가지고 있는 기독교 신앙의 이해는 사뭇 다르다. 미국인들의 신앙이라고 해도, 1백 년 전의 신학체계와 오늘의 신학체계는 또한 너무나 달라져 있다. 초기 산업화 단계에 있었던 사람들의 생활과, 오늘날의 삶이 제기하는 문제는 대단히 다르기 때문이다. 로마제국 당시 기독교를 받아들인 이들은 이른바 헬레니즘 문화 속에 살고 있었다. 그들의 생각을 지배하고 있던 것은 따라서 그리스 철학이었다.

신앙도 그러한 각도에서 사고하고 받아들였으며, "주일(主日)"마저 전래의 안식일에서 이들 로마제국의 종교적 습속이었던 태양절과 관련이 있는 일요일(Sunday)로 대치되었다. 태양의 자리를 예수 그리스도가 차지하게 될 정도로 이들의 정신세계는 급격한 변화를 맞게 되었던 것이다.

그들이 가지고 있는 삶의 현실과 기독교 신앙을 만나게 한 결과였다. 성탄절마저도 로마제국의 천문학적 사고에 기반을 두고, 동지(冬至)가 끝나는 시점을 잡아 정해졌다. 하여, 비록 로마제국의 문화와 결합한 기독교 신앙이지만 그 신앙이 주려 했던 생명의 본질은 달라지지 않았고, 그들의 삶에서 가장 익숙한 형태를 취하여 이들의 마음에 다가갔던 것이다.

복음서의 경우에도 우리는 그러한 면모를 볼 수 있다. 유대종교의 정신적 전통이 강한 지역에서 기독교 신앙을 전파하려 했던 마태 공동체는 구약의 족보를 기점으로 나사렛 예수를 설명하려했던 것과는 달리, 그리스 철학의 전통에 익숙한 요한복음은 이들이 잘 알고 있는 '로고스'의 개념을 중심으로 기독교 신앙을 설파하고 있다. 아이들에게 신앙을 전하려고 할 때에도, 아이들의 사고와 경험의 세계를 통해서 비유적으로 다가가지 않으면 아이들은 기독교 신앙의 의미를 깨우치기가 어렵게 된다. 설교 또한 사람들의 구체적인 현실과 경험의 세계와 만나지 못하면 그 신앙적 메시지는 알아듣기 어려운 이야기가 되고 만다.

한마디로, 그 복음의 뿌리가 내리고자 하는 땅의 조건에 맞추어 그 복음은 다양한 방식으로 자신의 열매를 맺고자 하는 것이다. 히브리어나 헬라어로 시작된 성서일지라도, 우리말을 통해서 여과된 의미는 달라지기도 하며, 또 같은 말이라도 그 구체적인 현실 속에서 여러 가지 다양한 의미를 가지고 성서를 읽는 이에게 새롭게 다가가기도 하는 것이다.

유영모와 함석헌 선생은 바로 이러한 관점에서, "조선 땅에 살고 있는 백성들에게는 그렇다면 기독교 신앙은 무슨 의미를 갖는 것이냐?" 하는 질문을 안고 평생을 살았던 것이다. 이 질문은 참으로 당연한 것이며 마찬가지로 우리들로서도 던져야 하는 질문이다. 적지 않은 비신자들이 기독교 신앙에 다가가려 하지 않는 이유 가운데 하나가, "그건 유대인들의 역사 아니냐? 그들의 신앙 아니냐? 그게 왜 나와 관계가 있는가?" 하는 의문에서 비롯된다. 아브라함, 이삭, 모세 등등의 이름이 우리의 삶과 무슨 상관이 있는가 하는 것이다. 그러다가 괜히 남의 다리만 긁지 말고 아예 우리 자신의 역사나 충실한 사상, 전통에 더 깊이 눈을 떠야 하지 않는가라는 힐난마저 한다.

하여 우리는 자연스럽게, 수천 년 전의 히브리인들에게 역사하셨던 하나님께서는 이후 그와는 전혀 다른 풍토와 정신적 자산이 있는 동양인, 보다 구체적으로 우리에게는 어떻게 역사하시는가의 질문에 대답하지 않을 수 없게 되는 것이다. 이 질문에 대한 대답이 궁해질 때, 우리는 수입된 종교사상에 매달리는 민족적인 혼마저 없는 이들로 여겨질 수도 있는 것이다.

## 동양정신+기독교사상=종교다원주의(?)

유영모와 함석헌 선생은 바로 이 기독교 신앙을 우리 자신의 삶 속에서 힘 있게 다가갈 수 있는 정신적 자양분을 동양정신의 맥에서 발견하고자 했던 것이다. 특히 함석헌의 노자(老子) 연구는 바로 그러한 관점에서, 인생의 근본적인 질문을 던지고 있다고 여겨 노자의 생각과 나사렛 예수의 언행을 깊이 연결시켜 사고하는 방식을 추구했다. 그래서 노자적인 사고가 무의식적으로 삶에 스민 동양인들의 심성에 가장 알맞게 다가갈 수 있는 기독교 신앙의 내용을 정리해내고자 그토록 애를 썼던 것이다.

인위(人爲)에 사로잡히지 않고 무위(無爲)의 도(道)에 따라 인간의 아름다운 삶을 추구하려 했던 마음은 오늘날에도 우리들의 심성 깊숙이 존재하고 있다. 억지로 꾸미지 않고 자연스럽게 살아가려는 정신적 욕구는 신앙인이나 비 신앙인 모두에게 무의식화 되어 있는 동양인들의 정신적 논밭이다. 함석헌 선생은 바로 이 논밭을 개간하여 기독교 신앙이 이에 뿌리를 내려 열매 맺기를 소망했던 것이다. 이 점이 자칫 오해되면, 종교다원주의의 논란에 빠지고 마는 것이다.

하여, 그의 시도는 마치 요한복음이 당대의 그리스 철학적 사고에 젖어 있던 이들에게 그리스도의 뜻을 전하고자 로고스의 개념에서 출발하여 이를 바탕으로 신앙의 세계를 풀어가려 했던 노력과 흡사한 것이다. 따라서, 함석헌 선생은 기독교의 이단이 아니라, 기독교의 선교영역을 보다 넓혀 나간 선각자이다. 우리 자신이 가지고 있는 정신적 자산을 내어버리지 않고 이를 적절하게 밝혀 기독교 신앙과 만나게 함으로써 기독교 신앙은 유대인들의 민족종교라고 배척하던 사람들의 마음에까지 예수 그리스도의 삶과 정신, 그 신앙의 세계를 열어주려 했던 것은 우리에게 남긴 귀중한 정신적 자산이 아닐 수 없다.

그러한 점에서 그의 사상과 족적을 되새겨 본다면, 우리는 그에 대한 오해도 접고, 그가 못다 한 기독교 신앙의 주체적인 해석을 이어나갈 수 있을 것이다. 한국인들의 무의식적 심성에까지 뿌리를 드리우는 신앙이 되고자 한다면, 실로 동양정신의 정수에 대한 이해가 밝지 않고서는 기독교 선교는 제한적이 되지 않을 수 없을 것이다. 그러기에 이 작업은 우리 모두가 당연히 시도해야 할 바라고 생각한다.

## 유영모, "우리 모신 ㅇㆍㅂㆍ디"

다석 유영모는 독특한 인물이다. 그의 정신세계는 기독교, 노자, 불교, 톨스토이 등이 섞여 있으며, 그와 함께 우리말로 철학하는 노력을 부단히 한 선각자다. 훗날 함석헌 선생이 유영모의 '씨올'을 '씨알'로 풀어 발전시킨 것은 유명한 일화이나, 함석헌이 정치현실과 치열하게 마주했던 반면에 다석 유영모는 평생 종교사상가로 자신을 자리매김한다.

1890년, 그러니까 동아시아가 격변의 시대를 통과하고 있던 시절 태어난 그는 운명적으로 사상적 융합이 이루어지는 역사적 찰나의 존재가 된다. 15세에 기독교에 입교한 그는 기독교에만 머물지 않고 정신적 여정을 광활하게 펼쳐나가는데, 그에게 노자의 《도덕경》과 톨스토이는 두고두고 영향을 미치는 사상적 뿌리가 된다. 그가 52세 되었던 때, 김교신의 〈성서조선〉에 자신이 기독교인이 된 지 38년 만에 드디어 자기의 진정한 자아 "참 얼 나"를 깨우쳤다면서, 자기 안에 갇혀 있던 자기 영혼을 우주적 차원에 이르게 했다는 각성을 발표하게 된다.

이후 유영모의 기독교는 제도 기독교에 머물지 않고 참된 자기를 찾고, 그 참된 자기가 하늘의 영과 하나 되는 길을 모색하는 과정으로 나아간다. 그러나 그의 사상은 단지 관념의 소산이 아니라 땀을 흘리고 노동하면서 깨우치는 몸의 철학과 통한다. 농부가 되어 땀을 흘리는 톨스토이의 모습은 유영모에게도 모범이 된다. 간디의 사상도 그에게는 일종의 전범(典範)이 된다.

그래서 유영모는 "이마에 땀 흘리는 노동을 천시하고 노동하는 이를 낮춰 보는 사람은 참으로 못난 사람들이다."라고 단정했다. 그러면서 그는 "사람이 올바르게 살려면 이마에 땀흘리고 농사지은 것으로 먹고 살아야 한다."고 덧붙이고는 "권력과 금력으로 호강하겠다는 것은 제가 땀 흘릴 것을 남에게 대신 흘리게 해서 호강하자는 것이니 그 죄악은 여간한 것이 아니다."라고 했다.

해서 바른 생각은 바른 노동과 밀접한 관련이 있다는 것이니, 유영모의 생각은 이렇게 표현된다. "입맛 잃고 진 땀 냄은 모르기론 땅파기믄 무슨 생각 올바르며 말은 어찌 일은 무슨? 우리는 땅 파 물먹고 땀맛 밥 힘으로!" 사람이 입맛 잃고 진땀 흘리면 그것이 이미 병든 조짐이니 이때 특효약은 나가서 땅 파라는 것이다. 그렇게 하지 않고서는 무슨 생각과 일이 바르게 잡히겠는가라는 것이다. 그는 "딛고 서 있는 땅과 몸에서 스며 나오는 땀은 사람들의 입맛을 나게 한다. 땅과 땀이 바삐 돌아가는 것은 우리의 입맛과 밥맛 내는 데에 서로 내기하는 것과 같다. 땅이 우리 밥맛을 더 내 주는지, 땀이 우리 밥맛을 더 내주는지는 알 수 없다."고 말한다.

노동과 사상은 그렇게 하나로 결합되어 있으며, 그 흙 속의 물, 땀, 그리고 밥으로 살아가는 정직한 삶이 올바른 생각을 길러준다고 강조한다. 이렇게 유영모는 우리의 노동이 단지 육체의 일로 그치지 않고 사상적 모태가 되는 것을 꿰뚫어 보면서 자본과 노동을 대립시키는 현실을 돌파하는 지점에 이미 다다른 셈이다.

그런 그는 인간이 어떻게 하나님의 뜻 가운데 진실된 자아의 각성에 이르러 생명의 길로 들어서게 하는가를 이렇게 표현하고 있다. 이 대목을 읽고 해석할 때 우리는 그가 우리말이 가진 사상성을 최대한 풍부하게 하려는 노력을 보게 되며, 그로써 그런 말을 쓰는 순간 이미 그 사상과 종교적 힘이 우리에게 스며들도록 했던 것을 알게 된다. 가령 이런 것이다.

> 임의 부름이 고디에 다다름에 이에 얼김으로 배이시도다.… 한웋님의 고디는 우리 때문 비르샤 우리로 하여금 늘 삶에 들어감을 얻게 하소서.

무슨 주문 같은 느낌이 있을 수 있으나, 이 뜻은 매우 간명하다. 여기서 "임"은 당연히 하나님이며, "고디"는 "곧이 곧대로"에서 알 수 있듯이 어떤 유기체를 연결시키는 바른 지점을 뜻한다. "얼김"은 "얼"과 "김"의 합성어로 성령의 순 우리말이라고 할 수 있다. 즉, 영혼이 담긴

기체적 존재라고 하겠다.

그러니 이 대목은, 하나님의 뜻이 결국 그 어떤 진정한 연결점에 도달해서 성령의 역사가 육신의 세계에 펼쳐졌으며 인간과 하나님이 서로 엮어진 그 지점에서, 우리에게 생명의 길을 열어 주셨다, 대강 이런 이야기가 된다. 이렇게 그의 사상을 펼쳐낸 다석은 결국, 우리 인간이란 하나님을 통해 생명의 참 나를 얻게 될 때 진정한 자신을 알게 되며 그로써 무지에서 깨어나고 자기가 진심을 다해 할 일을 인식하게 된다는 것이다. 그런 다석의 사상 체계 안에서는 기독교의 성령과 석가의 다르마, 노자의 도가 모두 하나로 통하게 된다. 하나님의 얼과 서로 교통하면서 참된 얼나를 얻는 것이 구원이라고 말하고 있는 것이다.

이는 어찌 보면, 성 어거스틴이 "영원한 인간적 불안의 도정에서 하나님과 인간이 합치되는 지점에 이르게 될 때 영원한 안식이 온다."고 했던 바와 다르지 않다. 다석은 오늘날 성찰의 대상으로 떠오르고 있는 우주적 영의 세계에 대해 선각자적으로 짚고 있었던 셈이다. 그런 고로 그에게는 하나님의 말씀이 곧 인간의 생명을 지키는 숨쉬기의 대상이다. 하나님의 생명의 얼이 그의 숨 자체가 되는 것이다. 이런 상태를 그는 "참 말로 숨 아멘."이라고 말한다. 참된 말로 숨 쉬는 자에게 아멘은 저절로 열린다는 것이니, 참된 말씀이 갈급한 오늘의 시대에도 여전히 종교적 상상력을 창조적으로 일깨우는 바가 아닐 수 없다.

그렇다면 다석 유영모에게 하나님은 어떤 존재로 표현되는가? 그에게 하나님은 역설적 존재다. "없이 계시는 분"이 곧 그에게 하나님에 대한 정의다. 그러나 이는 하나님의 존재양식에 대한 표현이고, 그에게 하나님은 예수께서 하나님을 "아바 아버지"라고 했듯이 다정한 존재다. 모든 시원(始原)의 보이지 않는 형상이나, 그와 동시에 아버지, 하고 부를 수 있는 관계다.

다석은 그의 나이 84세 때 하나님을 이렇게 부른다. "우리 모신 ᄋᆞᄇᆞ디" 무슨 뜻인가? 여기서 "ᄋᆞ"는 모든 시작의 감탄이 집중되어 있다. "ᄇᆞ"는 "밝다"의 축약이다. 그래서 만사가 제대로 보이는 것이다. "디"는 "딛는다"에서 알 수 있듯이 단지 관념적 이해가 아니라, 실천, 마음과 몸으로 깨우쳐 행하는 그런 존재의 근원이라는 뜻이 된다. 다시 말해서, 하나님은 우리의 존재 그 시작과 출발 자체라는 감탄의 대상이자, 그로 인해 만물이 빛을 얻고 제대로 보이며 이를 바탕으로 삶의 실천이 이루어지게 하는 분, 그렇게 다석은 하나님을 불러도 그 존재의 내면과 우리가 어떤 관계를 가져야 할 것인지를 순전한 우리말로 풀이하기 위해 지극히 애를 썼던 것이다.

그 하나님을 제대로 "ᄋᆞᄇᆞ디"라고 부르자면 세상의 이해와 유혹에 얽힌 제나(自我), 즉 저만 잘난 줄로 아는 그런 자아 가지고는 안 되고 이를 벗어나 하늘의 얼로 가득 찬 "얼나"가 되어야 한다는 것이다. 이를 다석은 이렇게 해석하고 있다.

세상에 빠진 내가 미혹에서 벗어나서 뚜렷하게 나서야 한다. 예수는 뚜렷이 하나님을 모시고 태초부터 자기가 모신 아버지라고 불렀다. 나도 이에 하나님이 보내주시는 얼(성령)의 숨을 쉼으로 뚜렷이 하나님 아들로 사람답게 살겠다는 말씀 한 마디를 하고 싶은 것이다.

이러한 다석의 사상을 바탕으로 요한복음을 해석해나간 다석 사상가 박영호는 《잃어버린 예수》라는 책을 통해 제나를 극복하고 얼나를 찾아가는 길을 발견하기 위해 애를 쓴다. 그는 하나님을 부정하는 세상을 향해 다석이 말한 바를 이렇게 전한다.

낱동(개체)인 나는 전체인 하느님을 알 수가 없다. 사람은 완전이신 하느님을 알 수가 없다. 그러나 사람은 온통(전체)을, 완전(참나)을 알고 싶어한다. 그 온통과 완전이 참나인 하느님 아버지가 되어서 그렇다. 하느님 아버지를 그리워하는 것이 우리의 참 삶인 것이다.… 거짓 나인 제나로 죽고 참나인 얼나로 솟아나 하느님께로 돌아가는 것이다.

이렇게 보자면 유영모는 그의 평생이 결국 그 자신의 참된 자아에 눈뜨기 위해 진력을 다 했던 세월이라고 할 수 있다. 뿐만 아니라 이러한 깨우침을 무수한 종교적 탐방을 통해 이루려고 했으나 종국적으로는 그 모든 출발점에 서 있는 자신이 중요한 것을 인식하고 그 자신과 하나님이 하나가 되는 길을 터득하는 사상적 지도를 만들고자 했던 셈이다.

다석 유영모의 사상은 그런 차원에서 보자면, 오늘날 종교적 갈등과 소통 불능의 지점에 매우 중요한 의미를 던질 수 있다고 본다. 어떤 특정한 종교적 굴레에 묶이지 않고 어느 종교나 깨우침에 도달하려는 곳을 향해 그는 공통의 인류적 노력을 깊이 주시한다. 뿐만 아니라 이러한 사상적 경로에 우리말이 갖고 있는 힘을 최대한 발휘하도록 노력했다. 그건 그가 민중적 사고를 하고자 함이었고, 우리말 속에 담긴 조상들의 사상적 역량을 다시 발굴하고 그것을 오늘의 상황에 되살리고자 했던 것이다.

〈우리말로 철학하기〉 운동도 펼쳐지고 있는 터에, 우리말로 신학하기도 이쯤해서 깊게 다져 생각해볼 일이다. 다석 유영모가 '씨알'의 모태를 일군 존재라면, 그의 사상을 전면적으로 재검토해볼 경우 다시 찾아 써 볼 수 있는 말과 사상과 소재가 풍부하지 않을까하는 생각이다. 유영모는 자신 안에 쌓여 있는 말의 회로를 따라 하나님의 뜻을 찾아 나섰고, 그걸 창조적으로 갈고 닦아 다석 사상의 기초를 마련했다.

그런 다석의 자세는 이런 대목에서 한결 뚜렷하게 이해된다.

우리는 마음이라는 성화로(聖火爐)에 영원한 생명의 불을 태우느냐 못 태우느냐를 늘 생각해야 한다. 그것이 생각을 불사르는 것이고, 그것으로 정신이 높아지는 것이다. 그래서 자꾸 말이 터지게 된다.

이미 익히 알고 있는 것들을 반복하는 것은 암기하는 것에 불과하다. 또는 교리적으로 자신을 세뇌하거나 사고를 공식화해버리는 결과를 가져온다. 창조적 발상을 억제하고 참된 자신과 하나님의 만남을 이루지 못하게 하는 방식이다.

그런 면모에서 보자면, 다석 유영모는 우리에게 자신에게 이미 있는 말로 하나님을 만날 수 있는 길을 뚫어낸 존재이다. 조선의 역사와 풍습과 삶과, 사유방식이 깃든 말에 하늘의 얼김이 배이면 그것이 하늘의 얼김을 받은 몸이 된다. 그 몸이 토해내는 말은 어느새 하늘말씀이 되어 우리의 숨결로 변모한다. 그 숨결이 가득 찬 세상은 생명 세상이 될 수 있다.

다석 유영모를 외면하지 말고 그의 속뜻을 깊게 읽어나가면, 의외로 무진장한 보석이 발견된다. 우리의 사상이 고갈되어버린 듯한 이 시대에 다석은 그래서 반가운 존재 아닌가?

### 함석헌, 빈들에 외치는 소리

나는 빈들에 외치는 소리, 아니 건드리는 것이 없고, 못 들어가는 틈사리가 없고 간 데마다 닥쳐 싸워 이겨 울고 져서 우는 하늘 땅 사이를 달리는 바람 소리. …살로메냐! 살로메냐! 썩어질 살로 내 가슴 매려느냐? 독사의 살로 내 목을 베려느냐? 시집 밑천 삼진 못할 내 목 잘라 쟁반에 들고 춤추는 오그라진 속아, 네 눈에 원수 갚음의 독살 소용이 없느니라. 나의 죽음이 쏜 빛살이 이미 네 살을 뚫어 꿰지 않았느냐? 나는 영원의 빈들에 메아리를 울리는 죽지 않는 외치는 소리.(함석헌, '나는 빈들에 외치는 소리')

스스로를 "빈들에 외치는 소리", "영원의 빈들에 메아리를 울리는 죽지 않는 외치는 소리"로 못박은 함석헌은 일제의 황량한 시대를 거쳐, 독재와 분단의 시기를 통해서 우리 역사에 거칠 것 없는 "하늘의 야성(野聲)"을 울린 이였다. 그는 20세기가 시작하는 첫 해인 1901년에 태어나 1989년, 88세의 장수를 누리면서 혹독한 세월을 때로는 폭풍처럼, 때로는 우박처럼 우리의 영혼을 몰아치고 울리며 살다 간 사상의 거인이었으며, 역사의 맥을 짚어내는 장엄한 시(詩)로 혜안(慧眼)의 빛을 우리의 어두웠던 정신에 비춘 민족 시인이기도 하였다.

그는 허연 수염과 하얀 두루마기 자락을 펄펄 날리면서, 고대 동양의 '선인(仙人)'과 같은 풍모로 우리들의 마음을 사로잡았고, 살아 움직이는 예언자로서 우리의 역사에 우뚝 선 믿음의 사람이었다. 그가 나타나면, 그 자리는 온통 존경의 마음이 우러났고, 그가 발걸음을 딛는 자리는 역사의 진전이 이루어지는 뜨거운 현장이 되었다. 그로 말미암아 성서는 하늘의 뜻을 우리의 삶의 자리에서 읽어나가는 책이 되었고, 그로 말미암아 우리들의 존재는 그 내면에 완성의 힘을 가진 '씨올'이 되었다. 또한 그로 말미암아 노자와 같은 고대 동양의 지혜는 새로운 육성을 가진 깨우침이 되었고 편협했던 기독교 신앙에 우주와 인간을 온통 하나로 아우르는 힘을 갖도록 하였다. 이 밖에도 그가 일구어놓은 정신사의 흔적은 이루 말 할 수 없다.

1935년경, 그가 서른 다섯의 역사 선생으로 정주 오산학교의 교편을 잡았던 시절, 함석헌은 《뜻으로 본 한국역사》를 초고로 내놓는다. 이 글을 그의 신앙동지들과 함께 조국의 역사에 스며 있는 하나님의 섭리를 찾기 위한 노력의 성과로 작성했던 것이다. 그는 이 글을 발간하지 못한 채 해방된 조국의 현실을 맞이하게 되는데, 1950년 《성서적 입장에서 본 조선역사》라는 책으로 서울에서 출간하게 된다. 그리고 이 책은 더욱 연조를 더해가면서 1965년 다시 본래의 제목인 《뜻으로 본 한국역사》가 되어서 오늘의 모습이 되었다.

### 책을 통해 젊은이들에게 조국의 희망 일깨워

함석헌을 대중들에게 가장 많이 알리게 된 저서인 이 책은 믿음의 눈으로 본 조국의 역사를 통해서 하나님이 이 민족에게 어떤 계시와 메시지를 주시려는가를 깨우치려 했던 것이다. 사실 이 책은 무슨 전문적인 역사저술도 아니고, 엄격한 역사학 방법론에 기초한 학술서적도 아니었다. 조선의 역사를 제대로 배울 수 없었던 시절, 젊은이들에게 오로지 자신의 민족사를 알게 하려는 일념 하나와, 그저 사실을 엮어나가는 역사책이 아니라, 그 안에서 하나님이 우리 민족에게 두신 뜻까지 알게 하려는 마음이 이 책을 탄생하게 했던 것이다.

이 책은 그리하여, 함석헌의 사색의 열매였다. 평안도 시골구석의 한 초라한 민족학교에서 역사를 가르치는 선생이 자신의 혼과 열을 다하여 쏟아낸 이 글은 그러나 이후 무수한 젊은이들에게 조국의 역사에 열등감을 느끼지 않고 심오한 뜻과 새로운 희망을 품게 하는 책이 되었던 것이다. 1930년대는 어떤 시대였는가? 그야말로 세계적인 공황이 휩쓸고 이에 따른 모순을 해결하기 위해 일제가 우리나라를 병참기지화 하여 중국을 향해 총칼을 들이대던 때가 아니었던가? 그래서 온 민족이 절망하고 갈 길을 잃은 채, 새로운 시대에 대한 비전을 갖지 못했던 상황이었다. 바로 이 때, 젊은 함석헌은 우리 민족의 고난의 경험이 도리어 우리를 새롭게 살려 내게 된다는 것을 깊이 깨우치고, 그 영감을 사람들에게 나누었던 것이다. 고난이란 짐이며, 그래서 조국의 역사를 외면하고 있던 젊은이들은 이러한 그의 역사해석에서 뜨거운 정신과 만났고, 그 정신의 감화로 잠자던 영혼이 일어나 역사의 현실을 감당하는 존재가 되어 갔던 것이다.

여기서 그는 모든 역사의 주체를 '씨올'로 규정하고 이 존재가 역사의 밭에 뿌려져 하나님 나라를 일구게 된다고 보았다. 이것은 나사렛 예수의 비유를 관통하는 하나님 나라를 향한 변화의 현실을 의미했고, 당당한 자아를 중심으로 하여 새로운 민족사를 개간하는 주체를 뜻하는 것이었다. 이 씨올들이 자라나고, 힘을 모아 새로운 민족의 미래를 만들어 내는 것을 꿈꾼 그는 그래서 이 씨올들의 성장을 가로막는 세력들에 대해서는 가만있지 않았다. 장준하와 손을 잡고 벌였던 〈사상계〉를 통한 싸움은 바로 이 씨올의 힘을 억누르려 했던 권세와 감연히 맞선 일이었다. 1950년대와 60년대를 걸쳐, 〈사상계〉는 당대의 지식인들에게 호흡과도 같은 출판물이었고, 암울했던 시대를 일으켜 세우는 새벽의 뜨거운 함성이었다.

그가 〈사상계〉에 발표하여 정치적 논란과 탄압을 불러일으킨, "생각하는 백성이라야 산다"는 함석헌이 역사의 현실에서 어떤 메시지를 온몸으로 전하려고 했는지 일깨우는 글이라고 하겠다. 오랜 일제의 속박 속에서 당장의 생존이 급급했던 우리 민족, 그리고 다시 그 일제의 악령을 되불러온 독재의 사슬 속에서 우리 민족은 생각하며 사는 여유와 힘을 잃고 만 것이었다. 그는 권력의 명령과 지시, 그리고 족쇄에 갇혀 마치 무뇌(無腦)적 존재처럼 살게 된 것을 탄식했다. 사람이 아니라, 인형과 기계가 되어가고 있던 민족의 현실 앞에서 그는 용기 있게 "아니다!"를 외쳤고, 그 힘을 민족사의 전진을 위한 에너지로 전환시키는 일에 진력을 다하였다.

## 성서독법 훈련으로 동양고전 새롭게 해석

그가 시대의 이단자가 되어 하늘의 뜻을 이 땅에 이루려는 의지를 그는 〈대선언〉이라는 시에서 이렇게 밝히고 있다.

들어라, 오 들으라.
하늘이여 땅이여.
그 사이에 소용돌이쳐 오르는 인간의 회리 바람이여.
내 즐겨 이단자가 되리라.
비웃는다. 겁낼 줄 아느냐.
못될까 걱정이로다.
앞으로 밖에 모르는 몰아치는 영이 이를 명한다.
내 감히 자신 있어 지어먹는 맘에서랴,
내 속에 분명 딴 뜻을 나는 듣노라.
나의 나직하장에는 거슬리는 뜻을.

그런데 그는 정치적 이단자로서만 그친 것이 아니었다. 그는 평생에 그가 믿고 고백해온 기독교에서도 이단자적 위치를 마다하지 않았다. 〈대선언〉의 시 그 다음 구절에는 이렇게 적혀 있다.

내 기독교에 이단자가 되리라.

참에야 어디 딴 끝 있으리라.

그것은 교회주의의 안경에 비치는 허깨비뿐이니라.

기독교는 위대하다.

그러나 참은 보다 위대하다.

함석헌의 정신은 워낙 광대하여 기존의 기독교 신학의 틀 안에 가둘 수 없었고, 기존의 교회주의적 고백으로는 성이 찰 수 없었다. 기독교가 둘러 처 놓은 울타리를 깨고, 그는 하나님의 육성에 담겨 있는 참이 무엇인가를 추구하기 시작했다. 그리고 그는 도처에서 하나님의 목소리를 듣게 된다. 영이 하나님의 마음에 닿아 있으면, 참은 보인다는 그 신념이 그를 기독교의 이단자가 되게 하였으나, 종교간의 대화의 문을 열어 놓았고 서구에서 수입해온 기독교적 관점으로 멸시하며 지내온 동양정신의 깊이를 여는 역할을 감당하게 하였다. 이것은 실로, 그 동안 잠자고 있던 정신의 보고(寶庫)를 새롭게 발견하는 일이었고, 기독교 신앙으로 훈련되고 자란 정신의 힘으로 영감(靈感)의 차원이 달라진 그의 눈이 우리들에게 보여준 새로운 세계였다.

그의 노자 강좌의 첫 대목을 보면 이렇게 되어 있다.

노자를 하게 되었다고 그러는데, 왜 노자 공부를 하나? …종교란 종교는

다 동쪽에서 나서 서쪽으로 갔어요. …서양문명이 발달하면 모든 것이 다 자동적으로 잘 풀려 나갈 줄 알았단 말이예요. 그러나 그것은 이미 착각이라는 것이 다 밝혀졌습니다. 그러니까 사람들이 "어떡하지?" 동양, 거기 한번 찾아보면 어떨까? 그런 생각을 하기 시작했단 말이예요. …종교란 밑뿌리가 다 하나일건데, 발표형식이 다를 뿐인데. …공자는 어려운 때니까, 실질적인 지식을 주자, 실천도덕이 중요하다 그랬는데 노자의 생각은, 그러나 그것이 그렇게 해서 어찌 되느냐? 근본에서 잘못되어서 그러는데, 이제 그 근본을 다시 찾아 돌아가기 전에는 어찌 그럴 수 가 없지 않느냐? 보다 더 생각이 깊은 거예요. …영적으로 해석한다할까, 정신적 해석이라 할까? 그런 견지에서 나는 하는 거니까.

결국 그가 추구하려 했던 것은 모든 인간사의 밑바닥에 관통하고 있는 정신적 문제의 근본을 바로 보자는 것이었고, 동양의 정신 속에 이미 있는 보고를 그대로 지나치지 말고 자세히 들여다보고, 이를 바탕으로 우리 자신을 혁파하여 새롭게 하자는 것이었다. 주목되는 것은 그의 이러한 동양고전의 해석이 과거 자구를 붙들고 구태의연하게 해석했던 한문학(漢文學)과는 달리, 그 뜻을 총괄적으로 살펴나가는 성서독법의 훈련으로 이루어졌다는 점이다. 결국 그는 서양에서 들여온 기독교의 깊은 뿌리를 어루만지다가, 동양정신의 뿌리까지 가게 되었고 이 양자간의 대화를 통해서 하늘의 뜻을 캐묻고 대답해나갔던 것이다. 이러한 그의 자세는 어둠에 갇혀 있던 인간의 정신세계에 맑은 생수를 부어나가는 일이었고, 그래서 우리의 마음의 크기를 우주적 규모로 만드는 일이었으며, 하나님의 뜻을 도처에서 찾아 이를 이루는 일과 통했던 것이다.

이제 기독교는 유영모와 함석헌 선생이 걸어갔던 사상적 자취를 되돌아보면서 우리 자신의 편협함과 배타성을 극복하고, 광활한 정신세계의 확대를 이루어 기독교가 이 시대에 보다 큰 힘으로 호소력을 갖고 인간의 삶에 다가갈 수 있도록 해야 할 것이다.

### 그 사람을 가졌는가 (함석헌)

만릿길 나서는 길
처자를 내맡기며
맘놓고 갈 만한 사람
그 사람을 그대는 가졌는가

온 세상 다 너를 버려
마음이 외로울 때에도
'저 맘이야' 하고 믿어지는
그 사람을 그대는 가졌는가.

탔던 배가 꺼지는 시간
구명대(救命帶) 서로 사양하며
"너 만은 제발 살아다오" 할
그 사람을 그대는 가졌는가

불의(不義)의 사형장에서
"다 죽여도 너희 세상 빛을 위해
저만은 살려두거라" 일러줄
그 사람을 그대는 가졌는가

잊지 못할 이 세상을 놓고 떠나려 할 때
"저 하나 있으니" 하며
빙그레 웃고 눈을 감을
그 사람을 그대는 가졌는가

온 세상의 찬성보다도
'아니' 하고 가만히 머리 흔들 그 한 얼굴 생각에
알뜰한 유혹을 물리치게 되는
그 사람을 그대는 가졌는가

02

# 도(道)
# 마땅히 향하다

복음과 성공주의 이데올로기

순복음교회 성령운동의 빛과 그림자

십일조 – 신앙의 원칙인가, 시대의 관습인가

'고난'은 어디 가고 '기득권'만 대물리나

왜 산상수훈인가?

성서에 나타난 마이너리티의 삶

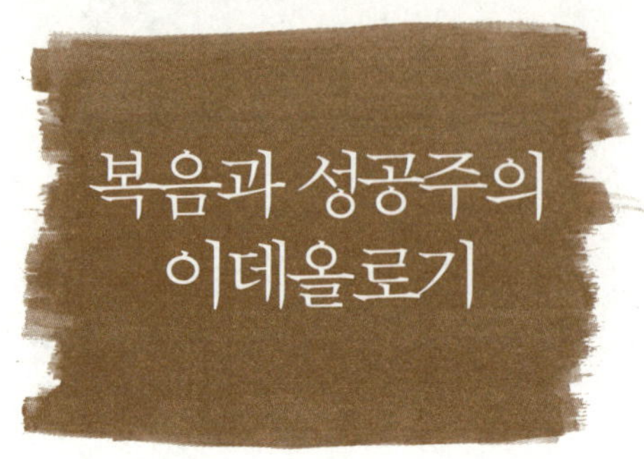


"그 시작은 미미하지만 그 끝은 창대할 것이다."(욥기 8:7)

"할 수 있거든 이 무슨 말이냐? 믿는 사람은 모든 것을 할 수 있다."(마가복음 9:23)

"나에게 능력을 주시는 분 안에서 나는 모든 것을 할 수 있습니다."(빌립보서 4:13)

이 세 구절은 70년대 중반이후 지금까지 한국교회 성장과정에서 가장 많이 쓰인 성서의 대목이라고 할 만하다. 이 말씀을 듣고 주저앉았던 사람들이 일어서서 재기의 의욕을 불태운 경우가 적지 않다. 교회는 이러한 의욕의 무진장한 공급처였으며 그로써 한국사회의 발전을 보다 힘 있게 지원하는 근거지가 되었다.

70년대 초반까지 우리나라가 겪은 가난과 열등감과 목표상실의 현실에서 풍요와 자신감과 성공에 대한 의지를 다지는 슬로건처럼 이 세 구절은 신앙인들에게 용기를 주고, 적극적인 인생관을 심어주는 역할을 했던 것이다. 그리고 이러한 성서이해는 교회의 폭발적인 성장과 궤를 같이 하면서 힘겨운 현실을 돌파할 수 있도록 하는 '축복의 언어'로 신앙인들을 사로잡아왔다.

## 경제성장과 교회성장의 맞물림

코딱지만 한 구멍가게 규모로 시작한 사업이 이후에 번성하는 기업으로 발전하기를 바라는 심사는 그 '시작은 미미하나 그 끝은 창대하리라'는 비전에 매달릴 수밖에 없었으며, 아무래도 자신이 없을 듯한 상황이지만 믿음 안에서 모든 것을 할 수 있다 하니 자신감을 한 번 더 발휘해보는 시도를 하게 마련이었다. 그러다보니 내게 능력주시는 분 안에서 무얼 못하겠나 싶은 대단한 용기가 나오는 감격이 있었던 것이다. 이렇게 이들 말씀들은 좌절의 벽을 뚫고 성취를 이루는 과정에서 거의 주술적(呪術的) 영향력을 행사하기조차 했다.

경제의 급속한 발전과, 이로 인한 성공에의 열망은 보다 나은 계층으로 이동하기를 갈구하는 신앙인들에게 성서에 이같은 구절이 존재한다는 사실이 감사했고, 자기를 드러내기를 꺼리는 유교적 전통이나 세속적 성공과 노력에 관심이 없는 불교문화적 환경이 줄 수 없는 도전적 능력을 이 말씀 속에서 길어 올렸다. 그러기에 과거 기독교인 하면 어딘가 자신 없이 겸손하기만 하고 자기를 낮추면서 '제가 뭘요' 하던 모습에서 이제는 자신감이 넘치고 무슨 일에든 선뜻 나서기를 서슴지 않는 유형으로 바뀌어왔던 것이다.

박정희 정권이 다그쳤던 경제개발정책에서 요구되었던 인간유형은 다름 아닌 바로 이러한 모습이었고, 우린 한다면 한다는 식의 저돌적인 집행력을 갖춘 인간군이 요구되고 있던 상황에서 기독교는 그에 필요한 인간형의 성품적 기초를 마련해주고 있던 셈이었다. 한국경제의 성장과정과 한국교회의 성장과정이 서로 합치되는 상황의 밑바닥에는 이러한 무형적 연관성이 존재했다. 그것은 성공이 하나님으로부터 약속되고 풍요와 일신의 영달이 복을 받는 시스템이 마련되는 것을 의미했다.

허허벌판의 한국경제에 공장과 도시가 세워지고, 게으르기 짝이 없다고 스스로 한탄했던 민족이 세계에서 가장 근면한 민족 가운데 하나로 치켜세워지며 도대체가 한국 사람이 못하는 게 있을까 싶게 능력을 발휘하는 모습은 이들 성서의 구절대로 현실이 움직여지는 듯 했다. 그래서 교회는 그와 같은 현실에서 성공을 보장해주는 축복의 지침을 내리는 현장처럼 되었고, 세속적 성공을 위한 믿음의 징표는 말씀 안에서 능력을 얻고 그 능력대로 최대의 성과를 목표로 하는 '적극적 인생관'으로 집약되었다. 긍정적 사고에 대한 담론이 이 시기에 지배하기 시작한 것도 다 이러한 연유와 관련이 있다. 무엇이든지 긍정적으로 생각하고 그러한 사고방식이 스스로의 인생을 보다 풍요한 것으로 만들 수 있다는 믿음이 길러진 것이었다. 그래서 믿음이 좋은 것은 세속적 현실에서의 능력과 관련이 있었고, 그로해서 '성공'하는 것은 믿음의 결과가 되었다. 낙오는 믿음이 부족한 탓이었으며, 따라서 더욱 열심히 기도해서 능력을 얻어 현실에서 보다 높은 성취를 이루면 되는 것이었다.

그리고 그것은 성취의 정도와 내용이 높고 풍족할수록 축복을 많이 받은 존재로 인정되는 인식체계를 한국교회 안에 자라나게 하였다. 이와 함께 목회자는 '허가받은 축복의 배급자'처럼 되는 위치가 자리매김을 하기 시작했으며 바로 여기에서 한국교회의 특권적 위계질서가 그 뿌리를 내렸던 것이다. 그리고 그 특권적 위계질서는 정치경제적인 특권과 연결되면서 한국교회를 기득권 세력화했으며, 그 기득권의 방어는 '믿음의 능력'을 통해 이루어져왔던 것이다.

한마디로 한국교회는 급속한 경제성장과 정치적 권위주의가 요구하는 사회문화적 요소를 강화시켜왔으며, 이로써 이러한 체제가 추구하는 성공이데올로기에 대한 종교적 정당성을 부여해온 바가 적지 않다. 무엇을 위한 창대함인가, 무엇을 위한 능력인가에 대한 질문은 근본적이고 도전적으로 주어지지 않았으며, 그로써 성공주의의 윤리적 기초는 건드려지지 않았다. '하나님 나라와 의'라는 대전제는 이러한 성공주의적 선교 이데올로기 안에서 설 자리가 없었으며, 오로지 세속적 능력과 위치에서 괄목할 만한 진보가 있으면 그로써 축복이 확인되는 시스템이 가동되어왔다고 할 수 있다.

그러나 성서의 근본정신은 승승장구하는 것에서 무너질 것을 보고, 패배하는 듯 하나 위대한 시작을 보는 하나님의 섭리에 그 중심이 있다. 십자가는 바로 그 섭리의 핵심이다. 세상은 십자가에서 패배를 목격했지만 신앙은 거기에서 죽음을 이긴 생명의 새로운 시작을 고백하고 증언한다. 그리고 그 생명의 새로운 시작은 하나님 나라에 대한 열망과 그 의를 위한 헌신은 그 무엇으로도 소멸시킬 수 없음을 뜻한다.

그렇다면, 세상의 성공이란 전혀 다른 평가 속에 놓이게 될 수 있는 것이다. 아무리 대단한 성공처럼 보여도 하나님 나라와 의를 추구하는 것이 아니라면 무너지게 되어 있으며, 몰락과 패배처럼 여겨져도 그것이 하나님의 나라와 의에 접붙여진 것이라면 시간이 흐를수록 그 영광은 분명하게 드러나게 되는 법이다. 이것에 대한 믿음의 확신이 없기 때문에 세상의 권세에 아부하고 그로써 무엇이든 이룰 수 있다는 착각으로 인간과 사회가 병들어가는 것이다. 그 성공주의적 이데올로기의 결과가 어떤 것인지 우리는 지금 우리 사회의 정신적 타락과 경제적 붕괴 속에서 처절하게 목도하고 있다.

## 빌닷의 충고가 축복의 메시지로 변질

욥이 고난을 받고 있을 때에 그의 친구 수아 사람 빌닷이 한 '처음에는 보잘 것 없지만 나중에는 크게 될 것이다'라는 말은 욥의 탄식에 대한 위로와 신앙적 충고에서 비롯된 것이었다. 의롭게만 살아온 그가 갑자기 당하게 된 고생을 보고 그의 친구가 '네가 의롭고 깨끗하기만 한다면야 무슨 걱정인가, 하나님께서 가만히 계시겠는가. 하나님은 의로우시니 지금 보기에 보잘 것 없이 여겨져도 하나님의 역사 가운데 바로 서리라'했던 격려였다.

그러나 욥은 빌닷의 말을 수긍하면서도 전격적인 반론을 제기한다. 의롭다 의롭지 않다는 내 자신의 입에서 할 말이 아니라는 것이다. 그것은 하나님의 판단소관이지 어찌 내가 의로우니 그런 축복을 내려주시라고 요청하며 기대할 수 있겠는가라는 주장이었다. 시작의 미미함이 결과의 미미함으로까지 가지 않는다는 빌닷의 격려 속에 담긴 무의식적인 전제, 즉 그런 축복을 마땅히 여기게 될 자신의 문제를 제기하고 있는 것이다.

따라서 이 구절의 성서적 충격은 '하나님 보시기에 의롭다면'이라는 질문이 풀려야 한다는 점이다. 온갖 술수와 음모와 비리, 그리고 아부로 낮은 처지에 있다가 높은 자리를 차지한다면 그에게는 이러한 말씀의 성서적 적용은 불가한 것이다. 그러한 경우 그 높은 자리가 바로 죄의 증거이기 때문에 심판의 대상이 될 뿐이다. 그러므로 교회는 '하나님의 의는 세상이 보기에는 자못 미미하게 보일 수 있으나 그 의로움의 열매는 인간의 헤아림을 넘는다'라고 이 대목을 해석해야 하는 것이었다. 그럼에도 하나님의 의로움 대신에 인간의 성취를 그 중심에 놓고 은유적으로 차용했으니 이는 성서의 근본정신에 대한 파괴이다. 욥은 빌닷의 하나님 이해를 수용하면서도, 그 미미함과 창대함의 과정은 인간의 처지가 아니라 하나님의 의와 관련된 것임을 명확하게 증언하고 있다. 따라서 그 과정에서는 하나님의 의를 이루자면 도리어 인간의 처지는 겉보기에는 몰락할 수도 있는 것이다. 몰락이 하나님의 의를 이루는 길이라면 그렇게 되는 것이다. 이는 정녕 성공주의적 이데올로기와는 정면으로 배치된다.

## 믿음의 능력은 욕망의 도구가 아니다

마가복음의 본문은 귀신들린 아이를 치유하는 과정에서 그 아이의 아버지가 예수에게 부탁하면서 "하실 수 있으시다면 어떻게 좀 도와주십시오." 하는 말에 대한 대응이다. 예수께서는 이 사나이의 질문에 대하여 "할 수 있거든 이 무엇이냐."하고 반문하신다. 그리고는 "믿는 자에게는 능치 못할 일이 없다."라고 말씀하시는데 사나이가 예수에게 한 말은 예수의 능력에 대한 호소와 관련이 되어 있다면, 예수께서 그에게 하신 말씀은 문제의 해결은 사나이 자신의 믿음과 직결되어 있음을 일깨우는 것이었다.

귀신들린 아이를 치유하는 것은 예수의 능력에 좌우되는 문제가 아니라, 이미 그것은 전제되어 있고 이를 확고히 믿고 그 능력을 자신의 삶 속에 받아들이는 이 아버지에게 더욱 달려 있다는 논리이다. 이때의 상황은 제자들은 아이를 치유하기보다는 율법학자들과 논쟁을 벌이고 있었고, 그로써 정작 치유대상인 아이는 관심권밖에 방치되어 있는 현장이었다. 그러자 예수께서는 모두의 관심을 이 아이 자체에 집중시킨다. 논쟁의 승패가 중요한 것이 아니라 귀신을 내어 쫓고 아이의 생명을 구할 수 있는가 없는가가 지금 결정적인 과제라는 것을 환기시키신 것이었다.

그 일은 실로 우리의 능력을 뛰어넘는 일처럼 보인다. 누군가 능력 있는 존재가 와서 해결해주기 전까지는 우리는 그저 참고 기다리든지 아니면 그 해법을 놓고 갑론을박하든지 하는 수밖에 없어 보인다. 그러나 예수께서는 이 일의 해결이 모두에게 가능할 수 있음을 일깨우신다. 이후 제자들이 왜 자신들은 그러지 못했는가 하고 묻자 기도로 능력을 입지 않으면 하고 그 방도를 가르치셨다.

무슨 이야기인가? 믿음의 능력이란 우선 이 아이의 생명에 대한 간절한 심정이 있어야 하며 그것을 기원으로 강렬하게 집약되어 하나님의 능력과 결합되는 과정이 요구된다는 것이다. 그러면 귀신은 "앗! 뜨거워." 하고 줄행랑을 치게 되어 있다는 것이다. 자, 그러면 이것이 성공주의적 이데올로기와 얼마나 관련이 있는가? 성공한 이들은 대체로 이렇게 귀신들려 고난을 받고 있는 아이의 생명에 대해 관심을 가질 여유가 없다. 그 생명이 이들의 중대한 관심도 아니며, 그에 쓸 시간도 없다. 사회적 약자들의 고난이 어떤 병을 일으켜 이들에게 삶의 좌절과 고통을 주는지 알 바가 아니다.

그런 그들에게 예수께서 말씀하신 바처럼 기도의 능력이 있을 수 없다. 우선 그런 기도가 그들의 삶에 중심 되는 작업이 아니기 때문이다. 믿는 자에게 능치 못할 일이 없다는 것은 '귀신들려 가련하게 된 생명에 대하여 하나님께서 그대로 놓아두시지 않을 것이다, 나의 믿음과 간구가 그 생명에 집중하면 하나님의 은혜가 그 생명을 구해내실 것이다'라고 하나님의 의로우심을 믿는 현실에서 이루어지는 기적이다. 윤리적 정당성도 없는 일, 도리어 이웃에게 귀신들리게 하는 일들을 믿음이 주는 능력이라고 앞세워 자신의 탐욕을 채우며 야망의 사다리를 올라가는 일들을 벌이는 것과는 전혀 다른 차원의 작업인 것이다.

'믿는 자에게'라는 말씀은 지금 고난을 받고 있는 생명 존재에 대한 일차적인 관심이 쏟아 부어지는 존재에게 주어지는 말씀이다. 제자들처럼 논쟁에서 이기려는 마음이 앞서는 이들은 '믿는 자'라는 규정에 해당하지 않는다. 그러니 교회는 우리 사회에 바로 이 고난 받는 생명을 중심주제로 삼아나가도록 하는 일깨우기가 전제된 상황에서 이 말씀이 주어져야 함을 직시해야 한다. 그렇게 될 때에 비로소 우리사회가 겪는 온갖 문제들이 하나씩 제대로 풀려나갈 수 있다는 자신감을 줄 수 있는 것이다. 의욕, 용기, 재기 이런 단어들과 이런 현상들이 이 생명에 대한 깊은 사랑과 상처받은 생명의 치유에 대한 열정과 관련이 없으면 그것은 개인적 욕망의 달성일 뿐이며 신앙은 이를 도우는 협력자로 전락할 뿐이다. 한국교회는 그런 죄를 저지른 과거를 회개해야 할 것이다.

## 순교적 헌신의 고백

마지막으로, 사도 바울이 "내게 능력주시는 분 안에서 무엇이든 할 수 있다." 한 바는 어떤 의미였는가? 이 빌립보서는 옥중서신이다. 그 옥고를 사도 바울은 기쁘게 받아들이고 있는 것을 빌립보서는 증언하고 있다. 그는 그리스도 예수를 전하는 일에 쓰이는 사건이라면 그 어떤 것도 달게 받아 즐거워 할 수 있는 비결이 있음을 고백하고 있는 것이다. 그러기에 그는 자신의 고난에 동참하는 것은 귀한 일이라고 4장 14절에서 말하고 있다. 따라서 여기에서 그가 "무엇이든 할 수 있다." 함은 인간으로서 겪게 되는 고난의 한계조차도 자신은 무너지지 않는다, 라는 감격이다.

그리고 그러한 고난 속에서 하나님의 의에 대하여 한 치도 의심하지 않는 자신을 증언하고 있는 것이다. 편지의 진상이 이러할진데, 한국교회는 "내게 능력주시는 분 안에서 무슨 일이든 저지르고 이루어내고 만다"는식의 성공주의적 모델에 매달려왔다. 고난은 피하고, 갈채와 인기를 누릴 수 있는 자리에는 머리를 박는 다툼의 능력을 최대한 발휘한 것이다.

하지만 이 말씀은 그 어떤 위협과 그 어떤 불리함이 닥쳐와도 하나님께서 요구하시는 일이라면 나의 처지가 어떤 바닥으로 굴러 떨어지는 한이 있더라도 감사하게 치루겠다는 순교자적 헌신의 고백, 그 결정판인 것이다.

그런데 우리 한국교회에 과연 이런 모습으로 현실의 권세가 휘두르는 폭력과 불의에 맞서는 순교자가 얼마나 되는가? 아니, 순교자가 필요치 않을 정도로 우리 사회는 선하고 의로웠으며 아무 문제가 없었던가? 바울의 옥중서신이 담고 있는 이 신앙적 비장함과 그 놀라운 기쁨의 고백은 나의 개인적 고통을 대가로 하고서라도 하나님의 의가 이루어져가고 있음에 대한 간증임을 주목할 때 비로소 그 진의(眞意)가 드러난다. 이 성서의 진면목에 대한 설교가 부재한 교회에서 자라나는 것은 자신의 불의에 대한 성서적 합리화일 뿐이다. 성서에 대한 이와 같은 간교한 유린은 실로 이제부터라도 중단되어야 한다.

# 순복음교회 성령운동의 빛과 그림자

한국 기독교사에서 성령 이해의 매우 중요한 분수령은 1970년대 순복음교회를 중심으로 펼쳐진 '성령운동'이라고 할 수 있다. 물론 그 이전에도 성령의 역사와 관련한 개인과 교회의 전격적인 변화에 대한 증언이 존재해왔으나, 하나의 거대한 흐름으로 파장을 이루면서 한국인들의 신앙에 위력적인 영향력을 행사한 것은 바로 이 시기의 성령운동이었다. 그리고 비기독교 대중들도 '성령'이라는 단어를 상당히 일상적으로 접하게 된 계기가 이루어진 시점이라고 하겠다.

애초에는 보수교단에 의한 이단 시비로 신학적 제동이 걸렸지만, 죄의식을 과도하게 강조하면서 교인들을 주눅 들게 했던 기존 교단의 엄격한 분위기와는 전혀 다른 영적 해방감을 신앙인들에게 맛보게 함으로써 성령운동의 파급은 막기 어려운 속도와 강도로 진행되었다. 복잡한 신학적 이해를 요구하지 않았고, 고도성장의 사회정치적 압박으로부터 오는 규격화된 긴장이 당시로서는 파격적이고 비정형적인 예배양식을 통해서 해소되었으며, 계층이동의 욕구를 신앙적 기원(祈願)의 대상으로 받아들이는 것을 당연한 축복으로 이해했기에 그 대중적 기반은 빠르게 확대되었다.

### 새로운 바람

이로써 대중들이 신앙의 세계로 진입해 들어가는 문이 넓어졌다. 억압적인 엄숙주의가 사라지고, 예배의 기쁨이 집단적으로 체험되기 시작했으며, 즉각적인 성령의 권능을 목격함으로써 하나님의 임재를 부인하기 어려운 신앙 경험들이 축적되어 갔다. 긴장의 발산이 성령을 강조하는 부흥회에서 고도로 이루어졌고, 그동안 살아오면서 쌓여온 울분과 한과 좌절 그리고 성공을 향한 기원이 거침없이 쏟아졌으며 이 모든 것을 해결하는 성령의 존재가 사람들의 가슴을 파고 들어왔다. 특히 육신의 병으로 고달프게 시달렸던 이들은 성령의 체험으로 종교적 열정을 가지게 되었고, 자신감을 상실했던 사람들도 성령충만의 절정을 경험하면서 생활의 자세가 달라졌다. 이로써 순복음교회의 오순절운동은 한국 기독교에 중대한 도전이 되었고, 기성 교단을 고민하게 만들었다.

성령운동의 장력 내에 있는 사람들의 밝고 기쁜 표정은 기성교단의 신앙인들이 가지고 있던 경건주의의 딱딱한 표정과 대조되었다. 가난하고 병들고 어려운 사람들에게 거침없이 활짝 열린 이 오순절 신앙의 현장은 한국사회의 상류계층이 주도하고 있던 교회의 정돈된 기존 질서에 일대 충격을 주었다.

이로써 새로운 영적 에너지를 받게 된 사람들이 교회는 물론, 한국사회의 약동하는 변화에 자신을 실현해 나가기 시작했다. 순복음교회를 비롯하여, 오순절 운동을 근거로 한 교회들의 급격한 성장은 이러한 기세에 힘입었다고 하겠다. 이제 한국 기독교에서 성령에 대한 강조가 없는 것은 상상하기 어렵게 되었고, 기성 교단들도 하나둘씩 이에 영향을 받지 않을 수 없게 되었다. 순복음교회는 더 이상 이단이 아니게 되었던 것이다.

이 성령운동은 그 동안 다분히 정죄주의적이고 율법적인 분위기가 지배해오던 교회에 새로운 바람을 일으켰다는 점에서 중요한 공헌을 한다. 무엇보다도 신앙인들에게 은혜를 사모하게 만들고, 성령의 체험을 통해 능력을 극대화하는 방식은 한국사회의 역량을 높이는 데도 괄목할 만한 기여를 한 셈이다. 더욱이 카리스마적인 지도자를 중심으로 이루어진 이 성령운동은 그 카리스마를 자신의 것으로 삼는 기쁨을 줌으로써 이 운동에 속한 사람들에게 대단한 활력을 주었다. 한마디로, 한국사회를 휩쓴 성령운동은 기성 교단의 교조적 질서와 틀에 묶인 사고에 대한 내재된 반발이 점화된 의미를 가지고 있었으며, 이와 동시에 믿음으로부터 오는 개인적 자유와 성취의 차원을 새롭게 열었다. 오순절 성령운동은 한국 기독교를 '정죄로부터 용서로', '심판으로부터 복 받음으로', 그리고 '내세로부터 현세로의 삶으로' 그 신학적 담론을 변화시켰던 것이다.

## 세속적 성공주의와 결합한 성령운동

그러나 '세상 것에 대한 거부'라는 말로 표현되는 비정치적 접근과, '세상에서의 성공'이라는 성장주의와 결합된 신앙적 기원이 서로 모순됨이 없이 '오순절운동'을 떠받쳐 나감으로써, 중앙집권적 개발시대에 대한 순응주의를 길러나갔다. '열심히 땀 흘려 살아보자'는 구호가 전면적으로 지배했던 시기에 이 같은 신앙의 유형은 잘사는 것이 결코 종교적으로 문제될 것이 없으며, 성령의 권능 안에서 못 이룰 것이 없다는 이른바 '적극적 사고방식'의 출세주의를 촉진시키는 신학적 기반이 된 셈이다.

이것은 자연히 신앙인들의 사회적 관심에서 정치적 문제제기의 비판능력을 거세하면서, '개인의 내면적 평화와 계층 상승의 기대감'을 하나로 묶어 매우 이기적인 경제주의에 매몰되게 하는 결과를 가져왔다. 잘못 건드리면 탄압이 예상될 수밖에 없는 정치의 영역은 신앙의 이름으로 퇴각시키고, 이런저런 사회적 번뇌로부터 탈출하도록 함으로써 심리적 안정을 이루는 가운데 현세의 물질적 성취로 만족을 얻는 방향으로 신앙인들의 내면을 조성해 나갔던 것이다. 이것은 기본적으로 자신의 문제만을 중심으로 사고하게 만들었고, 현실의 모순에 대하여는 외면하거나 침묵하게 했다. 세상이 어떻게 돌아가든 상관없이 내가 설정한 개인적 성취의 목표에 신앙의 힘이 도움이 되는가 아닌가가 관건이었다.

그리고 성령은 바로 이 목적을 위해 봉사하는 영적 도구처럼 인식되어 갔다. 물질적 풍요와 사회적 위치의 상승을 꿈꾸는 사람들에게 주어진, 성령이라는 이름의 '도깨비 방망이'였던 셈이다. 그런 교회의 대세 속에서 한국사회는 빈부격차의 사회경제적 근거에 대한 비판적 성찰은 빈곤해져갔고, 풍요가 낳은 타락과 부패의 늪에서 사람들이 이토록 헤매게 되어도 교회는 아무런 힘 있는 역할을 하지 못한 것이다. 한국사회에서 배태된 성령운동의 주류는 결국, 한국의 역사를 바르게 잡고 하나님 나라의 의를 세우는 일과는 거리가 있는 신앙심으로 위장된 '이기적 자기실현의 동력'이라는 반(反) 그리스도적 모습을 드러내었다.

### 해방의 영, 은혜의 영

기독교 신앙의 성령 이해는 나사렛 예수의 성령이해가 그 근거가 되어야 할 것이다. 그렇지 않은 그 밖의 다른 것은 어떤 인위적 목적에 반응하는 사회심리적 조합물에 불과하다는 것을 인식해야 한다. 인간의 내면에 근본적으로 잠재하고 있는 영적 감각과 사회적 요구가 결합된, 하나님에게서 온 것이 아닌 '종교심리적 반응체계'에 지나지 않는다는 점을 직시해야 하는 것이다.

하나님에게서 온 영은 본질적으로 그 영이 임재한 사람에게 그가 세상에서 해야 할 '해방의 사명'에 눈뜨게 한다. 이 차원이 존재하지 않은 성령이라는 이름의 종교심리적 현상은, 앞서 언급했듯이 어떤 말로 위장하고 은폐했든간에 본질적으로 개인의 사리사욕을 채우는 이기주의에 봉사하게 될 뿐이다. 누가복음 4장의 이사야서 인용의 대목은 하나님의 영이 임재했을 때 일깨워지고 드러나는 신앙의 지향점을 분명히 밝히고 있다.

예수께서는 자신의 모든 행적과 사역이 자신의 인간적 의지나 결단 또는 이념에 의한 결과가 아니며, '주의 영이 내게 내리셨다.'라고 고백한 것처럼 하나님의 영이 그를 움직이고 있음을 먼저 선언하고 있다. '나를 보내셔서'라는 말처럼 그는 자신이 '하나님으로부터 파견된 자'라는 인식을 드러내고 있으며, 따라서 앞으로 하게 될 일은 어디까지나 하나님께서 성령을 통해서 하시려는 일임을 못 박고 있다. 하여, 성령이 임재한 자의 모습은 자신의 소욕에 따른 행동방식이 아니라 성령께서 이 세상에 역사하시려는 바를 대리하는 자로 부각된다.

성령은 자신이 성취하려는 바를 도우시는 분이라는 각도가 아니라, 하나님께서 성취하려는 바에 성령의 인도에 따라 쓰임 받는 자라는 인식이, 중심이라는 것이다. 이것은 '세속적 성공주의와 결합된 성령주의 운동'과는 완전히 차이가 있음을 보여주는 대목이다.

다시 말해서 내가 하고자 하며 또 할 수 있는 것을 극대화시켜주는 영적 능력으로서의 성령이 아니라, 하나님께서 하시려는 일을 내 안에서 감당할 수 있도록 도와주시는 보혜사이다. 그러므로 이 성령은 거듭 말하지만, 인간의 이기주의와는 필연적으로 대립하게 된다. 인간 자신은 그 안에서 소멸되고, 하나님의 뜻이 그 모든 행위의 중심이 되는 것이다. 이는 사도 바울이 "나는 매일 죽노라." 한 바와 통하는 차원이라 하겠다. 그리고 이는 결국 '이제까지와는 전혀 다른 내가 창조되는 과정'이 되는 것이다. 나는 소멸되지만 사실은 새로운 내가 다시 생기는 것이며, 그 새롭게 생기는 나는 이전의 나와는 구별되는 존재로서의 의미를 갖는다.

## 성령운동의 본질

따라서 성령의 임재는 일차적으로 그 인간의 내적 욕망과 성령이 투쟁하는 단계를 통과하게 되어 있음을 암시한다. '예수의 광야시험'이 사탄이 아니라 성령에 이끌려 이루어졌다고 증언된 점은 바로 이를 뜻하게 된다. 성령은 하나님의 뜻과 거리가 생기도록 만드는 인간 내부의 일체의 것과 대결을 벌이며, 성령이 임한 사람은 기존의 가치관이 졸지에 붕괴하는 충격과 혼돈을 경험하는 과정을 통과하게 되어 있는 것이다. 그것은 곧 그 사람을 고뇌하도록 만드는 일이며, 자기중심적 관점에서 스스로를 해방시키는 절차이기도 하다.

그러므로 성령의 임재를 경험한 사람은 이제껏 인식하지 못했던 역사와 사회의 이면적 현실에 눈을 뜨게 되며, 이것이 남의 일이 아니라 자신의 일로 다가와 온몸을 이 작업에 내어맡기는 자로서의 전격적 변모를 겪게 된다. 말하자면, 나사렛 예수의 메시아적 메시지가 내포하고 있는 작업의 성격은 자기중심적 관점에서는 도저히 주목할 수 없었던 현실이 그 시계권(視界圈) 내로 포착되어 사명의 대상으로 떠오르게 되는 것의 증언이다.

그가 가난한 사람, 포로된 사람, 눈먼 사람, 억눌린 사람에게 기쁜 소식과 자유와 다시 보게 됨, 그리고 해방과 주의 은혜의 해를 선포하기 위해서 우선적으로 맞닥뜨려야 할 일은 이들을 가난하게 하고 포로되게 하며 눈멀게 할 뿐만이 아니라 억누르고 가두는 세력과의 대결이다. 그런 세력의 존재가 있고서는 이들의 현실이 그렇게 되지 않기 때문이다. 저절로 가난하고, 저절로 포로 되고, 저절로 눈멀며, 또한 저절로 억눌린 것이 아님은 분명하지 않은가? 나사렛 예수께서 그의 선교사역 과정에서 바리새파, 대제사장, 율법학자 등과 무수한 충돌을 겪게 되는 것은 다름 아닌 바로 이 대결의 현장을 보여주는 대목이라고 하겠다. 여기에서 우리는 성령의 임재가 성령의 충만을 통해 파견자에게 주는 힘의 구체적인 성격을 파악하게 된다. 그것은 세상을 지배하면서 인간의 존엄과 가치를 파괴하는 힘과의 대결에 요구되는 '용기와 지혜'인 것이다. 성령이 충만한 존재는 세상 대세의 요구에 응하여 그에 필요한 능력을 극대화하는 자가 아니라, 도리어 그에 맞서서 하나님 나라의 면모를 대조적으로 증언해 주는 용기를 지니며, 그 용기가 인간에게 출로의 지혜를 주는 대안적 능력을 지닌 것이다.

그러므로 성령이 충만한 자의 삶은 기본적으로 예언자적 성품을 가지고 있다. 변화무쌍한 세상의 여론에 이끌려서 자신의 입지를 팔랑개비처럼 상실해버리는 자가 아니라, 핍박과 비방이 있다 해도 그에 굴하지 않는 가운데 인간의 삶을 가난하게 만들고, 무언가에 포박되게 하며, 진실에 눈 어둡게 하는 질서와 세력을 세상에 폭로해 버리고, 이들에게 인간 스스로 자신을 내어주지 않도록 외치는 것이다. 그러나 성령은 이러한 작업에서 그치지 않는다.

그렇게 풀려난 존재들이 만나게 되는 기쁜 현실, 은혜의 길이 어떤 것인지를 이 땅의 삶 속에서 구체적으로 열어가도록 도와주시는 것이다. 따라서 성령은 한 개인의 삶을 죄와 탐욕으로부터 내적인 해방을 실현시키는 것만이 아니라, 한 사회와 역사를 뒤덮고 있는 억압을 철거하는 작업에 인간이 위엄 있게 나서도록 만들어준다. 그리고 그 과정을 통해서 그 인간과 사회에 하나님의 생명력이 채워져서 인간이 다른 인간을 지배하고 억누르며 속이고 가두는 일이 없는 '새 하늘 새 땅의 감격'을 맛보게 하시는 것이다.

그렇다면 '성령운동의 본질'은 당연히 그 사회가 당면하고 있는 일체의 개인적이고도 집단적인 죄와 억압의 문제를 대결의 중심에 놓게 되며, 정치 · 경제 · 문화 · 사회 모든 면에서 성령의 아름다운 열매가 맺어지도록 성령이 임재한 인간을 역동적으로 바꾸고 활약하게 만들어주게 되어 있는 것이다. 성령이 충만한 교회가 번창해 가는 사회는 그런 의미에서 정치적 타락과 경제적 부패, 그리고 문화적 세뇌와 사회적 무기력을 바로잡아 나가는 능력이 극대화되어 가는 모습을 드러낸다. 그렇지 않다면, 그런 성령운동은 좋게 말해서 역부족이거나 또는 분명한 거짓이다. 그것은 결국 가난한 자에게 허망한 세속적 환상을 공급하고, 포로된 자를 포로의 위치로 그대로 고정시키며, 눈먼 자에게 눈이 감겨 있어도 행복을 느끼라고 세뇌하며, 억눌린 자의 마음에 복종의 윤리를 심는다. 예수 그리스도가 맞서서 무너뜨리려 했던 일체의 세력을 돕는 하늘에 대한 반역을 성령의 이름으로 (자기도 모르게) 저지르고 마는 것이다.

성령은 실로 우리들 안에, 사람들에게 하나님의 은혜가 이 세상 곳곳에서 그 아름다움을 펼쳐낼 수 있도록 하는 권능을 이루어내고, 그 위에 하늘의 위엄과 섭리의 역사를 부여하는 하나님의 선물임을 깨달아야 할 것이다. 그것은 우리들에게 우리의 삶이 지향해야 하는 역사적 책무와 사회적 사명의 차원에 대한 눈뜸으로 연결되고, 그 실천의 힘을 행사할 수 있도록 주어지는 하늘의 생명력이다. 그러기에 이를 소유한 자에게 '이김'이 약속되어 있다.

# 십일조, 신앙의 원칙인가 시대의 관습인가

'십일조 헌금'은 누구도 범해서는 안 되는 신앙적 원칙으로 볼 것인가, 아니면 다만 구약 시대의 관습으로 이미 시대적 적법성을 잃은 것으로 볼 것인가를 중심으로 논란이 이는 경향이 있다. 신앙적 원칙이라면 더 이상 논란의 여지가 없게 된다. 그렇게 될 경우, 십일조를 하지 않는 것을 문제 삼는 일이 논란을 대체할 것이다. 구약 말라기서에 나오듯 '하나님의 것을 도둑질 한 자들에 대한 규탄'이 주를 이루게 될 것이다.

반면에 십일조를 구약 시대의 독특한 종교적 관습 내지는 약속이라는, 역사적 제한성을 가진 것으로 이해하면 십일조는 이미 폐지되어도 진즉에 되었어야 한다는 논리가 선다. 예수 그리스도의 등장으로 이전

것은 허물어지고, 새 것이 세워진 판국에 왜 유독 구약적 관습의 잔재인 십일조는 그렇게 집착하는가 하는 비판이 여기에 존재하게 된다.

그러나 십일조 논쟁에 있어서 보다 더 근본적인 맥락은, 오늘날 십일조가 교회 성장에 결정적인 물적 기반이 되고 있다는 사실에 있다. 그리고 이를 축복과 저주의 조건에 결부시키는 논법에 대한 반발이 십일조 논쟁을 자극하고 있는 것이다. 십일조를 방어하는 측은 앞서 신앙적 원칙을 근거로 하여 십일조에 대한 비판과 폐지 주장은 성서의 정신에 근본적으로 도전하는 사고와 행위로 판단한다. 그에 반해 십일조를 비판하는 측은 이미 시효가 지난 십일조가 신앙 원칙으로 포장되어 교회를 살찌우고 교회 지도자들의 비만을 부르고 있다고 지적한다.

그러면 우리는 이 양자의 논리에서 어떤 판단과 선택을 해야 할까? 십일조는 유지되어야 하는가 아니면 폐지되는 것이 마땅한가? 또는 중간의 길은 없는가? 등의 의문에 대하여 대답해야 할 것이다. 그런 의미에서 성서가 이 문제를 어떻게 다루고 있는지를 살펴볼 필요가 있다.

### 아브람의 십일조는 요구 아닌 '스스로의 결단'

성서가 '열의 하나'를 제사장에게 바치는 십일조를 최초로 언급하는 것은 창세기에서이다. 대제사장 멜기세덱이 하나님의 이름으로 아브람(그의 이름이 아브라함이 되기 전)에게 축복하고 하나님을 찬양하라고 하자, 아브람은 '가지고 있는 모든 것에서 열의 하나를 멜기세덱에게 주었다.'고 한다. 아브람 자신이 과거에 제단을 쌓고 하나님께 제를 올리기는 했으나, 십일조를 한 것은 이 대목이었음을 우리는 알 수 있다.

그리고 십일조는 하나님이 그에게 요구한 것이 아니라, 아브람이 하나님의 축복에 대한 감사와 헌신의 표시로 자신의 결단에 의해 정한 것임을 확인할 수 있다. 좀더 따지고 들자면 아브람의 십일조가 그의 평생을 통한 신앙적 자세가 된 것인지 아니면, 멜기세덱에 대한 일회적 봉헌이었는지는 확실치 않다. 하지만 이스라엘 민족의 원조(元祖)인 그의 자세가 이스라엘 민족의 종교적 원칙으로 받아들여지는 것은 시간 문제였다.

아브람의 십일조 정신은 그의 손자 야곱에게서 다시 한 번 확인된다. 그는 형 에서의 추격을 피해 삼촌의 집으로 가던 중, 광야에서 하나님을 만나고 난 후 그 자리를 돌베개로 표시한 다음 이렇게 서원한다. "저에게 주신 모든 것에서 열의 하나를 하나님께 드리겠습니다." 그는 자신의 미래가 하나님의 축복으로 충만하게 될 것임을 믿었고, 그 충만의 기쁨을 하나님에게 표시하는 방식으로 십일조의 원칙을 세운다. 여기서 우리는 하나님의 축복과 십일조의 관계가 거듭 드러나는 것을 본다. 십일조의 정신은 자신이 거두어들인 것은 모두 자신의 것으로 삼는 것을 당연히 여겼을 시대에, 실로 혁명적인 의미를 갖는 자세였다.

그런데 여기서 열의 하나를 하나님께 드린다고 했을 때, 그 '드림의 절차'를 집행하는 자가 누구인가의 문제가 제기된다. 십일조를 하늘에 던져 '하나님 받으십시오.' 하는 것이 아닐진데, 그것은 당연히 제사장들의 몫이 되었다. 그러나 제사장들이 열의 하나를 맡아 조직적으로 관장하는 존재가 되는 것은 이스라엘 원조들의 시대를 훨씬 지나 모세가 이끈 광야공동체에 이르러서였다.

이스라엘의 광야공동체에서 받은 십계명에는 십일조가 등장하지 않는다. 하지만 하나님과의 제사적 관계를 집대성한 레위기는 십일조의 문제를 하나님이 시내산에서 모세에게 직접 명하신 것으로 기록하고 있다.

땅의 십분의 일, 곧 땅에서 난 것의 십분의 일은 밭에서 난 곡식이든지 나무에 달린 열매이든지 모두 주에게 속한 것으로서, 주에게 바쳐야 할 거룩한 것이다. 소 떼와 양 떼에게서도, 각각 십분의 일을 나 주에게 거룩하게 바쳐야 한다.(레위기 27:30, 32)

레위 사람, 제사장 또한 십일조를 바쳐야 함은 물론이다. 모세의 때에 이르면, 아브람과 이삭의 시대와는 달리 십일조 문제가 개인의 헌신과 관련된 결단의 문제가 아니라 하나님이 요구하신 원칙으로 등장하는 것을 볼 수 있다. 그런데 신명기에는 십일조와 관련해 매우 흥미롭고 의미 있는 대목이 등장한다.

너희는 해마다 밭에서 거둔 소출의 십일조를 드려야 한다. 그러나 주 너희의 하나님이 당신의 이름을 두려고 택하신 곳이, 너희가 있는 곳에서 너무 멀고 가기가 어려워서 그것을 가지고 갈 수 없거든, 너희는 그것을 돈으로 바꿔 그 돈을 가지고 주 너희 하나님이 택하신 곳으로 가서 그 돈으로 마음에 드는 것을 사거라. 어떤 것이든지, 먹고 싶은 것을 사서 주 너희의 하나님 앞에서 너희와 너희의 온 가족이 함께 먹으면서 즐거워하여라. 그러나 성안에서 너희와 함께 사는 레위 사람은 유산도 없고 차지할 몫도 없는 사람들이니, 그들을 저버리지 않도록 하라. 너희는 매 삼년 끝에 그 해에 난 소출의 십일조를 다 모아서 성안에 저장해 두었다고 너희가 사는 성안에 유산도 없고, 차지할 몫도 없는 레위 사람이나 떠돌이나 고아나 과부들이 와서 배불리 먹게 하라. 그러면 주 너희의 하나님은 너희가 경영하는 모든 일에 복을 내려 주실 것이다.(신명기 14:22-29)

신명기에 이르면, 십일조의 기능이 무엇인지 보다 명확하게 드러난다. 십일조는 유산도 먹을 것도 제대로 없는 공동체 내부의 레위 집단과 기타 가난한 소외 집단을 위해 사용되도록 못 박고 있는 것이다. 또한 십일조가 가족들의 공동체적 축제의 자원으로 쓰일 것을 일깨우고 계신 것이다. 그러다가 이 십일조의 정신이 어느새 무너지고 사람들이 각기 자기의 것은 모두 자기에게 귀속시키는 현실이 벌어지자 이에 대하여 말라기 선지자는 질타하였다.

사람이 하나님 것을 훔치면 되겠느냐? 그런데도 너희는 나의 것을 훔치고서도 우리가 주님의 무엇을 훔쳤습니까? 하고 되묻는구나. 십일조와 헌물이 바로 그것이 아니냐? 너희 온 백성이 나의 것을 훔치니, 너희 모두가 저주를 받는다. 너희는 온전한 십일조를 창고에 들여놓아, 내 집에 먹을거리가 넉넉하게 하여라.(말라기 3:8-10)

십일조 정신이 파괴되고 이것으로 말미암아 제사장의 역할이 더 이상 제대로 수행될 수 없는 지경에 이른 것에 대해 말라기는 비탄한 육성으로 하나님의 마음을 전하고 있다. 십일조에 대한 옹호 논리가 가장 분명하게 성서적 근거를 갖는 대목이 말라기서의 구절임은 말할 것도 없다. 당시 성전에 바쳐진 헌금에 대하여 예수께서 반응을 보이신 대목을 보면 다음과 같은 내용을 발견할 수 있다.

"그들은 과부의 가산을 삼키고" 하면서 예수께서는 율법학자들이 일반 서민들에게 헌금의 의무를 강요하면서 자기들의 배를 불리는 것을 힐책하셨다. 마가복음 12장 40절의 이 대목 이후, 헌금함 앞에서 가난한 과부가 자기의 생활비 전체를 털어 넣는 것을 보신 다음 성전을 나오자 제자들이 성전의 웅장함에 경탄한다. 그러자 예수께서 이렇게 말씀하신다.

너는 이 큰 건물을 보느냐? 여기에 돌 하나도 돌 위에 남지 않고 다 무너질 것이다.

과부의 생활을 도와주지는 못할망정 그 가산을 성전의 웅장함을 유지하기 위해 탕진하는 당대의 예루살렘 지도자들에 대한 분노를 표현하신다. 가난한 과부로 상징되는 의탁할 곳 없는 빈곤한 사람들은 십일조를 내는 주체가 아니라, 십일조의 지원 대상이 되어야 한다는 '신명기 정신'이 사라지고 이들의 가산까지 받아내 성전을 화려하게 치장하고 있는 것에 대한 질타라고 할 수 있다. 그래서 예수께서는 하나님이 제사보다 자비를 더욱 귀하게 여기신다고 일깨웠던 것이다.

## 소외된 고아, 과부에게 베푸는 공동체의 자비가 정신의 본질

아브라함의 주도하에 이루어진 십일조 헌신은 이후 이스라엘 민족 공동체 전체의 종교적 율례로 정착한다. 그리고 이것은 시내산에서 하나님이 모세에게 이르신 말씀을 통해 확고한 성서적 지위를 갖게 된다. 따라서 십일조 자체를 부정하는 것은 성서의 정신과 배치된다. 그러나 문제는 여기서부터 시작된다. 십일조는 누가 무엇을 위해 드려야 하며, 그것은 어떻게 쓰여야 하는가가 분명해야 하는 것이다. 이것이 문란해지면서 본래의 십일조 정신이 무너지고, 이를 기반으로 하는 신앙공동체의 해체가 진행되자 말라기는 하나님의 것에 대한 절도 행위가 횡행하고 있다고 이스라엘 민족을 신랄하게 야단쳤던 것이다.

우리는 십일조가 바르게 드려지기 위해서 이스라엘 신앙공동체가 어떤 사회경제적 구조를 가지고 있었는가를 들여다볼 필요가 있다. 십일조를 최초로 주도했던 아브라함 이후 형성된 이스라엘 민족공동체 내부에서 토지와 재물이 매우 공평하게 분배되었다. 그리고 시간이 지나면서 분배의 정의가 균형을 잃으면 '희년'을 통해 토지와 재물의 정의로운 재분배를 시도했던 것이다. 십일조는 이러한 구조적 조건 위에서 이루어진 것이라는 점을 먼저 주목할 필요가 있다.

즉 레위기에서 지시한 대로, '땅의 십분의 일'이라고 했을 때 그 땅은 누구의 개인적 소유도 아니고 이스라엘 신앙공동체의 공적 소유였다. 이 공적 소유에서 이루어진 소출을 이스라엘 민족 전체가 집단적인 헌신으로 하나님께 바침으로써 이 재물이 공동체 내부에서 의미 있게 쓰일 수 있는 기반을 조성한 것이었다. 그런 의미에서 우리는 십일조를 위한 사회경제적 정의라는 문제를 생각해볼 필요가 있다.

십일조의 전제가 이러했기 때문에 신명기의 십일조 기록이 가능했던 것이다. 십일조는 이스라엘 민족공동체의 영적 성장을 전문적으로 감당해나가는 대신 현실의 물질적 토대가 전혀 없는 레위 집단에 대한 지원과, 의지할 데 없는 고아, 과부, 나그네 등에게 베풀어지는 공동체 전체의 자비를 정신의 본질로 하고 있다. 이것이 하나님에게 바쳐지는 것과 다름이 없다는 것이 십일조 정신의 핵심이다. 그래서 이후 예수께서, 세상의 작은 자들에게 한 것이 바로 나에게 한 것과 다를 바 없다고 하신 까닭도 다 여기에 근거한 것이다.

하나님께서 배가 고파 우리가 드리는 양식으로 배를 채우실 리 만무하며, 돈이 없어 우리가 용돈을 드려야 하는 처지가 아니실진데, 십일조를 하나님께 바친다는 것이 어떤 의미를 지니는 것인지에 대한 명확한 개념이 서야 한다. 선지자 말라기가 십일조의 소멸에 대한 비판의 목소리를 높인 것은 다른 이유가 아니다. 공동체의 정신적 성장에 대한 관심과 공동체 내부의 소외된 자들을 돌보는 마음이 사라져 모두가 이기적인 삶을 살고 있는 결과가 십일조에 대한 정신이 소멸된 현실로 나타났다고 보았기 때문이다.

즉 십일조는 애초에 하나님의 축복에 대한 감사의 표시로 시작되었으나, 십일조 정신의 발달 과정에서 보이듯이 그 감사가 공동체 전체의 자비로 연결될 때 비로소 의미 있게 된다는 것이 성서의 가르침이다. 그렇지 않고 성전의 치장과 성장에만 쓰이거나, 가난한 사람들에게 십일조를 강요한다든지 또는 아예 십일조고 뭐고 자기만 챙기는 삶이 되면 그것은 성서의 본질과 대립한다는 것이다.

그런데 십일조는 공동체 전체가 하나님 신앙으로 이루어져 나가는 것을 전제로 하고 있으며, 각종 공동체적 요구를 이 십일조가 감당하는 것을 밑바닥에 깔고 있다. 그런 점에서 오늘날 우리 사회가 기독교 국가도 아니며, 각종 세금으로 공동체적 요구를 해결하고 있는 마당에 성서의 십일조를 그대로 적용시키는 것은 현실적으로 문제가 있다. 십일조를 존재하도록 하는 사회구조적 토대가 기본적으로 없는 것이다. 이런 상황에서 십일조를 강조하는 것은 자칫, 한국사회의 각종 공동체적 책임을 힘겹게 지고 사는 평신도들에게 과도한 짐을 지우게 하는 결과를 가져온다.

### 사회경제적 정의 재정립할 필요 있다

가난한 과부의 생활비까지 위협하는 십일조는 십일조가 아니다. 이미 세금을 통해서 한국사회의 공동체적 책무를 하고 있는 상황에, 십일조까지 부과하는 것은 이중의 세금이 될 수 있는 것이다. 더 나아가서 십일조의 근거가 되는 토지와 물질의 정의로운 배분이라는 사회경제적 차원의 고민은 없는 상황에서 한국교회가 십일조는 맹렬히 거두어들이는 일에는 앞장서고 있으나 십일조 본래의 성서적 근거에 대해서는 침묵하거나 은폐하고 있는 것은 문제가 아닐까. 그리고 십일조가 사회적 자비의 문제에 관련되어 있다는 점을 고려할 때 한국교회의 십일조가 그렇게 쓰이고 있는가는 비판의 대상이 되지 않을 수 없다.

하나님의 뜻에 헌신하고, 주신 것을 그 뜻에 드린다고 할 때에 어디 십일조 정도이겠는가? 열의 열 모두를 바칠 수도 있다. 십일조는 그런 의미에서 사실상 최소의 헌신 기준을 정한 것에 불과할 수 있다. 그렇지만 오늘의 힘겨운 현실은 십일조가 얼마나 큰 부담으로 다가오고 있는지를 말해주고 있다.

십일조는 이제 각자의 신앙에 따른 헌신의 문제로 정리해야 한다. 강요할 성질의 것이 아니다. 무엇보다도 성서의 정신에 부합하는 십일조를 드리는 것이 중요하다. 온전한 십일조는 양을 의미하는 것이 아니라 정신의 순결을 뜻한다. 그러면 문제는 풀리는 것이다. 그리고 하나님께서 명하신 대로 땅과 우리의 물질의 소산에서 열의 하나를 바치기 위해 필요한 전제인 한국사회의 사회경제적 정의에 대하여 관심을 재정립할 필요가 있다. 현실은 정의롭지 못한데 십일조는 계속 내라고 한다면, 그것은 십일조의 반만 이야기하는 것이 된다. 십일조를 기쁘게 낼 만큼 축복된 사회경제적 정의를 세우는 일이 중대한 과제로 제기되는 것이다. 쪼들리는 살림으로 주름살이 펴질 날이 없는 이에게조차, 하나님의 축복을 내세워 십일조를 강요하는 것은 죄이다. 야곱은 하나님의 축복이 이루어진 현실에서 그 약속을 지켰다.

부디, 오늘날 하나님의 축복보다는 현실의 질고에서 허덕이는 이들을 압박하지 말 일이다. 힘겨운 중에도 내는 이들의 신앙적 헌신이 귀하나, 그것은 신앙의 성숙에 의한 결과로 되어야지 율법주의적 의무로 주어져서는 안 된다. 고아와 과부와 떠돌이들을 위한 십일조라면 기꺼이 내는 믿음이 이루어지게 된다면, 피곤한 십일조 논쟁은 끝나게 되지 않을까.

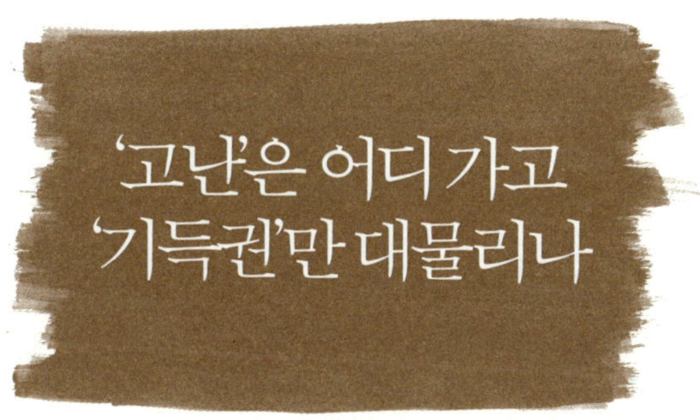

# '고난'은 어디 가고 '기득권'만 대물리나

감리교단이 여전히 시끄럽다. 아니, 시끄러움을 넘어 부끄러움과 절망적인 자조감에 휩싸여 있다. 문제가 불거질 때마다 세 사람이 뉴스의 초점이 되곤 했다. 공교롭게도 삼형제인(김선도, 김홍도, 김국도) 이들은 담임목회자 부자세습이라는 공통점을 갖고 있다. 부자세습 문제는 교계에서뿐만이 아니라 사회적으로도 논란이 되고 있다. 이들은 대형교회의 담임목회자 부자 세습에 대하여 목회적 정당성을 부여하는 논리를 세우고 있기도 하다.

이들은 목회세습을 비판하는 것에 대해 다음의 세 가지 문제를 제기하고 있다. 첫째, 담임 목회자의 아들이 후임자로 선정된 것을 '세습'이라는 개념으로 규정할 수 있는가. 둘째, 교회법에 의거한 적법 절차를 거치고서도 아들의 후임자 선정이 문제가 되는가. 셋째, 아들이 후임 담임 목회자가 되고서 교회가 발전한 좋은 사례가 있는데도 이를 비난의 대상으로 삼을 수 있는가 하는 것이다. 그리고 이러한 논란에 대한 대답을 마련하면서, 가장 주력하고 있는 초점은 애써 성장시켜온 교회가 계승 문제를 제대로 해결하지 못해 혼란과 분열 그리고 퇴보를 겪게 되면 그것이야말로 선교 사역에 문제를 일으키는 것이 아니겠느냐, 라는 논지를 펼치고 있다.

성장에 중점을 두었던 시대에서부터 이제 성숙의 시대로 향하는 전환점에서 담임목회자의 계승 문제를 바로 풀지 못하면, 이것은 도리어 교회에 중대한 상처와 피해를 입히는 것이 된다는 논리이다.

하여, 이러한 논의가 무슨 신학적, 이론적 차원이 아니라 목회 현장의 현실을 고려한 엄격한 판단과 경험에 의거했음을 내세우고 있다. 신학적 논지와 목회 현실 사이에 존재하는 긴장을 균형 있게 해결해나가지 못하면, 개체 교회는 상당히 심각한 위기를 치를 수밖에 없다는 깊은 우려가 깔려 있다.

### 부자 세대교체가 문제되는 이유

우선 세습을 정당화하는 논지와 배경에 대해 동의한다. 목회 현장의 현실에서 오랜 세월 동안 일구고 가꾸어온 사역이 새로운 차원으로 발전해나가야 하는 시점에서, 계승 문제로 인한 갈등과 논란이 교회에 어려움을 주게 된다면 그것은 결코 바람직하지 못하기 때문이다. 또한 현재 담임목회자 세습 문제에 있어서 초점이 되고 있는 내용이 부자세습이라는 것에 모아지고 있는 까닭으로 해서, 아들이라는 이유로 후임이 되는 것이 오히려 불리하게 작용하는 분위기가 득세하는 것은 부당하게 느껴질 법하다.

도리어 적지 않은 세월 동안 그 교회의 사정을 직접 경험했고, 아버지로부터 훈련받았으며 대를 이어 목회자로서의 전문적인 소양을 축적해온 인물이 단지 아들이라는 이유만으로 세습 목회자라는 비난과 난도질을 당해야 할 이유는 없는 것이다.

또한 교회의 안정적인 발전을 위해서는 아무런 상관도 없고 교회 사정에 문외한인 인물이 후임을 떠맡게 될 경우 그 교회가 적응 기간에 겪게 될 긴장과 어려움도 만만치 않고, 그런 사정들이 계속 겹치게 되면 교회를 창립 초기부터 애정과 소신을 다해 섬겨오던 교인들이 방황하다 떠나게 될 수도 있는 것이다. 따라서 이러한 우려를 씻기 위해서라도 교회가 걸어온 역사를 제대로 파악하고 이를 토대로 하여 교회가 가려고 하는 목적을 향해 힘 있게 지도력을 발휘할 담임 목회자의 선정은 실로 긴요하기 짝이 없는 일이다.

그렇지 못할 경우 그 교회는 교체기의 갈등과 대립에 힘을 소진해 성장이 지체되고 교회 내부의 격론과 쟁투로 인해 신앙생활에 환멸을 느끼고 등지게 되는 이들이 적지 않을 것임은 분명하다. 원로 목회자와 가까운 교인들과 새로 후임자가 된 목회자의 신진 측근세력 간의 갈등과 대립도 교회 성장과 발전에 치명적인 타격을 입힐 것이며, 그로써 성장 일로에 있던 교회가 하루아침에 분규에 휩싸여 교인들 모두가 '목자 없이 길 잃고 방황하는 신세'가 될 수도 있다.

이러한 우려와 걱정 그리고 세대교체 과정에서 예상해야 하는 여러 가지 복잡한 요인은 사실 교회만이 아니라 그 어떤 조직도 직면하게 되는 현실이 아닐 수 없다. 그런 고충이 목회 현장의 현실과 관련해 결국 가장 안전하고 문제의 소지가 없을 만한 것으로 여겨지는 '부자 세대교체'(굳이 세습이라는 표현이 부담스럽다면)의 방식을 선택하게 하는 것이다. 그런 의미에서 이러한 문제제기 자체는 모든 교회의 고민이 될 수 있다는 점에서 정당성을 지니고 있다.

그럼에도 불구하고 교회의 목회 현장이 가지고 있는 고민을 해결하는 방식으로 선택된 담임 목회자의 부자 세대교체가 왜 그토록 문제가 되는 것일까? 세습을 정당화하는 논리는 이 점을 깊이 따져 보지 않은 것에서 치명적 한계와 약점을 가지고 있다. 문제의 내용은 모두 같은데, 해결책의 선택이 달라지게 되면 그것은 해결이 아니라 새로운 문제의 야기라는 점에서 이 논리는 비판의 대상이 된다.

교계 일각에서 그리고 사회적으로 대형 교회의 담임목회자 세습이라고 지탄하면서 이를 문제 삼는 까닭은 한마디로 대형 교회의 '기득권을 보전 강화하는 방식'이라고 보기 때문이다. 이런 방식으로는 그간 논란이 되어온 대형 교회의 문제를 혁파할 수 없고, 교회 내부의 특권 세력의 형성을 저지할 방도가 없어져 교회 개혁의 진로가 좌절된다는 것에 초점이 있다. 다시 말해서 부자 세습의 문제는 세습 자체에서 오는 것이 아니라 세습 이전의 문제, 즉 논란이 되고 있는 대형 교회의 신앙적 본질과 사회적 자세로부터 비롯되는 것이다.

만일 일부 논란의 도마 위에 올라 있는 대형 교회가 한국사회에서 언제나 약자 편에 서서 사회의 어려움을 감당해나가고, 강자들을 일깨워 그들이 가지고 있는 책임과 역할을 의롭게 수행하도록 해왔다면, 그런 교회를 자식이 떠맡아 소명을 감당해 나간다면, 그것은 칭찬 받을 일이지 비판의 대상이 될 수 없다. 하지만 오늘날 대형 교회는 한국사회가 여러 가지 어려움에 봉착해 있는데도 교회를 살찌우기에 바빴고, 불의한 사회 현실에 대하여 일갈하면서 하나님 나라의 뜨거운 육성을 떨쳐내지 못했다. 권력의 편에 붙어 기득권을 누리기에 바빴고, 교회의 대형화에 치중해온 나머지 교인들에게 물질적으로도 만만치 않은 압박을 가했다.

그리고 이러한 성장주의를 신학적으로 정당화했으며, 그로써 교회가 거대한 성채로 변질되도록 했다는 점이 오늘날 대형 교회들이 직면한 비판인 것이다. 그러고 있는 판국에 이러한 방향에 대한 자성도, 내부적 비판의 과정도 없이 그대로 이어나가겠다고 하고 있으며 가장 안정적으로 실현하기에는 최적이라고 할 수 있는 아들을 후임자로 선정한 것은 속이 뻔히 들여다보이는 일이라는 것이다.

## 세습을 정당화하는 이들이 가진 논리 오류 세 가지

그러므로 세습을 정당화하는 이들이 왜 부자 세대교체가 필요하고 정당한가를 주장하는 논리에 앞서서 대형 교회가 직면하고 있는 비판의 목소리에 우선 귀를 기울이는 절차를 거쳐야 할 것이다. 아들이 아버지가 쌓아올린 선교 사역의 탑을 잘 이끌고 나가기를 바라는 것은 인지상정이고 자체를 탓할 이유가 없다. 그러나 부자 세대교체라는 양식을 통해서 세습되는 것은 다만 아들의 담임목회자 직분만이 아니라, 대형 교회의 모순과 문제 전반이라는 점을 인식해야 한다. 아들이 아버지가 이룩해놓은 기득권에 반기를 들고, 교회의 방향을 혁파하고 새로운 선교 사역의 중심을 잡아나간다면 모르겠거니와 그 기득권에 힘입어서 대형 교회가 지니고 있는 모순을 심화시키게 된다면 크나 큰 문제가 아닐 수 없다.

오늘날 담임 목회자의 부자 세습을 보는 사회의 차가운 눈초리는 그것이 대형 교회의 주도권이 아버지에서 아들로 이어지는 족벌 체제의 형성이라는 점만이 아니라, 그렇게 세습으로 이어지고 있는 대형 교회의 모순이라는 점을 직시해야 한다. 이러한 모순과 문제들을 고스란히 남겨둔 채 '계승의 안정성'만을 강조할 때 그것은 궤변에 불과하며 결국 기득권을 방어하기 위한 장치에 대한 논리라는 비난을 면하기 어려울 것이다.

그런 각도에서 세습을 정당화하는 이들의 글을 보면, 우리는 다음의 문제를 발견하게 된다. 첫째, 교회 성장의 내용을 양적 차원에서만 파악하는 피상성을 드러내고 있다. 그들이 아닌 경우, 이러한 양적 성장을 이어나가기 어렵다고 결론짓고 있다. 보다 중요한 것은 목회 방향이 바로 서는 일이다. 그것이 분명하다면 후임이 아들이든 아니든 문제될 것이 없다. 이러한 방향에 대한 고뇌가 없다.

둘째, 그들은 담임목회자의 영향력이 결정적이므로 이를 제대로 보전 강화하는 것이 목회 발전에 도움이 된다고 보고 있다. 그러한 이야기는 틀린 것은 아니지만, 현실에서는 교회를 목회자 중심의 교권주의적인 방향으로 이끌고 왔기 때문에 담임 목회자의 절대적 권위가 생겨났다는 점을 주시해야 한다. 평등공동체의 실현을 목적으로 하는 교회가 담임 목회자의 절대 권위를 옹호하는 집단으로 변질되면 그것은 교회로서의 본질적 의의를 상실하고 만다는 점을 깨달아야 할 것이다.

셋째, 아들이기 때문에 자격이 있어도 후임자가 될 수 없다는 것이 부당한 것처럼, 아들이기 때문에 후임자가 되는 일에 있어서 상대적으로 유리한 위치에 있게 되는 문제는 어떻게 할 것인가가 존재한다. 아버지 목사의 절대적인 영향력 밑에 있는 교회의 중진들이 아들의 후임자 선정에 반대할 수 있을까? 이러한 구조의 반민주적 성격이 교회의 진정한 발전과 성숙을 가로막고 있다는 점을 주목해야 한다.

고난에 찬 사명을 세대에 걸쳐 계승하겠다면 그야말로 기쁜 일이며, 이를 비난할 이유는 없다. 그러나 오늘날 논란이 되고 있는 담임 목회자의 부자(父子) 세습은 혁파의 대상이 되고 있는 기득권의 계승이라는 점에서 비판을 멈출 수 없는 것이다.

# 왜 산상수훈인가?

산상수훈'은 파격적이다. 성전에서 선포한 이야기가 아니라 산에서 무리들에게 말씀하셨다는 대목도 눈을 끌거니와, 그 내용도 통상의 유대적 종교성을 넘고 있다. 이는 오늘날의 시선으로 보아도 여전히 파격적이다. 산상수훈대로 설교하고 선포하며 살아가는 일은 결코 쉽지 않다는 점에서만이 아니라, 산상수훈의 논리를 오늘의 교회가 잘 받아들이지 않고 있다는 점에서 더욱 그러하다.

모세가 산에 올라 하나님으로부터 말씀을 받고 돌 판에 율법을 새기는 장면은 산상수훈과 그대로 겹친다. 산상수훈은 그런 면모에서 히브리 신앙 전통의 정체성을 보여준다. 그건 다름 아닌 광야의 야성적(野性的) 종교가 가지고 있는 생명력의 복원이다. 이미 기득권으로 무장되어 있고, 교리가 되어버린 성전과는 구별된 공간으로 산은 지목된다. 산상수훈은 살아 있는 하나님이 성전이 아닌, 바로 이 야성적 생명력이 훼손되지 않은 공간에서 성전의 율법과 대치되는 선언을 한다. 그리고 그것은 성전을 중심으로 한 현실과 정면으로 마주하는 전선을 이루고 있다.

## 산상수훈, 새로운 전투의 시작을 알리는 신호

이로써 산상수훈은 당시 유대 율법주의의 대세와 투쟁을 선언하는 것과 다름이 없게 된다. 이를 받아들이는 것은 율법주의를 거부하는 것과 통하기 때문이다. 이들 유대주의자들이 그토록 거룩하게 여기는 성전보다 산을 우위에 놓는 방식은, 말씀의 정통성에 대한 논란과 이어진다. 산상수훈은, 기존 교회의 선포는 하나님 나라의 말씀으로서의 효력을 잃어버렸다는 논증과 동일하다.

예수 당대의 교회는 산상수훈 앞에서 반격을 취할 수밖에 없게 된다. 자신들의 정교한 신학과 오랜 세월 다져놓은 교리가 이로써 단숨에 무너질 수 있다는 위기를 느끼게 마련이다. 성전 밖에서 새로운 권위가 옹립되는 것을 그저 방관할 수만은 없다. 산상수훈은 그래서 새로운 전투의 시작을 알리는 신호이기도 하다. 그건 성전의 권력과, 광야의 생명이 충돌하는 상황이다. 그렇지 않아도, 예수 이전, 세례 요한은 바로 이 광야의 생명을 대변하였다. 기존의 성전세력은 진작부터 도전에 처해 있었던 것이다. 산상수훈은 이 도전이 돌이킬 수 없는 현실임을 입증하는 육성이다. 기존의 성전을 지배한 자들과, 산의 사람들은 일대 자웅을 겨루게 된다. 지금까지의 대세는 당연히 성전파였다. 하지만 산상수훈은 이제 그 주도권이 성전을 떠나고 있음을 알린다. 모세를 부인할 수 없는 성전파들은, 새로운 모세로 등장한 예수를 공격하고 싶어 하지만 산에 오른 그의 모습 자체를 공격하기는 쉽지 않다. 무수한 예언자들이 산에서 하나님과 만나 생명의 말씀을 토했다는 전통은 그들에게도 마찬가지로 성스러운 뿌리이기 때문이다.

바로 이러한 면모 때문에, 산상수훈의 현장은 성전을 본질적으로 압도하고 있다. 성전파들은 성전을 자랑으로 내세우고 있지만, 그건 어디까지나 산에서 하나님과 만나는 사건보다 부차적인 가치를 갖는다. 이를 부정한다면, 그것은 이들이 스스로 유대 예언자 전통 모두를 송두리째 부인하는 것과 마찬가지가 된다는 위험부담을 안게 된다. 따라서 얼마나 놀라운가? 예수의 전략이.

산상수훈은 히브리 신앙 전통 전체를 본질적으로 압축하는 공간을 보루로 하여 하나님 나라 운동의 전선을 결집시키고 있다. 그렇기 때문에 이른바 '팔복'의 마지막은 전투적 비장함을 지니고 있는 것이다.

너희가 나 때문에 모욕을 당하고, 박해를 받고 터무니없는 말로 온갖 비난을 받으면, 너희에게 복이 있다. 너희는 기뻐하고 즐거워하여라. 하늘에서 받을 너희의 상이 크기 때문이다. 너희보다 먼저 온 예언자들도 이와 같이 박해를 받았다.(마태복음 5:11-12)

이렇게 보니, 너무나 분명치 않은가? 산상수훈은 바로 하나님 나라의 승리를 위한 전투의 전야에 자신과 생사를 같이 할 자들에게 닥쳐올 성전파들의 공세에 대한 당당한 대응과 자신감, 그리고 궁극적 승리를 선언하고 있는 것이다. 이를 놓치고 말면 산상수훈은 단지 이러한 역사적 현실의 생동감을 배제한 팔복(八福)의 선언이라는 교리적 해석으로 그치고 만다.

성전에 머무를 곳이 없고, 광야로 내어 맡긴이들이 "산 사람들"이 되어 그들 가슴 속에 불타고 있는 하나님 나라를 구하려는 열정이 이 산상수훈에 있다는 점을 직시한다면, 이 말씀이 가지고 있는 웅대함을 눈치 채게 될 것이다. 예수는 이 산상수훈이 히브리 예언자 전통과 그 맥을 함께 하고 있음을 밝힘으로써, 유대주의자들의 공격은 자신들이 뿌리로 내세우고 있는 히브리 전통에 대한 배신이 되고 있음을 폭로하고 있다.

결국 산상수훈은 당대의 현실에서 매우 위험한 문서가 된다. 그건 그저 편안하게 들으면서 고개를 끄덕이고 감동을 받고 아멘! 하면 되는 그런 이야기가 아닌 것이다. 산상수훈을 내세우면 그는 산 사람이 되는 것이며, 성전파의 기득권과 맞서야 하며 박해의 위험부담을 지는 운명에 처한다. 예수가 산상수훈의 말미에서 그런 이야기를 빠뜨리지 않은 까닭은 매우 현실적인 이유가 있는 것이었다.

### 산상수훈은 '혁명의 선언'

오늘날에도 이 산상수훈은 그래서 기존의 교회가 상실해버린 말씀의 효력에 대해 대단히 신랄한 비판이 된다. 성전의 거룩함만을 주장하며, 산으로 상징되는 이 전투적인 문건에 대한 이해가 없다면 그건 이미 예수를 대적한 세력과 유사한 입장에 서게 되는 일이다. 어쩌면 성전은 구원의 능력을 잃었을지 모른다. 산상수훈 앞에서 머리를 숙이고 성전의 교리를 해체해야 할지도 모른다. 그런 생각을 갖게 되는 것은 기존 교회의 처지에서 불편한 일이다.

그러기에 성전파는 산상수훈을 각색한다. 팔복으로 각색한다. 본래의 전투성과 혁명적 선포의 힘을 빼버린다. 산과 성전의 대치전선을 알지 못하게 만들어 버리고 만다. 산상수훈은 그런 과정을 거쳐 유순한 양이 된다. 그러나 그것은 어디까지나 예수에 대한 명백한 배반이다. 예수를 순치(馴致)시키는 것이다. 산상수훈의 이빨을 뽑고, 발톱을 빼버리는 만행을 저지르고 있는 것이다. 산상수훈을 기복주의 문건으로 왜곡하고 변조해버린다. 광야의 야성을 박탈해버리고 만다.

내용으로 들어가면 우리는 그 파격성을 절감한다. 성전의 논리대로 하자면, 산상수훈은 "하나님을 믿으면"이라는 전제가 가장 중요하다. 그러나 우리는 산상수훈을 아무리 되풀이 읽어도 이러한 구절이 나오지 않는 것을 확인한다. 무조건적인 신앙을 앞세워 하나님의 자녀 운운으로 윽박지르는 논법은 찾아볼 수가 없다. 뿐만이 아니다. 히브리 성서 그 어디를 인용해서 자신의 전거(典據)로 삼는 방식을 취하지 않았다.

이러한 방식은 오늘날에도 교회에서 용인되지 않는다. 설교에서도 방법론으로 채택되지 않는다. 산상수훈은 그 존재 자체가 가지고 있는 모습과 자세에 눈을 돌린다. 믿고 있는가, 아닌가를 묻지 않는다. 그가 어떤 마음으로, 어떻게 살고 있는가, 어떻게 살아가려고 하는가를 질문하고 있다.

"하나님을 믿으면"이라는 전제 없이 하나님 나라에 속하는 이들을 열거하는 방식은, 사실 유대적 율법주의 논리에 따르면 하나님 나라에 속할 수 없는 이들을 지목하는 것이다. 아무리 마음이 착해도 그에게 하나님에 대한 고백이 없으면, 그는 구원의 자격을 얻지 못한다는 것이 성전의 논리이다. 아무리 마음이 맑고 깨끗해도 그에게 하나님에 대한 신앙고백이나 교리적 이해가 결여되어 있다면 그는 열외(列外)이다.

### 산상수훈 앞에서 무력해지는 '현란한 신학'과 '엄격한 교리'

'마음이 가난하다', 그건 마음이 절박하고 갈망이 넘치는 이들을 가리키는 말이다. 현세의 풍족함에 취해 자신이 복 받았다고 여기는 이는 여기에 속하지 않는다. 도리어 이들의 눈으로 볼 때 마음이 가난한 이들의 처지는 복에서 비껴나 있는 존재이다. 그러나 예수는 마음속에 깊은 공허함과 그로 인한 열망이 식지 않은 이들이 진정 하나님 나라를 목말라하고 있다고 밝힌다.

당연히 아파하며 슬퍼할 일에 무심하고 무정한 자들이 아무리 하나님을 외치고 신앙을 고백해도 그건 소용이 없다고 한다. 정작 중요한 것은 이웃에 마음을 진심으로 쏟고 그들의 고난에 애통해 하며 그로써 무언가 일을 이루어내는 마음을 품는 일이라고 강조한다. 그런 사람에게 하나님 나라는 열린다는 것이다. 전쟁을 반대하고 평화를 추구하며 그로써 정의를 이룩하는 일에 전력을 다하는 이는, 그가 말로 신앙을 고백하지 않아도 이미 그 존재와 행위 자체로서 하나님의 자녀임을 입증하는 것이며 그로써 복을 받는다고 선언하고 있다.

산상수훈은 그래서 현실에서 우리가 어떤 마음을 품고 쟁투를 벌여야 하는지 명확하게 논하고 있다. 여기서 예수는 종교성을 문제 삼고 있지 않다. 믿음의 유무를 따지지 않는다. 어떤 고백을 하고 있는가를 주목하지 않는다. 교리적 지식이 풍성한가 아닌가를 또한 논란의 대상으로 삼지 않는다.

오로지, 그의 마음속에 정의와 평화, 자비와 사랑, 온정과 맑은 정신, 그리고 새로운 세상에 대한 뜨거운 갈망이 있는가의 여부를 주시한다.

모든 신앙적 위선을 배격하고, 그 존재 내부의 심연에서 솟구쳐 오르고 있는 인생과 역사의 열망을 하나님 나라를 일구어 나가는 가장 기본적인 능력으로 치켜세우고 있는 것이다.

바로 이러한 선언 앞에서 그 현란한 신학과 엄격한 교리는 무력해진다. 성전의 지도자인가 아닌가가 무색해진다. 자신이 정통이다 아니다의 논쟁도 무의미해진다. 그러한 것들은 전부 하나님 나라에 필요한 능력이 아니기 때문이다. 다 지배욕을 위한 논리이자, 위선을 은폐하는 장식에 불과한 것이다.

일상의 삶 속에서 드러나는 하나님 나라, 그로써 증명되는 하나님의 자녀. 그것이 중요한 것이다. 예수는 바로 이를 일깨우고 있다. 온 마음과 온 몸으로, 사랑과 평화, 정의와 자비에 자신을 쏟는 이가 진정 하나님 나라에 속하는 아름다운 사람인 것을 확고하게 지지하고 있다.

## 산상수훈이 선포한 '하나님 나라의 주체들'

그러기에, 이 산상수훈은 오늘날 성전 안에서 자기출세를 위한 신학에 매달리는 자들과 대적한다. 신앙이 깊다고 하면서 인정머리 없는 자들을 하나님의 자녀가 아니라고 선고한다. 종교를 내세워 전쟁을 정당화하는 자들을 통박한다. 그와 함께, 박해와 고난을 무릅쓰고 평화를 위해 일하는 이들을 축복하고 있다. 자비심이 깊어 이웃을 돕고 가난한 자들을 위해 애를 쓰는 이들이 하나님 나라의 적통 승계자라고 분명하게 말한다. 이들이 때로 비록 어려움을 겪는다 해도 그건 사실 예수의 이름을 위해 일하는 것과 다름이 없음을 변증하고 있다.

인권과 평화를 위해 일하는 이들이 교회에서 쫓겨난다. 전쟁을 반대하는 이들이 교회로부터 배척당한다. 노동자와 농민, 빈민을 위해 발언하는 자들이 교회에서 축출 당한다. 그러나 그들은 산상수훈이 선포한 하나님 나라의 주체들이다. 그들은 결국 복을 받는다. 역사에서 궁극적인 승리자가 된다는 것이다.

산상수훈은 그리하여 '혁명의 선언'이다. 성전의 기득권과 정의와 평화를 압살하는 일체의 권력과 사상에 맞서서, 진정한 하나님 나라의 승리를 외치는 "예수의 선언(Manifesto)"이다. 아멘!

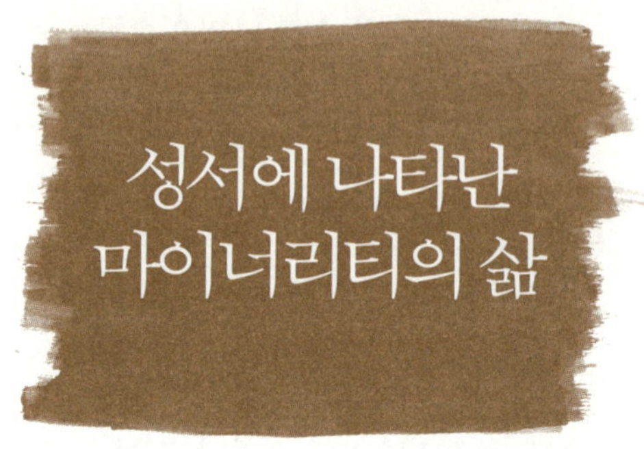

# 성서에 나타난 마이너리티의 삶

성서에 등장하는 주인공들은 거의 모두 당대 사회의 주변인들, 이른바 소수자 또는 마이너리티들이다. 이들의 삶은 실로 마이너리그에 해당하는 부대낌 속에서 밀리고 짓밟히고 소외되는 내용을 가지고 있다. 성서의 메시지는 바로 마이너리그의 등장인물들이 하나님의 역사 안에서 새로운 역사의 주체로 나서게 된다는 것에 있다. 바로 여기에 현실에서 밀려난 이들의 소망과 꿈이 있다. 그런데 이들의 꿈은 당대의 주류, 즉 당대의 메인 스트림에 속하는 것에 있지 않다. 이것이 성서가 우리에게 제시해주는 메시지의 특별한 점이다. 이들은 새로운 방식과 기준에 의한 메인 스트림이 되는 것이다. 따라서 이들은 기존의 주류와는 확연히 구별되는 존재로서 하나님의 역사에서 주체 세력이 된다.

성서는 그러한 의미에서 언제나 현실의 주변에서 맴돌거나 또는 기득권을 쥐고 있는 주류에게 밀려나고 있는 이들의 삶을 주목한다. 그리고 이들의 아우성과 이들의 고난과 이들의 간구에 귀를 기울이시는 하나님을 우리에게 드러낸다. 그리고 이들의 삶에 다가가셔서 이들을 북돋우시고 기운을 불어넣으시며 힘있게 세워주시는 하나님의 마음과, 그로 인해 이루어지는 하나님 나라의 원대한 구상과 계획 그리고 실현 과정을 우리에게 일깨워주고 있는 것이다.

### 구약성서에 나타난 '변방 인생의 당당함'

이 과정에서 성서는 기존의 주류 세력이 얼마나 부패하고 타락했으며, 부정의한가를 고발하고 있다. 이들이 자신의 주류됨을 내세워 얼마나 오만해져 있고, 하나님의 뜻을 멸시하는가를 직시하게 한다. 그래서 결국 하나님이 기존의 주류 세력을 새로운 주체 세력과 교체하시는 충격적인 섭리를 성서는 증언하고 있는 것이다. 하나님께서는 자신의 자리가 높다고 뻐기고, 교만해 있는 자들을 흔드시고 이들이 마이너라고 깔보고 짓뭉개고 있는 이들 가운데서 새로운 역사의 지도력을 길러내셔서, 새로운 하나님 나라의 전망을 우리들의 현실에서 구체화하시는 것이다.

이렇게 보자면, 성서는 기존 주류에 속하려는 것을 탐욕과 죄라고 규정하고 있으며 하나님의 방식과 기준에 맞는 주류로 새롭게 탄생하는 것을 우리로 하여금 목표로 삼을 것을 촉구하고 있는 것이다. 바로 여기에 하나님 나라와 그의 그리고 이를 이루는 하나님의 방식에 대한 굳건한 믿음이 요구되고 그 과정에서 우리의 희생적 헌신이 필수임을 성서는 가르치고 있다고 하겠다.

기존의 주류에 수단 방법을 가리지 않고 속하려는 것을 이른바 '성공주의'라고 할 수 있으며, 이를 부추기는 것이 바로 '기복주의 신앙'의 핵심이라고 하겠다. 여기에는 하나님 나라의 의에 대한 윤리적 판단이 실종되어 있으며, 그로 인해 세속적 성공이 바로 성공이라는 착각이 지배하게 되는 것이다. 성서의 역사는 이러한 기존의 사고를 뒤집고, 새로운 가치 기준을 가진 소수자들이 시대를 이끄는 주력이 되고 이들이 지닌 믿음과 헌신이 다름 아닌 하나님이 원하시는 것임을 뜨겁게 증명하고 있는 것이다.

구약성서는 히브리 노예들의 해방 사건을 중심 주제로 다루고 있다. 물론 이에 앞서 당대의 메소포타미아 문명권이나 이집트 문명권에서 보자면 주변부에 속하는 이들의 대표인 아브라함 · 이삭 · 야곱 등이 모두 마이너리그의 주인공이라는 점에서, 성서는 처음부터 이러한 이들의 문제와 현실에 렌즈를 맞추고 있다. 아브라함은 당대의 바빌론 문명권의 중심에서 벗어나 변방에 속하는 가나안으로 떠난다. 아브라함이 바빌론 문명권의 주류에 속하기를 거부한 것을 보여주는 사례라고 하겠다.

성서의 이러한 관심에 주목할 때 우리는 하나님 나라의 진정한 시작, 예수운동의 출발이 어찌해서 주변부적 인생의 현장을 총체적으로 보여주는 갈릴리에서 이루어진 것인지를 알 수 있게 된다. 새로운 역사는 세상에서 잘났다고 뻐기거나 자신을 기존의 주류 세력으로 여기고 자만하거나 그에 속하기 위해 애를 쓰는 자들 가운데서가 아니라 도리어 그러한 주류의 방식을 거부하고 주변부 소수자의 고통스러운 아우성에 귀를 기울이시는 하나님의 사랑을 근거로 펼쳐진다.

이러한 성서의 기본 관심에 눈을 뜨게 되면, 나사렛 예수의 삶이 고난에 처한 이들의 현실을 바로잡아주고 이들을 멸시하는 주류 세력을 질타하면서 동시에 이들 주류 세력에게는 놀랍게도 소수자들이 하나님 나라운동의 주역이 되는 것을 일깨우고 있음을 확신하게 된다는 것이다. 이렇게 보자면 사랑이란 주변부에 속한 소수자들의 현실을 주목하고 여기에서 파생하는 고통을 끌어안는 힘인 것을 깨닫게 된다.

### 예수 시대의 '마이너 선수들의 혁명'

이삭과 야곱으로 이어지는 계보 역시, 이국땅에서 나그네와 유랑자로 또는 노역을 해야 하는 자로서 주변부적 인생을 살지만 결국 새로운 주류로 등장하는 과정을 우리에게 보여주고 있다. 요셉에 이르면, 완전히 주변부에 속해 있던 마이너리그 인생이 중심부에 육박해 들어와 현실을 주도하는 인물로 등장하게 된다. 이후 구약성서의 등장인물들은 한결같이 처음부터 대단한 존재로 중심부의 주역이었던 것이 아니라, 남들이 우습게 여긴 마이너리티였으나 하나님의 역사 속에서 새로운 주체 세력이 되는 축복을 경험하는 존재로 부각된다. 선지자 다니엘의 경우에도 바빌론 제국의 포로 신세였으나 그의 영적 능력이 바빌론 제국을 압도하는, 그래서 마이너리그에 속해 있던 자가 메이저리그 전체를 장악하는 모습을 보여주기도 한다.

모세의 애굽 대 탈출기는 이집트 제국의 마이너리티인 히브리 노예들의 현실을 혁명적으로 바꾸는 하나님의 역사를 보여주고 있다. 태어날 때부터 마이너리그 출전 이외에는 꿈꿀 수 없는 존재들이 어떻게 해서 자신들의 삶을 보호하고 실현해낼 수 있는 하나님 나라의 메이저리그 출전 선수들로 변화하는지 우리는 출애굽기에서 보게 된다. 노예들의 하나님 나라 운동이란 기존의 주류 세력에게는 우스운 것이고, 멸시의 대상이 된다.

그러나 바로 마이너 중에 마이너인 노예들이 자신의 삶을 하나님 나라의 꿈으로 변혁시키고 자신의 운명에 대한 책임 있는 존재로 새롭게 태어나는 것은 기존의 메이저리그 운영자들에게는 충격적인 일이 아닐 수 없다. 하여, 우리는 하나님의 역사 운영 방식이 마이너리그의 존재들에게 당신의 영을 불어넣어 새로운 질서를 도모하는 것임을 밝히 알게 된다. 새 포도주는 새 부대에 담으시는 것이며, 그 부대는 마이너리그의 혁명적 변화에 의한 것이다.

예수 시대로 오면 이러한 정황은 보다 확연해진다. 나사렛 예수 자신이 예루살렘의 입장에서 보면 마이너리그 선수이고, 그의 도전은 메이저리그에 끼지 못한 자의 반란이라고 여겨질 수 있다. 그러나 예수운동의 본질은 예루살렘이 주축이 된 질서에서 소외된 이들이 예루살렘의 주류적 질서에 편입하는 것을 목표로 하지 않고, 새로운 가치와 목표를 중심으로 집결하여 역사를 주도하는 자로 변하는 것에서 드러난다.

그의 제자들 역시 마이너리그 출전자들이며 예수운동공동체가 함께 했던 이들은 거의 대다수가 마이너리그의 운명에 갇힌 자들이다. 그러나 예수운동은 이들에게 새로운 돌파구를 열어줌으로써 마이너리그 출전자의 숙명에서 해방시키고, 기존의 메이저리그에 출전하는 것을 꿈꾸게 한 것이 아니라 '이들의 메이저리그'를 새롭게 만들어주신 것이다. 메이저리그의 방식은 강한 자가 늘 이기고, 약한 자는 패배하며 탐욕적인 자가 우월해지고 순수한 자들이 절망하는 것이 아니다. 도리어 불의하며 강한 자들이 주저앉고, 순수하며 욕심에서 해방된 자들이 우뚝 서는 방식이 주도권을 쥐게 하는 것이다.

### 주변부 인생이 새로운 역사의 주체로 탄생하는 하나님나라

따라서 예수운동의 본질에서 우리가 주목해야 할 바는, 이 시대의 주변부적 인생들이 탐욕적인 세상을 닮지 않고 하나님 나라의 순결함을 자신의 영적 능력으로 삼고 하나님나라 방식에 충실한 자들로 길러지는 것이다. 이 훈련을 통해서 우리는 하나님 나라를 이 땅에서 감당할 수 있는 진정한 주류 세력을 형성하게 되며, 그로써 기존의 메이저리그가 지배해 왔던 질서를 해체하고 소수자들이 더 이상 억울한 한을 품거나 멸시당하는 일이 없도록 하는 새로운 세상을 만들어낼 수 있게 되는 것이다.

예수께서 상대하셨던 병자들, 가난한 이들, 여인네들, 촌 동네 출신의 제자들 등의 면모는 모두 당대의 현실에서 마이너의 숙명을 안고 태어난 이들이었다. 그런데 예수께서는 이러한 사람들을 끌어 모아 — 그 가운데에는 당대의 율법적 구조 아래에서는 '죄인'이라고까지 윽박지름 당했던 이들을 포함하여 — 누구도 무시하지 못할 영적 권세를 부여함으로써 하나님 나라의 방식이 가지고 있는 은혜를 증언하셨던 것이다. 예수께서 예루살렘의 주도 세력을 맹타하시고, 이들이 쥐고 있는 불의하고 특권적인 질서를 뒤엎으시면서 하나님 나라가 가까이 왔다고 절규하듯 선언하신 것은 주변부적 소수자들의 아우성을 대변하고 있을 뿐만 아니라 마이너리티의 삶 속에서 새롭게 실현되고 있는 하나님 나라의 모습을 일깨우는 육성이다.

바울 역시 복음의 전파자로서 참여한 이들이 본래 출신이 미미하고 약했음을 일깨우면서 어느새 자만에 빠지려는 것을 경고하고 있다. 이러한 바울의 자세는 마이너리그에 속해 있던 이들의 예수운동 참여를 반증하는 것이며, 하나님의 역사가 이들의 삶을 변화시켜 역사의 새로운 동력으로 만들어내시는 것을 증언하는 것이다.

바울이 복음 전도자들의 삶의 품격과 영적 인격의 변화를 특별히 강조하고 있는 것도 이들 마이너 출신의 존재들이 메이저리그 출신의 권세자들을 닮지 않도록 하려는 노력이라고 할 수 있다. 또는 불만의 수렁에 빠져 있던 마이너 시절의 인격적 결함이 그대로 연장되어 예수운동의 주역으로서 결격된 모습이 되지 않도록 하려는 것이다. 그러고 보면, 성서 전반에 걸친 마이너에 대한 관심은 하나님의 기본 관심임을 다시 한 번 확인할 수 있으며 그로써 주변부적 인생이 주변부적 비애를 품고 삶을 끝내는 것이 아니라, 새로운 주류의 주역으로 등장하도록 하시는 것이 하나님 나라 완성의 과정에서 이루어지는 일인 것을 주목하게 된다.

우리의 현실에서 교회는 마이너리그의 주인공들에게 메이저리그에 뛰도록 해주겠다고 약속하는 존재처럼 되어버리고 말았다. 그러한 약속은 언제나 계속되는 탈락자, 낙오자들을 만들어내고 일부 선택된 출세자들을 형성하고 만다.

중요한 관건은 기존의 메이저 방식을 바꾸어 마이너의 설움을 겪는 이들의 삶을 자유케 하는 것이다. 일류 학교에 들어가도록 비는 것이 아니라, 일류 학교를 나오면 사회적 특권의 범주에 속하게 하는 현실을 바꾸도록 하는 것이 교회의 역할이다. 좋은 학교에 들어가기를 바라지 않는 사람은 없다. 그러나 그것이 곧 마이너가 메이저가 되는 방식이 된다면 그것은 현실의 경쟁주의적 가치관을 강화하게 되며 낙오자를 점점 더 깊은 슬픔에 빠뜨리게 한다. 사회적 평가가 떨어지는 학교에 들어가고 나왔어도, 그의 삶 속에 하나님 나라의 생명력이 부어지도록 하는 것이 교회의 본래적 사명이다. 그리고 메이저 출신들이 이 사회의 부정의한 질서를 그대로 유지하고 있는 것을 질타하고 개혁적 변화의 주역이 되도록 이끄는 것 또한 교회의 역할이다.

### 마이너 현실에 눈감은 한국교회, 이제는 눈 떠야

하지만 현실은 교회가 한국사회의 부정한 주류 세력에 끼려고 발버둥을 치다시피 했으며 그 중 일부는 주류 사회의 권세자가 되고 말았다. 앞서 다루었던 김장환 목사의 경우에도 부정의하고 타락한 기존의 메이저 세력의 일부로 자신을 편입시켰고, 그것으로 기독교 가치관을 훼손하고 말았다는 평가를 받고 있다. 이들 일부 교회는 한국사회의 특권층이 되는 것을 축복으로 여기고, 마이너리그의 현실에 눈을 감고 있다. 그래서 한국사회의 개혁이나 변화에 아무런 역할을 하지도 못할 뿐만 아니라, 도리어 가로막고 있는 가장 큰 장애의 하나가 되기조차 한 것이다.

하여, 이제 교회는 성서의 세계로 올바르게 돌아가야 한다. 현세의 마이너에 깊은 사랑과 관심을 가지신 하나님의 눈으로 세상을 보고, 그에 따라 사고하고 행동해야 한다. 그렇지 못하면, 교회는 불의한 기득권을 주도하고 있는 기존의 주류 세력의 하나가 되는 쪽으로 갈 수밖에 없다. 히브리 노예들의 믿음 속에서 견고해진 성서의 신앙공동체, 그 안에서 발견되는 주변부적 인생에 대한 관심 그리고 이들이 단지 동정의 대상이 아니라 이들 자체가 바로 서서 새로운 역사의 주역이 되는 놀라운 하나님의 역사, 그것이 오늘날 한국교회가 깊이 깨닫고 주시해야 할 메시지의 핵심이다. 부디 한국교회는 새로운 마이너 의식을 가지고, 자신의 주변부적 소수자로서의 새로운 사명을 통해서 한국사회의 불합리한 질서를 변화시켜 하나님 나라의 생명력이 한국사회에 충만하도록 해야 하지 않을까.

03

# 명(命) 부르심에 답하다

밀실에 갇힌 예수

생명을 시들게 하는 사회, 그 앞에 선 교회

기독교는 이 시대에 종교로서 계속 필요한가

한국교회 지도자의 신화와 허구

시험에 처한 교회, 목회자의 위기

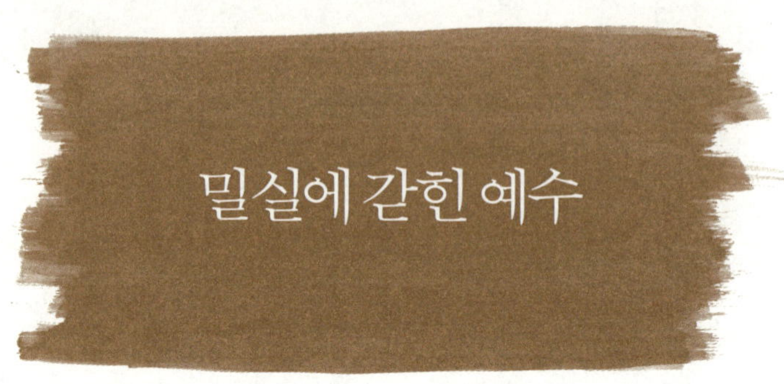

# 밀실에 갇힌 예수

오늘날 한국교회는 예수가 길거리에 다니면서 세상을 둘러보는 것을 반가워할까? 또는 교회에 와서 목사들의 설교 듣기를 원하기는 할까? 예수께서 교회에 들어오시면, 거 누구요, 당장에 나가시오, 하지는 않을까? 왜 그런가 하면, 오늘날 한국교회를 보면서 예수께서는 틀림없이 아니 이런 강도들의 소굴을 봤나? 하실 것이기 때문이다. 내 아버지의 집, 만민이 기도하는 집을 장사하는 곳으로 타락시키고 말았구나, 하시면서 크게 역정을 내시지 않겠는가?

도대체가 우리 신앙인들은 예수님 앞에서 고개를 들 수가 없는 지경이 되었다. 아무리 생각해봐도, 한국교회의 목사들은 많은 경우 예수님을 믿지 않는 것 같다. 아니라면 이럴 수는 없지 않겠는가? 온통 제 교회만 알고, 배부르기에 욕심을 내고 이웃의 가난한 이들은 돌아보지 않고 으리으리한 건물 짓기에 혈안이다. 뿐인가? 이 나라의 정치와 경제가 망가지고 힘없는 이들이 억울한 일을 당해도 나 몰라라한다. 강도만난 이를 구하는 사마리아 사람 이야기는 성경에만 있다.

《까라마조프가의 형제들》의 "대심문관"편이 생각난다. 예수가 교회에 오자 종교지도자들은 질색을 한다. 자기들이 이제까지 설파해온 것들이 모두 거짓으로 들통이 나게 생겼기 때문이다. 그래서 이들은 예수를 교회 밖으로 몰아낸다. 제발 나가달라고. 그 모습은 오늘날 한국교회와 그리 멀지 않다. 이들 교회 지도자들에게는 예수의 이름만 필요하고 예수의 가르침과 그 존재는 도리어 거추장스럽다.

기독교 신앙을 가진 정치 지도자로 이야기가 옮아가면 더더욱 가관이다. 이들은 정치에서 자신들의 신앙적 가치를 구현할 생각이 없어 보인다. 기독교 대통령, 또는 장로 대통령이라는 이명박 씨를 보면 세간에 나도는 말대로 권력을 잡은 것이 아니라 이권을 잡았다는 말이 실감난다. 오죽하면, 그가 잘 다니는 절이 "불법사찰"이고 그 절의 주지승이 "최시중"이며 가장 좋아하는 꽃은 "민영화"라는 조롱이 나돌겠는가?

종교와 정치가 분리되는 것은 종교의 제도적 권력이 정치를 압도할 경우이다. 종교가 정치의 발전을 위해 도전하고 충고하고 비전을 제시하는 것은 너무나 당연하다. 그런데 한국에서 기독교는 정치권력과 결탁해서 자기 배부를 일만 좇아다닌다. 정치 지도자들의 도덕성에 대한 질타는 아예 없다. 권력에 아부하거나, 또는 종교를 업고 권력을 쥘 생각만 한다. 이리하여 한국 기독교는 "개"독교라는 비난을 받고 있는 것이 현실이다.

기독교의 가치관을 정치에 반영해서 이웃사랑과 정의, 그리고 하나님 앞에 평등한 인간사회를 만들고자 한다면 누가 그걸 시비 걸겠는가? 그런데 솔직히 한국교회가 하는 꼬락서니가 영 말이 아니니 이런 말을 듣고도 변호할 여지가 없어 진다. 그런 판국에 한국의 대형교회 목사들은 가짜 예수를 판다. 진짜 예수는 '머리카락 보일라, 꼭꼭 숨어라'다. 그래서 예수는 밀실에 갇히고 만다. 광장의 시대에 밀실에 감금된 예수는 기가 막히실 것이다.

하나님의 이름을 망령되이 일컫지 말라고 그렇게 강조했건만, 예수 이름을 앞세워 온갖 제 욕심을 채우고 히히덕거린다. 천벌이 두렵지 않을까? 이러니 말로는 예수를 믿자면서, 사실은 하나도 믿지 않고 있는 것만 같다는 얘기다. 가짜 예수쟁이 아닐까?

서울 강남 부촌의 교회들은 거의 한결같이 이 나라 복지정책의 확대를 원하지 않는 신자들이 다수다. 투표에서 고스란히 나타난다. 사회적 약자를 위해 만드는 제도와 세금을 거부하고 있는 이들이 정말 기독교 신자일까? 예수께서 어느 날 부자 청년에게 가진 것을 다 팔아 가난한 이들에게 나누어 주고 나를 따르라, 했는데 그에 응하지 못한 바로 이 부자처럼 강남의 대형부자 교회들은 행동하고 있지 않은가?

다들 낙타보다 못한 존재가 되고 있다. 낙타가 바늘귀에 들어가는 것이 이들이 천국에 들어가는 것보다 쉽다고 하니 말이다. 저 잘났다고 온갖 제 자랑을 하고 나섰는데 이 부자 청년, 그 꼴이 말이 아니게 됐고, 결국 돌아가고 말았다. 하나님 나라, 영생 어쩌구 하더니 사실 관심 있는 것은 자기 재물이었다. 이 나라 부자 기독교인들과 기독교 정치인들의 모습이 똑 요렇다고 하면 과장일까?

신자유주의 체제 이래 한국사회의 양극화는 날로 심각해지고 있고, 가난한 이들이 살아갈 길은 더더욱 막막해져 가고 있다. 그런데 이 문제에 대한 교회의 고민은 찾아볼 수가 없다. 먹을 것이 없어서 뿔뿔이 흩어지게 생긴 이들의 문제 앞에서 예수께서는 제자들에게 너희들이 해결하라고 하셨다. 그런데 한국교회는 여전히 이를 외면하고 있다. 예수의 제자들이 아닌 것이다. 어찌하다가 한국교회는 이렇게 시장의 논리를 숭상하게 되었을까? 하나님과 맘몬 사이에서 방황하는 것이 아니라 아주 결단력 있게 맘몬의 제사장들이 되고 있다. 그걸로 거들먹거리고 있으며, 기세를 떨친다. 조용기 목사의 현실을 보면 이런 판단은 별로 틀리지 않는 것 같다. 신도들의 공동재산을 자기 개인재산으로 만들어 놓고, 온 집안이 나눠 먹는 식이다. 이런 걸 보면서 분노하지 않을 사람이 있겠는가? 그런데도 여전히 그는 한국에서 영향력 있는 목사이다.

조용기 목사 일가가 쥐락펴락하는 〈국민일보〉의 파업 사태는 철저하게 바로 이러한 대형교회의 횡포와 탐욕이 빚어낸 사태다. 이러고도 하늘에 얼굴을 들고 떳떳하게 살아갈 수 있을까? 한 점 부끄러움 없이 목사라고 명함 내밀면서 지도자 행세할 수 있는 것인가? 교회라는 이름으로 재력과 권력을 내세우는 이런 이들이 한국교회의 중심에 있기에 이렇게 한국교회는 골병이 들어 가고 있는 것이다.

진짜 예수는 밀실에 갇혀 죄수처럼 지내고 있는데, 이들이 파는 가짜 예수의 오래된 약(구약)과 새로 만든 약(신약)이 교회라는 시장에서 팔리고 있다. 그걸 먹으면 어찌 될까? 바로 그게 아편이다. 세상의 고난을 모르는 척하고 자기만의 세계에 빠져 정신이 몽롱해지는 아편 말이다. 그걸 먹이고 있는 한국교회는 결국 아편 장사 아닌가? 세상에 어떤 이들이 고통으로 신음하고 있는지, 누가 부패한 권력으로 제 사심을 채우고 있는지, 어떤 부정의가 판을 치고 있는지 도무지 관심이 없게 만든다. 아편에 빠진 종교인들은 결국 하나님과 대적한다.

무슨 이야기를 들어도 모두 사탄의 편에 선다. 사회적 약자들이 고통을 이기지 못하고 문제를 제기하면 불법행위라고 여긴다. 어디에도 호소할 데가 없어 몸부림을 치면 과격하다고 난리를 핀다. 부자들의 안전을 위해 기도하는 목사들은 그래서 사회적 약자들을 범죄자처럼 대한다. 예수님께서 사셨던 모습과는 완전히 반대다. 그러니 이들은 예수님을 죄인으로 몰아버릴 판이다.

도대체 우린 어떻게 하면 좋을까? 이런 세상과 교회 앞에서 진정한 신앙은 어떻게 해야 복구될 수 있을까?

결국 가짜를 폭로하는 일이 우선이다. 아니면 진짜를 식별하지 못하고 말 것이기 때문이다. 그래서 예수께서도 삯군 목자를 먼저 구별하도록 이르셨던 것 아닌가? 제 뱃속을 채울 욕심에 찬 가짜 목자들을 가려내지 못하면, 백성들은 속는다. 따라서 우리가 당장에 할 일도 가짜를 고발하는 일이다. 가짜가 판명되어야 진짜가 역사에서 주역을 맡을 수 있다. 아니면, 세상은 또 다시 진짜를 십자가에 못 박고 말 것이다.

예수께서 십자가에 한번 못 박히신 것으로 부족해서 또다시 십자가에 처형당해야 옳겠는가? 그런데 기가 막히는 것은 그 일을 하고 있는 것이 교회라는 사실이다. 언제까지 이 짓을 할 참일까? 예수를 밀실에 가두는 것으로도 만족하지 못해 다시 십자가에 매달아 죽이려는 이들은 진정한 그리스도인들이 아니다. 사탄의 협력자일 뿐이다.

부디 그리스도인들이 눈을 밝게 떴으면 좋겠다. 예수님 당시에도 결국 백성들의 무지와 몽매가 한몫 단단히 했다. 지금도 마찬가지다. 더는 속지 말아야 한다. 밀실에 갇힌 예수님이 광장에 나와 진짜임이 밝혀지려면 가짜부터 정리하자. 기독교로 장사하고 자기 욕심 차리는 이들이 역사의 무대에서 사라지도록 해야 하나님 나라가 이 땅에 이뤄지는 일이 시작된다. 한국교회는 예수님에 대한 믿음을 고백하는 척 하면서 딴 궁리나 하지 말고, 예수 앞에 먼저 바로 서야 한다. 아니면, 강한 비바람이 불어 올 때 그 무너짐이 더욱 심할 것이다. 모래 위에 쌓은 높은 집의 붕괴는 초가와는 비교가 되지 않을 테니 말이다.

# 생명을 시들게 하는 사회, 그 앞에 선 교회

자살이 소수의 개인적 상황으로 끝나지 않고 확산의 추세를 보이는 사회적 현상으로 나타나고 있는 것은 분명 위기이다. 'OECD 국가 중 자살률 1위'인 우리나라는 2011년 기준으로 하루 평균 44명이 스스로 목숨을 끊고 있다.

## 자살, 그리고 빈곤, 삶에 대한 환멸

자살 원인도 여러 가지겠으나, 빈곤이 자살의 이유가 되고 있다는 것은 우리 사회 전체의 보호망이 무너져 가고 있다는 점에서 모두의 책임을 물을 수밖에 없는 사태라고 할 수 있다. 빈곤이 가족을 해체하고, 그 해체의 고통을 이기지 못한 사람들이 자살을 선택하는 현실은 제3세계 가난한 나라의 이야기가 아닌 것이다. 빈곤에 몰린 사람들 모두가 다 자살을 하는 것은 아니지만, 자살의 가능성이 높아진다는 점은 그냥 지나쳐서는 안 된다.

빈곤과 가족 해체, 그리고 자살 등이 복합적으로 얽혀 들어가면 그 사회는 도덕적으로나 정신적으로나 또는 물질적으로 모두 깊은 갈등과 대립의 요인을 성장시킨다. 그리고 그 피해는 고스란히 무력한 상황에 몰린 개인들이 감당하게 되며, 그러한 가운데 대상이 명확하지 않은 적대감까지 자라, 말하자면 '인심이 흉흉해지는' 단계에 도달하게 된다.

이렇게 되어버리면 사회는 자율적 통제력을 잃고 도처에서 불만이 생겨 곧바로 폭력화되고 작은 일도 큰 갈등으로 번져 기준이 상실된 일종의 '아노미(anomie) 현상'이 벌어지게 된다. 상처가 치유될 수 없고, 갈등이 해결되지 못하며 대립이 극단화되어 가는 사태가 생기는 것이다. 이러한 사회는 결국 불안한 사회가 되며, 그렇게 안정감을 잃은 현실에서 그 사회의 구성원은 날이 갈수록 삶에 대한 의지가 약해지고 좌절과 패배감에 쉽게 젖어들 수밖에 없다. 생에 대한 환멸이 깊어지는 것이다.

## 서로를 버리는 사회

이러한 현실로 동반자살의 유형이 늘어나게 된다. 엄마가 어린 자식

둘을 던지고 고층 아파트에서 뛰어내리거나, 가장이 어린아이들까지 모두 합해 식구들을 집단자살에 끌어들여 참극을 빚거나 하는 실로 비극적인 사태가 이어지게 되는 것이다.

이와 같은 자살의 사회적 확산은 우리 사회의 생명력이 소멸되어가고 있음을 보여준다. 그리고 그러한 암울한 기운은 모두의 재기(再起)에 깊은 심리적 상처를 입힌다. 앞서 언급했듯이, 생에 대한 뜨거운 열정과 활력을 잃어가는 사회로 변화하면서 그 사회의 정신력은 극도로 약해지는 것이다.

성인의 경우에는 특히 경제적 위기가 심화되면서 1950-60년대에 우리가 경험하고 목격했던 이른바 '생계자살'(生計自殺)의 성격이 다시 강해지는 추세를 보이고 있다. 이러한 자살사태의 사회적 확산은 한국사회가 공동체의 구성원들에게 미래에 대한 확고한 비전을 주지 못하고 있고, 사람들이 여러 가지 이유로 이런저런 곳에 내버려지고 있어도 공동체적 관심이 일어나지 않기 때문이다. '그냥 방치하는 사회'로 변모하고 있는 과정에서 나타나는 현상이다.

이는 결국 서로가 서로를 버리는 사회, 야만의 일상화가 진행되는 것이다. 보다 정직하게 표현하자면, 이러한 현실을 불가피하게 여기게 되고 마는 것이다.

요사이는 다소 뜸해진 듯한 용어가 되었지만, "생존경쟁에서 결국 살 수 있는 자만 살게 하라"는 신자유주의의 시장논리와 구호는 인간의 생명을 꺾는 원초적 발상에 다름 아니다. 신자유주의 논쟁은 무대에서 사라지는 경향을 보이고 있으나, 그 흔적은 깊다. 이에 따라 공동체적 연대는 무의미하고 강한 자의 생존이 곧 모델이 되는 약육강식을 자연스럽게 정당화하는 사회는, 이 경쟁의 격전장에서 도태되는 사람의 자살을 이미 출발부터 유도하고 있는 셈이라는 것을 모른다.

실로, 현재 우리 사회가 경험하고 있는 자살의 사회적 확산은 단지 자살한 당사자의 의지력 박약 혹은 충동적 행위라는 차원에서만 볼 것이 아니라, 결국 공동체적 결속력이 급속하게 파괴되고 있는 것과 관련이 있다는 것을 깨달아야 한다. 어려운 중에도 자신을 붙들어줄 만한 공동체적 연대의 끈끈함이 존재한다면 차마 이 땅을 자기 마음대로 떠나지는 않을 것이다.

그러나 오늘날 한국사회의 현실은 '따뜻한 인정의 그물'을 잃어버린 사회가 되고 말았다. 아픔을 겪고 있는 사람들에 대하여 우리 사회가 공동체적으로 예민하게 반응하면서 서로 주변을 감싸주고 돌봐주는 심성을 상실한 결과, 자살에 대한 충동의 사회적 강도가 높아지고 있는 형편이다.

## '살려 달라'는 신호에 무감각한 사회?

어느 정도 자살의 동기를 품고 있는 사람들은 주변에 그러한 사인

(sign)을 보내게 마련이다. 그것은 자살 심리가 행동으로 이어지지 않도록 해달라는 신호이다. 인천에서 두 아이와 함께 세상을 뜬 주부도 같은 아파트에 살고 있는 할머니에게 느닷없이 자기도 교회에 가도 되느냐고 물었다고 하니, 한마디로 '살려 달라'는 것이다. 그러나 그것을 알아차리지 못해서 자살이 방치되고 있는 것이다. 누구도 타자에게 진정한 관심을 갖고 있지 않기 때문이다. 생명이 위급한 처지에 몰려 있다는 신호를 내보내도 무감각한 사회로 전락하고 있는 것이다.

힘들고 어려울 때 옆에서 격려해 주고, 따뜻하게 충고도 해주면서 용기를 북돋아 주기보다는 그런 것도 못 이겨내느냐, '의지박약'이다 하다 보면 '아! 이러다가 나는 결국 낙오한 자가 되고 마는 것이 아닌가' 하는 식의 소리들이 더 크게 들려, 버틸 힘이 없는 사람들은 더 이상 이런 현실과 대면하는 것을 두렵게 여기고 자신을 포기할 수밖에 없는 것이 아닐까?

우리 사회의 가장 슬픈 일은 그 공동체 내부의 구성원들이 가진 성취에 대한 희망을 뒷받침해주고 기운을 불어넣어 주는 사회적 분위기가 잘 보이지 않다는 것이다. 이는 사람이 무섭고 사람이 힘들고 사람이 싫어지는 사회가 되는 것이며, 이로써 서로에게 기대할 것이 남아 있지 않게 됨을 뜻한다. 우리는 지금 그런 사회를 향해 줄달음치고 있으며, 그로써 자살이 당연한 결과로 나타나고 있는 것은 아닌지!

그런데 이러한 자살에 이르지 않는다 해도 삶에 대한 희망을 버리지 않으면 안 되는 지경에 몰리는 이들이 적지 않다는 것 역시 문제가 아닐 수 없다. 자살은 그러한 사회의 극단적 현실이며, 좌절의 축적이 경계선을 넘은 결과이다. 한쪽은 대단한 부를 구가하고 있는데, 다른 한쪽에서는 빈곤의 늪에서 허우적거리는 현실이 타파되지 않고 있다면, 그 사회는 이미 누군가를 절망의 계곡으로 밀어내고 있는 사회이다.

## 빈곤시대의 자화상

대통령은 2만 달러 시대를 외치고 있다. 그러나 현실은 생계선상에서 허덕이는 이들을 살려내는 것이 우선이다. 우리 사회가 신자유주의적 체제를 통과하면서 경험하고 있는 빈부격차의 극단적 대비가 존재하고 있는 것이다. 게다가 빚으로 짓눌린 이들의 아우성이 도처에서 들리고 있다. 이들의 비명은 우리가 지금 소위 사회적 양극화의 현실 속에서 비틀거리고 있음을 보여준다. 가난하지만 잘살 수 있다는 '빈곤 속의 희망'이 '출구 없는 절망의 빈곤'으로 바뀌고 있는 것이다.

날이 갈수록 세련되어 가는 도시의 외관은 빈곤의 문제를 완전히 해결한 경제력의 자부심을 보여주는 것만 같다. 좁은 국토에서 골프 인구가 늘어가고 있는 것 역시 압축성장 시대 이후의 풍요를 상징하는 듯하다. 교회도 이러한 풍요의 물결에 휩싸여 갔다. 교회 건축은 고수익 사업의 하나로 등장했고, 교회 내부 장식 또한 최고급을 향해 치달아 갔다. 가난한 이들의 아우성은 교회에서조차 더 이상 들리지 않았으며 이제 남은 것은 넘치는 부를 어떻게 주체할 것인가의 문제처럼 보인다.

지난 1997년 금융위기는 옛이야기처럼 들린다. 그러나 오늘날 한국경제는 절박하다. 국제경쟁력의 문제에서만이 아니라, 사회경제적 극단의 현실 또한 부정하기 어려운 추세에 있다. 최저 빈곤선에서 턱걸이하고 있는 가정만이 아니라 하루하루를 간신히 연명하는 노인층의 증가도 우리 사회의 엄연한 현실이다. 그럼에도 불구하고 빈곤의 현실은 조명되지 못하고 있다. 병은 깊어가나 그 병의 원인을 아무도 모르는 채 병은 진행되어 가고 있는 것이다.

교회는 침묵하고 있으며, 정치는 딴전이다. 금융 위기가 터졌을 때만해도 교회는 갑자기 회개를 내세웠고, 사회에 대한 책임을 방기해 온 자신의 모습에 "별을 스치는 바람에도 괴로워했던" 것처럼 고개를 숙였다. 그러나 빈민들의 수가 이전과는 비교할 수 없을 정도로 늘어났음에도 그에 대한 관심은 없다. 빈곤층 1,000만 명. 전 인구의 5분의 1이 먹을 것을 찾지 못해 하루하루를 고난의 바닥에서 헤매고 있는데도 우리는 지금 자기 만족에 빠져 있는 것은 아닐까? 이는 마치, "내가 내 형제를 지키는 자이니이까?" 하는 가인의 태도와 다를 바 없다.

한 사회의 윤리적 수준을 가늠하는 가장 중요한 기준은 그 사회의 약자들을 사회의 주도 세력이 어떻게 대하는가에 있다. 국가로부터 버림받은 이들이 1,000만 명을 상회하고 있는 현실에서 우리 사회의 윤리적 수준은 여지없이 무너지고 있으며, 이에 대하여 아무런 발언을 하고 있지 못한 교회의 권위 또한 위선적인 것이 되어 가고 있다. 역사의 고난과 현실의 아픔을 외면하는 신앙을 하나님은 과연 어떻게 보실까?

## 파괴되는 사회안전망

빈곤의 문제를 해결하는 데서 가장 우선되는 것은 빈민에 대한 사회안전망의 확충이다. 그러나 우리 사회의 우선권은 군사비가 차지하고 있으며 사회안전망 강화를 위한 예산은 뒷전이다. 사회적 약자들에 대한 국가의 보호기능이 보다 견고하게 되어야 하는데도 불구하고 이에 대한 논쟁 자체가 실종된 형편이다.

이미 지난 IMF체제 아래에서, 고금리의 압박과 정리해고의 파장은 중산층의 기반을 붕괴시켰고 대량 실업을 낳았다. 이러한 와중에 빈민문제가 발생하지 않는다면 그것이야말로 이상한 일이다. 상황이 다소 나아진 듯했으나 빈민문제의 사회적 구조가 근본적으로 달라진 것은 아니다.

정책적으로 따져본다면, 이들 사회경제적 약자들이 자신의 주체적 노력을 가지고 헤쳐 나갈 수 있는 상황을 뒷받침해 줄 정책이 부재한다면, 빈곤 문제의 해결은 요원해진다. 아무리 노력하고 애써도 따라잡을 수 없는 빈부의 격차 존재가 현실이라면 그것은 각 개인의 불운 탓이 아니라 정책의 근본이 이들 빈민들에게 유리하게 되어 있지 않기 때문이다.

사회적 약자들을 배제하면서, 경쟁 체제에서 이긴 자에게만 과실이 돌아가는 것을 당연하게 여기는 정책과 체제는 매우 이기적이고 탐욕적인 사회를 만들어 가는 지름길이다. 경쟁적 사회가 가장 바람직하다고 하면서 이에 낙오하면 그 경쟁체제에서 쫓겨나는 것이 옳다고 여기는 사회에서 낙오자들에 대한 깊은 배려와 정책적 관심은 나올 수 없다.

## 가려진 가난과 교회의 자리

지금 가난은 화려한 네온사인과 거대한 아파트 숲에 가려 숨죽이고 있다. 누구라도 일자리를 잃고 사회로부터 소외되면 일탈행동이 나올 수 있다. 이들의 아픔을 이해하고 포용할 수 있는 사랑이 절실하다. 빈곤은 불편할 뿐이지 부끄러운 것은 아니다.

우리에게는 빈곤에 대한 편견과 '살아 있는 빈곤'을 무시하려는 사회의식이 문제다. 한 끼 밥을 못 먹는 사람들이 있는데 자체 친목 모임에 흥청망청 몇 천만 원씩 쏟는 것을 보면서도 별 느낌이 없다면 이는 우리의 사회의식이 마비된 것은 아닐까? 기독교인은 사랑이 신앙의 의무임을 깨달아야 한다. 겉으로는 예수님 말씀을 전하면서 전혀 다른 삶을 살아간다면 얼마나 이율배반적인가.

그리고 그렇게 가려진 빈곤으로 고통 받고 있는 이들은 자살을 매일 밤 꿈꾼다. 그와 동시에 이 사회에 대한 적대감과 환멸, 그리고 삶에 대한 포기를 연습한다. 비극을 향해 치닫고 있는 사회의 모습이다.

다 늦은 시간에도 장터에 나가 일꾼을 불러 포도원에 고용하고, 이들에게 먼저 온 자와 다를 바 없이 같은 임금을 나누어 주는 주인은 우리가 살고 있는 사회와는 전혀 다른 현실을 보여준다. 기독교인들은 이 말씀을 믿는다면서 그 현실적 적용에는 주저한다. 은폐된, 그러나 이제는 더 이상 은폐할 수 없는 가난의 현실 앞에서 신앙인들은 어디까지 말씀을 붙들고 있을 수 있는 것인가? 생명을 포기하는 사회, 인생의 미래에 대한 꿈을 꿀 수 없는 사회, 서로에게 적대감만 깊어지는 사회가 되는 것을 저지할 수 있는 생명의 능력은 어떻게 가능한 것인가?

교회는 그런 의미에서 자신의 신학을 되돌아 봐야 한다. 물질적 가난과, 삶에 대한 절망의 심화를 노력의 부족과 의지의 박약에서만 그 원인을 찾는 것은 사회적 약자들에게 분노와 슬픔만 깊게 할 뿐이다.

강자들을 하나님의 축복으로 승리한 자처럼 정당화해 주는 신학을 유지하고 있는 한 교회는 가난한 자들과 대립하는 존재가 되고 말 것이다. 이 사회에서 밀려나고 소외되고 있으며 생존의 한계선에서 절망하고 있는 이들의 목소리와 이들의 힘이 되어주지 못하는 교회라면 그것은 상석에 앉기를 좋아하는 제사장과 율법학자들의 집단으로 전락하는 것이다.

시편의 시인은 다음과 같이 고백한다.

주께서는 학대하는 자의 학대와 학대받는 자의 억울함을 살피시고 손수 갚아 주려 하시니 가련한 사람이 주께 의지합니다. 주께서는 일찍부터 고아를 도우시는 분이셨습니다.(시편 10:14)

주님. 주께서는 불쌍한 사람의 소원을 들어주십니다. 그들을 붙들어 주시고, 그들의 소리에 귀를 기울여 주십니다. 고아와 억눌린 사람을 변호하여 주시고 다시는 이 땅에 억압하는 자가 없게 하십니다.(시편 10:17-18)

잠언은 또 무엇이라고 하는가?

가난한 사람의 부르짖음에 귀를 막으면 자기가 부르짖을 때에 아무도 대답하지 않으며(잠언 21:13) 의인은 가난한 사람의 사정을 잘 알지만 악인은 가난한 사람의 사정쯤은 못 본 체한다.(잠언 29:7)

마리아의 찬가가 부르짖는 기도를 들어보자.

주께서는 그 팔로 권능을 행하시고 마음이 교만한 사람들을 흩으셨으니 제왕들을 왕좌에서 끌어내리시고 비천한 사람들을 높이셨습니다. 주린 사람

들을 좋은 것으로 배부르게 하시고, 부한 사람들을 빈손으로 떠나 보내셨습니다.(누가복음 1:51-53)

뿐인가? 예수께서는 이 세상에서 가장 작은 자에게 한 것이 바로 자신에게 한 것과 다를 바가 없다고 하셨다.

### 신학의 자리, 그 출발점

가장 절망한 사람에게 희망을 주지 못하는 신학과 신앙은 우리에게 무력한 것이 된다. 예수께서는 그 절망의 가장 밑바닥에서부터 인간을 일으키신 분이다. 그런데 오늘날 교회는 일어설 수 있는 사람들에게만 열린 곳은 혹 아닌가?

우리의 신학은 그 사회에서 가장 약하고 가난하며 억울해 하는 사람들의 자리에서 출발해야 한다. 이들의 영적 갈구와 물질적 고통, 그리고 삶의 아픔을 껴안지 못하는 신학은 강자들의 비위를 맞추며 부정의 한 사회경제적 구조를 그대로 온존시키는 데 조력하는 논리가 되고 만다.

카를 마르크스가 종교, 즉 기독교를 아편이라고 지탄했던 것은 기독교의 영성 자체에 대한 비판이라기보다는 바로 이렇게 현실의 부정의 한 면모는 가려놓은 채 그로 인한 고통을 종교의 힘으로 무마시키려는 시스템에 대한 질타였다. 이를 주목한다면 오늘날 우리의 교회가 바로 그런 종교적 마취제로 기능하고 있는 것은 아닌지 깊이 돌아봐야 할 일이다.

따라서 이제 교회는 역사와 현실 속에서 새로운 과제를 안고 세상을 향해 나가야 한다. 그것은 단지 비기독교인들을 기독교인으로 만들겠다는 식의 정복주의적 선교발상의 한계를 넘는 것이어야 한다. 이 세상이 실로 하나님이 바라시는 공의로운 공동체가 될 수 있도록 사람들의 영적 방향을 바로잡아 주고 현실에서 그러한 정신적 원리가 실현될 수 있도록 목소리를 내야 하는 것이다.

가령 교회는 세금 제도나 정부의 예산문제, 사회 복지 정책 등에 관한 것까지도 설교에서 깊이 있게 다룰 수 있어야 한다. 그래서 이 땅에 하나님 나라를 이루어 나가는 능력을 내뿜을 수 있어야 한다. 버려지는 사람들을 방치하는 사회에서 교회가 빛과 소금이 된다는 것은 그런 목소리로 살아 움직이는 것까지 포함한다.

언뜻 그렇게 하면 설교가 생경해지고 메마르게 되기 십다고 생각할지 모르지만 사람들이 처한 현실을 알기 쉽게 잘 설명해주고 기독교인으로서 그러한 현실적 과제에 대하여 어떤 윤리적 지침을 가지고 대응하고 행동하며 기도해야 할 것인가를 일깨우는 작업은 이들의 믿음에 놀라운 힘을 부여할 수 있을 것이다. 자신들이 처한 고난과 아픔의 직접적인 현실을 대상으로 하여 이를 신앙의 힘으로 어떻게 풀 것인가를 고뇌하며 기원하는 자리가 뜨거워지지 않을 도리가 없는 것이다.

물론 이는 자칫하면 정치적 논란의 장으로 화하기 쉽다는 위험부담을 안고 있으나, 설교자의 신학이 말씀에 깊숙이 뿌리박고 위정자들의 회개를 예언자의 음성으로 촉구하고 민초들의 아픔을 하나님께 호소하는 예배가 될 때 그것은 모두에게 깊은 공감과 힘이 되는 능력을 발휘할 수 있을 것이다.

그리고 이러한 성서적 사명을 깨달은 사람들의 소모임을 추진하여 이들이 신앙적 열정을 가지고 현실의 부조리와 부정의를 극복해나가는 일을 지원하는 것이다. 그로써 빈곤의 수렁에서 숨가빠 하는 이들에게 기대를 걸고 희망을 가질 수 있는 사람들이 있음을 증명해낼 수 있는 것이다. 이들이 교회를 찾아 자신들의 고통을 풀어놓고 그 고통을 풀기 위해 교회가 하나의 마음이 되어 이들의 짐을 나눠지게 되면 교회는 우리의 역사와 현실에 놀라운 영향력을 발휘하게 될 것이다.

가난과, 그로 인한 좌절의 문제는 신앙의 확신으로 공동체적 차원에서 해결해야 하는 문제이다. 모세가 이끈 광야의 야웨 공동체는 바로 그것을 우리에게 그대로 보여주고 있다. 이 광야의 야웨 공동체는 고아와 과부를 비롯하여 빈민의 현실을 모두의 문제로 껴안고 풀어가지 않았던가.

생존의 한계선상에서 방황하고 있는 우리의 형제와 자매들이 여전히 길거리에서 눈물을 흘리고 있는데 우리는 우리 자신의 기득권을 복 받음으로 보장받으려는 신앙에 안주할 수는 없는 노릇이다. 부가 고스란히 세습되는 반대편에서 빈곤이 대물림되는 악순환 속에 있는 가난한 이들에게 우리는 하나님의 응원군이 될 수 있어야 한다. 하나님의 마음은 가난하고 힘겨워 어디에도 호소할 데가 없는 이들에게 언제나 먼저가 계신다는 것을 우리는 잊지 말아야 할 것이다.

참된 하나님 나라는 그렇게 절망의 벼랑에 서 있는 이들에게 열릴 것이며, 그로써 교회는 이 땅에서 생명을 구하는 현장이 되어갈 수 있을 것이다. 그런 교회가 있는 사회에서 극단의 빈곤과 자살이라는 생명을 위협하는 현실은 힘을 잃어가게 될 것이다. 그런 역사를 만들라는 것, 그것이 우리에게 내리시는 하나님의 명령이 아니겠는가.

# 기독교는 이 시대에 종교로서 계속 필요한가

오늘날 우리사회는 "정신적 권위"를 가지지 못한 지경에 처했다. 원로의 존재만 생각해봐도 예전 같지 않다. 뭔가 혼란스럽고 문제가 충격적으로 터지면 이걸 중심잡고 수습해줄 수 있는 신뢰할 만한 힘이 보이지 않는 것이다. 이런 현실은 우리사회가 위기에 직면할 경우 대단히 위태로워질 수 있음을 예고한다. 종교가 그런 상황을 이겨내는 영향력을 발휘할 수 있으면 좋으련만 도리어 조롱거리가 되고 있는 판국이다.

## 정신적 권위의 실종

왜 이렇게 되었을까? 그 답을 생각해내는 일은 그리 어려운 작업이 아니다. 어떤 종교인가의 문제가 아니라 종교 전반에 걸쳐 우리 사회가 고뇌하고 있는 문제를 끌어안고 성찰하고 그에 따른 실천을 해나가지 않은 결과이다. 일종의 마지막 보루라고 여긴 종교조차 오늘의 현실과 함께 그 정신적 원칙과 기초가 무너져가고 있다고 생각되니 그런 종교에 기대를 걸기 어려운 것은 자명하다. 어떤 종교를 막론하고 이런 비판은 큰 차이를 보이지 않고 적용되고 있다.

물론 그렇지 않은 경우가 없는 것은 아니다. 이 사회의 가난하고 소외된 이들의 편에 서는 일, 권력의 부당한 행위에 대해 저항하는 용기를 발휘하는 일 등은 종교의 역할에 대한 기대와 갈채를 받는다. 그러나 그건 대체로 소수에 속하는 이들의 자기희생적 선택에 따른 성취다. 뿐만 아니라 그런 이들은 자기 종교의 내부에서도 소수파요, 주변부적 존재가 되는 것을 감수하고 있다. 아니 다수가 이들과 함께 하기를 주저하거나 관심을 보이지 않기 때문에 생기는 현상이다.

상황이 이렇게 되면서 종교는 사회 전체적으로 볼 때 그 가치에 대한 절실함이 날로 떨어지고 있다. 이와 같은 분위기 속에서 특히 리차드 도킨스 류의 기독교 비판은 강력한 기세로 지지를 얻는다. 리차드 도킨스의 성서를 읽는 방식이나 해석의 깊이는 실망스러울 정도인데도 기독교의 행태에 대한 그의 비판과 문제제기는 대부분 옳다는 점에서 기독교는 이에 대한 자기방어가 불가능할 정도에 처해 있다. 이건 기독교나 이 사회 모두를 위해 불행한 일이다. 종교가 오랜 세월 축적해온 자산이 버림받기 때문이다.

주목되는 것은 테리 이글턴이 리차드 도킨스 등에 대한 역공을 취하면서 혁명을 위한 종교의 역할에 관심이 다시 높아지곤 있지만 이글턴이 마르크스주의자의 입장에서 그리했다는 점을 보면 종교 자체의 반성적 성찰은 별반 눈에 띄지 않고 있다고 해야 할 판이다. 상황이 이런 식으로 전개되면서 종교는 날이 갈수록 외면당하고, 그런 과정에서 역사적 현실과 맞물리면서 자기성찰적 변화를 할 수 있는 기회를 잃어버리게 되었다. 최근 들어 신학교가 활력을 잃어가고 있는 것도 이런 점과 무관하지 않다.

기독교만이 아니라 불교의 경우에도 사회적 역할에 대한 요구를 나름으로 반영하면서 역사 속에 파고드는 경우는 극히 소수다. 이러다보니 일부 불교계 인사의 정치사회적 의사 표현은 단지 시사문제로 취급될 뿐 그 안에 담겨있는 본질적 문제제기나 성찰의 차원은 경시되기 일쑤다. 종교가 인간사 전반에 걸쳐 발언하는 것은 마땅한데도 종교의 영역을 특수화하거나 경계선을 그어 종교를 단지 내면적 활동에 그치도록 만들려는 시도가 만들어 낸 결과라고 할 수 있다.

## 기득권의 기구가 된 종교

이러한 종교의 상황은 그 종교가 기득권화되어 있고 그걸 지켜내고 확대하는 것에 일차적 관심을 쏟아왔기 때문이다. 그러다보니 현실의 권력과 결탁하고 보수적 입지에서 물러서기 어렵게 되고 마는 것이다. 이러한 종교에서 현실에 대한 냉철한 비판과 성찰, 자기 자신에 대한 엄격함, 대중의 욕망에 대한 단호한 질타, 이 사회의 주변부적 인생에 대한 깊은 끌어안음, 이들을 내치는 현실에 대해 목소리를 높이는 작업 등은 실행하기 어렵고 자기 내부에 윤리적 기반조차 존재하지 않게 되고 마는 것이다.

역사적으로 돌아봐도 이 문제는 자명해진다. 중세 서구 기독교가 본래의 원시적 기독교의 탈 기득권적이고 민중적인 기반과 분리된 채 거대한 권력기구로 변질되면서 우리는 종교의 본질이 어떻게 소멸되고 말았는지 알고 있다. 그런 종교는 이미 종교가 아니라 그 자체로서 하나의 정치권력이자 사회경제적 이익집단의 위치를 유지, 확대하는 것에 우선적 목표를 둘 수밖에 없다. 결국 종교는 기득권을 움켜쥐는 과정에 들어서는 순간부터 종교의 사망선고가 내려지는 것이다.

자본주의 사회에서도 이런 현실은 동일하다. 자본주의 사회내부에 기본적인 계급갈등이 존재하고 이기적 욕망이 그 사회를 움직이는 원리로 정당화되고 있는 상황에서 이에 대한 문제제기와 비판적 성찰을 돕기보다는 이런 사회에서 주도권을 잡는 길에 대해 역점을 두려는 모습은 종교의 역할을 포기한 것에 다름 아니다. 우리의 경우를 봐도 한국교회는 특히 지난 1970년대 이후 자본주의의 성장사와 궤를 같이 하면서 물질적 성공을 그 신앙적 척도로 삼는 자세를 보여 왔다. 사람들의 머릿속을 돈에 대한 환상으로 가득 채우기 시작한 이 시대의 물신(物神)은 그래서 지금 흉험하게 미소 짓고 있다. 그 후유증이 신앙의 걸림돌로 곳곳에 파열음을 일으키고 있는 형국이다. 질풍노도와도 같았던 70-80년대를 통과하면서 우리가 이루려 했던 사회의 모습이 과연 이런 것이었을까? 그 무수한 희생과 헌신, 그리고 예언의 목소리가 도달하려 했던 현실이 권력과 금력의 술에 취해 비틀거리는 사회였는가? 이런 교회가 정신적 권위를 인정받고 존경의 대상이 되는 것은 매우 어려운 일이다.

자기희생과 정의에 대한 헌신적 태도가 보이지 않는 종교란 시간이 갈수록 자기탐욕에 빠지기 쉽고 이 사회의 주변부에서 고통 받는 이들에 대해 관심을 가지지 않게 된다. 그리고 마치 자신이 현실권력과 동격에 있는 것처럼 착각해서 현실에 비판적인 시선이나 목소리를 적대시하게 되는 것이다. 자본주의 주도세력의 입장에서는 이런 종교야말로 동맹세력이자 없어서는 아니 될 이데올로기 창출자다. 그런 까닭에 교회는 자본주의의 모순을 은폐할 뿐만 아니라 자본주의 작동의 한 기구가 되고 만다.

알뛰저(Louis Athusser)가 교회를 “동의를 이끌어내는 자본주의 내부의 이데올로기 기구”라고 한 것도 바로 이러한 교회의 면모 때문이라고 할 수 있다. 이렇게 된 교회는 기득권 세력과 대치해서 저항하거나 자신의 물질적 기반이 훼손된다 해도 하나님 나라의 정의를 토대로 자기발언을 하는 것은 불가능해진다. 중세 가톨릭이든 근대 이후의 개신교든 이런 사회경제적 맥락 속에 있는 자신의 좌표를 직시하지 못할 때 기득권 세력의 하수인으로 전락하는 것은 시간문제다.

인류사에 중요한 영향력을 미치고 의미를 남긴 종교는 모두 기존질서의 부당함과 마주 싸우면서 새로운 길, 새로운 미래를 제시했다는 특징을 가지고 있다. 그건 자신이 누릴 수 있는 기득권의 포기와 그 과정에서 겪게 되는 고통이나 핍박을 마다하지 않겠다는 의미가 된다. 그러면서 그 종교는 자신의 신념체계를 논리화하고 추종세력을 결집시켜가는 결과를 얻게 된다. 즉, 종교는 어떤 관념체계만을 구성해서 이를 포교하는 것이 아니라 이런 과정이 축적되면서 그 종교의 진실과 실상이 만들어지는 것이다.

이는 종교의 신념체계와 종교의 역사적 실체가 서로 분리되지 않으며 그것이 그 자체로서 종교의 본질을 구성한다는 것을 뜻한다. 종교의 발언과 행동, 지난 세월동안 그 종교가 역사 속에서 살아온 모습 이 모두가 서로 유리되지 않고 하나로 통일되어 있기 때문이다. 그렇게 보자면 우리 사회의 종교는 겉으로 표방하는 신앙과 그것이 역사적 현실 안에서 실재로 사는 내용은 엄청난 차이를 보인다. 이것이 다름 아닌 종교의 위선과 기만적 측면이 되는 것이다. 그 위에 쌓아올려지는 것은 아무리 화려해보여도 거짓이며 탐욕이다.

## 이 시대에 종교는 더 이상 필요치 않다?

경제가 사람들의 삶을 지탱해주고 정치가 그 공동체의 문제를 해결해주며 정신의학은 심리적 불안을 씻어주고 있는데 그렇다면 종교는 이제 뭘 더 할 수 있을까? 사람들은 일상적인 언어로 충분히 이 사회가 직면한 문제를 놓고 논의하고 종교가 아니더라도 다양한 방식으로 자신들의 문제를 풀어가고 있는 상황이라면 이젠 종교의 자리란 소멸되고 마는 걸까? 이미 미국과 서구사회에서 종교를 가진 젊은 세대를 보기 어려운 것은 우리의 미래상을 앞당겨 보는 것일까?

종교인들에 대한 존경과 그걸 밑받침해서 한 사회의 현안을 슬기롭게 해결해 가기를 바라는 마음은 이런 형편에서 보자면 어리석거나 순진한 발상이 된다. 교회가 또는 그리스도인이 그런 해결의 최전선에 서 있다기보다는 도리어 문제적 인간, 문제적 집단이 되는 경우가 훨씬 많아져가고 있다는 점에서 어쩌면 기독교의 존재 자체가 의문의 대상이 되어가고 있는 중인지 모른다.

다시 말해서, 차라리 이럴 바에야 종교의 탈을 벗고 본래 인간이 원하는 대로 살아가도록 하는 편이 이 사회의 기만과 위선을 없앨 수 있는 현실적 대안이 되지 않을까? 또는 굳이 종교라고 표방하지 않아도 종교적 메시지를 가진 발언이나 행동을 하는 편이 낫지 않을까? 그렇게 하면 종교 전체가 우리 사회로부터 비난받을 까닭도 없고 종교성을 드러내지 않으면서도 본래 부여받은 역할을 제대로 해나가지 않겠는가 하는 것이다.

그러나 그럼에도 불구하고 종교는 인간의 내면 저 깊고 깊은 곳에 도사리고 있는 질문이거나 아무도 모르는 가운데 내적 투쟁을 거치고 있는 인간의 정신에 관계한 질문과 성찰을 하고 있다는 점에서 그 의미를 완전히 부인하기 어렵다. 아니 단지 그런 각도에서만이 아니라 각 종교가 당대 최고의 지적 성찰을 담고 있다는 차원에서도 종교의 무용성을 주장할 수 없게 된다. 이런 축적된 자산을 스스로 버리고 인간으로서 올바르게 살아가는 길을 발견하는 것은 아무런 지도 없이 광야에서 홀로 헤매는 것과 다를 바가 없는 것이다.

리차드 도킨스가 기독교에 대해 그리도 신랄하게 비판한 까닭도 다 이런 현실 때문이지 않겠는가? 이는 종교가 필요 없는 시대를 예고한 셈이나 마찬가지다. 하지만 그렇게 되는 순간, 우리는 기존질서가 인간에게 가하는 무수한 압박과 문제를 정면으로 마주해서 성찰하고 인간이 인간답게 살아갈 수 있는 길을 제대로 가지 못하게 된다. 종교가 사라진 인류사회는 행복한 것이 아니라 정신의 중심에서 작동해야할 힘이 해체되어 기존질서가 가르치고 세뇌하는 욕망과 순응의 목소리에 노예가 되고 마는 것이다.

종교란 사실상 인간 그 개인이나 그 어떤 사회도 자기정신의 주체성 속에서 자신의 삶에 대해 주인의 역할을 하고 주체적 모색을 하도록 해 주는 거대한 가르침이다. 그렇기 때문에 이것이 빠지면 출발선과 달리기의 자세 자체의 문제로 인간은 아무리 빨리 뛰어도 진정 목표로 하는 것에 대한 성취가 힘들어 진다. 그런 사회가 어떤 정신적 깊이를 가지고 미래를 일구어 나갈 수 있을 것인지는 자명하지 않겠는가?

테리 이글턴이 그의 책 《신을 옹호하다》에서 결론적으로 말한 것은 바로 이 종교의 진정한 역할을 복구하는데 밀접한 의미를 갖는다. 그는 "이때까지 자신이 누리던 바를 스스로 버리고 근본적이고 급진적으로 자기형성을 결단하면 인류에게 새로운 미래가 열린다."고 했다. 이런 생각이 어디 단지 그만이겠는가?

종교가 도리어 사회로부터 자신의 구원에 대해 일깨움을 얻고 있는 형국이다. 그래서 종교는 입보다 귀를 더 많이 열어야 한다. 그 귀가 열려야 비로소 제대로 입을 열 수 있을 것이다. "귀 있는 자는 들어라" 하신 예수의 말씀이 절절해지는 시절이다.

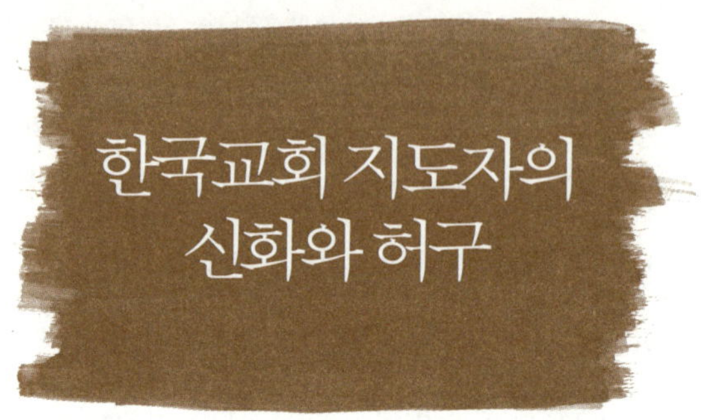

# 한국교회 지도자의 신화와 허구

과연 이 시대가 요구하는 목회자상은 무엇일까? 한 때 〈조선일보〉와 〈동아일보〉 등은 각각 '종교계의 영파워', '프로들이 선정한 우리 분야 최고'란 제목을 단 기사에서 오늘날 한국사회에서 이른바 '잘나가는' 기독교 지도자들의 명단과 그 이력을 소개하고 이들이 한국교회의 좌표인 양 언급했다. 그러나 대체로 그 기준은 대형교회를 중심으로 한국사회의 보수화에 일조해 온 인물들이라는 점에서 회의적이다. 시대적 사명에 대한 일깨움보다는 보수적 기득권을 보존하는 신학과 논리로 일관해 온 인물들이 지도적 위치에 있는 모델로 인식된다면, 한국교회, 그리고 한국사회의 장래는 더욱 암담해질 수밖에 없다.

도대체 어떤 설교를, 무슨 방향을 가지고 해왔는지, 그리고 그러한

'말씀'들이 이 사회에 어떤 영향을 미치고 있는지 헤아려봄도 없이, 한국사회의 기득권이 만들고 있는 이른바 '명성'에만 의존하는 방식은 새롭게 돌아볼 필요가 있다. 그러지 않는다면, 우리는 새로운 시대를 이루기 위한 좌표 설정에 계속해서 혼란을 겪을 수밖에 없다.

### 과연 이 시대가 요구하는 목회자상은 무엇일까

한국교회의 현실이 안팎으로 비판과 성찰의 목소리에 부대끼고 있는 때에 이 문제는 실로 중대하다. 한반도의 상황이 이처럼 엄중한 시기에, 교회가 시대적 통찰력을 가지고 바른 인식과 바른 비전을 제시하는 것은 본질적인 책무이다. 그러나 이 책무는 외면한 채, 보수적 기득권을 지켜내기 위한 주도권 쟁투만이 무대 전면에 드러나고 있는 현실이다. 양식 있는 이들은 교회를 떠나고, 개혁을 외치는 소장 목회자들은 좌절하고 있다. 그러면서 교회는 이 사회에서 가장 이기적인 집단으로 변모하고 있지만 이를 자각하지 못하고 있다. 위기이다.

아무리 그 사회가 험난한 형편에 놓여 있다 해도, 정신적 좌표가 분명하고 이를 근거로 한 사회적 의지가 뜨겁다면 그 사회는 희망이 있다. 그러나 사회적 명성과 교회의 크기, 교회 정치 내에서의 영향력 등 '육신의 잣대'가 중심이 되고 있는 현실은 선한 의지에 상처를 주고, 새로운 뜻을 품은 젊은이들에게 기성세대에 대한 불신과 환멸을 줄 뿐이다. 이런 식으로는 한국교회의 장래는 자신감을 갖기 어려울 뿐더러 예수운동의 근본으로 돌아가, 생명력 충만한 현실을 만들어낼 수도 없다.

복음서를 읽다보면 예수님의 시대를 장악하고 있던 이스라엘의 교회들은 그 시대를 구하는 데 실패하는 모습이 곳곳에서 여실히 드러난다. 교회가 구원의 장애가 되어버린 것이다. 엄청난 역설이 아닐 수 없다. 그리하여, 오죽했으면 예수께서 예루살렘의 본산(本山)인 성전을 화들짝 뒤집어놓으시고는 '강도의 소굴'이라고 했을까? 종교지도자들은 강도떼가 되어버렸다. 이 강도의 소굴을 지배하고 있던 이른바 지도자들을 향해 그분은 '회 칠한 무덤' '교만한 위선자'라며 독설을 퍼부었다. 속은 온통 썩어 있으면서 그걸 가리느라 창백한 화장을 한 자들이란 의미였다.

이것은 예수에게 십자가를 강요하는 빌미로 작용했지만, 예수께서는 결코 그 뜻을 꺾지 않으셨다. 만인에게 열린 집을 소수가 독점하는, 그래서 자신들의 배를 채우는 삯군 목자들의 소굴로 만들어 버렸다는 것이다. 무서운 일갈이 아닐 수 없었다. 소위 지도자들의 위선이 만천하에 드러나는 판국이 되었다.

그런데 바로 이런 예수를 반길 한국교회는 없다. 예수를 믿으라고 하는 교회가 정작 예수를 거부하고 배척하는 것이다. 예수를 내세우고 있지만, 실제로는 예수를 몰아내고 있으며 그로써 자신들의 기득권을 옹호하는 '자신들이 만든 예수'를 자기들의 호위병으로 삼는 것과 다를 바가 없는 것이다.

**"하나님의 이름을 앞세워 탐욕을 채우고 있던 교회의 현실"**

힘없는 백성들과의 관계에서는 그리도 다정하고 따뜻한 모습을 지닌 그분이 이들 예루살렘의 세력들과 대결하는 과정에서 보여주신 면모는 실로 '불과 칼' 그 자체였다. 그러기에 주님은 "내가 평화를 주러 온 줄로 생각하지 말아라. 나는 칼을 주러 왔다."고 말씀하신 것일까? 예수 그리스도의 출현으로 양심이 이리저리 헤집어지는 자들은 그야말로 그분을 속히 제거하지 않으면 위기가 닥칠 것이라 두려웠을 것이다. 그분이 짧은 전 생애에 걸쳐 도전했던 문제 중 하나는 "하나님의 이름을 앞세워 탐욕을 채우고 있던 교회의 현실"이었다. 그리고 그 교회의 현실은 21세기 한국 땅에서도 벌어지고 있는 상황이다. 예수께서 무너뜨린 것을 교회가 주워 담아 '건축'하고 있는 꼴이다.

예수 그리스도는 교회들이 깊은 회개 가운데서 눈뜨기를 갈망하셨다. 그러나 그분은 번번이 실망하고 만다. 그 실망은 매우 깊었다. 돌같이 굳어진 마음과 탐욕에 물든 영혼으로는 더 이상 교회 개혁은 기대할 수 없는 것이었다. 예수께선 "피리를 불어도 춤을 추지 않고, 곡을 해도 울지 않는" 세대가 "암탉이 제 새끼를 날개 아래 품듯이 몇 번이나 이들을 품으려 했지만 이들은 원치 않았다."고 하시며 탄식하셨다. 그리고는 "너희의 집은 버림을 받아 황폐하게 되리라."고 예언하셨다.

이렇게 하나님 나라의 선포 앞에서 목이 곧은 자들을 향해 예수님은 급기야 "너희는 너희 아비인 악마에게서 나왔고, 또 그 아비의 욕망대로 하려고 한다."며 무섭게 질타하셨다. 이 폭풍 같은 말씀은 사실상 교회가 진정으로 살아나기 위해 귀 기울여 들었어야 할 하나님의 음성이었다. 그런데 이 말씀 앞에서 "오호라, 나는 곤고한 자로다!" 하며 옷을 찢고 가슴을 친 교회는 없었다. 자신의 내면에서 끊임없이 약동하는 위선과 이중성으로 스스로를 곤고한 자로 고뇌했던 사도 바울의 마음을 품지 않은 교회들은, 그리하여 여전히 강도의 소굴로 남게 되었다. 양을 지켜내는 것이 아니라, 양 가죽을 벗기는 자들이 교회의 머리 노릇을 하고 있으니 예수께서 분노하지 않을 수 없으셨던 것이다.

그러니 이들은 영적 폐허의 현장으로 변해버린 엘리의 실로처럼 "그 제사장의 종이 살이 세 개 달린 갈고리를 들고 와서 냄비나 솥이나 큰 솥이나 가마솥에 갈고리를 찔러 넣어서, 그 갈고리에 걸려 나오는 것은 무엇이든지 제사장의 몫으로 가져가는"(사무엘상 2:13-14) 타락의 늪에 빠지고 말았다. 이러한 현실을 상대로 했던 예수 그리스도의 삶은 그리하여 '십자가의 형극'이 아닐 수 없었다. 오욕스러운 기득권을 고뇌의 대상으로 삼지 않은 교회는 탐욕으로 몸을 불렸고, 그 영혼은 전혀 곤고하지 않았다. 허망한 교리와 종교적 협박으로 속이고 약탈한 권세를 누리기에 바쁜 몰염치한 이들의 성채가 되었던 것이다. 이 성채의 주인들이 교회의 지도자로 떠받들어진다면, 교회는 이들의 탐욕을 채우고 사회적 명성을 지켜내고 진정한 믿음을 가진 이들을 끊임없이 시험에 빠뜨릴 뿐이다.

교회 지도층을 둘러싸고 최근 일어나고 있는 여러 불미스러운 문제들은 어제 오늘의 이야기가 아니지만 교회의 모습을 보면 참으로 몸 둘 바를 모르겠다. 교회의 현실을 떠받치고 있는 성장주의적 목회와 지도자들의 윤리적 부패, 변칙적인 세습, 신학적 피상성과 인기위주의 강단을 직시하면 얼마나 무서운 신성모독(神聖冒瀆)의 죄스러운 강이 흐르고 있는지 경악할 일이다. 교회의 재물을 둘러싸고 일어나는 분쟁과 소문은 끊이지 않고, 교회 지도자들의 도를 넘어선 교권주의는 사회정의와 윤리를 내팽개치고 기득권에 기대어 교회를 자신들의 왕국으로 만들어 버렸다. 또한 게으르고 구태의연한 성서해석으로 신앙의 성숙을 갈망하는 믿음을 얼마나 권태스럽게 만들고 있는가? 이런 상태에서 교회는 생명의 활력을 줄 수 없다. 종교적 교리와 교회주의적 의무 요구로 무장한 집단이 되어갈 뿐이다.

질타는 할 줄 알지만 위로하는 능력이 없고, 강단은 화려한 미사여구로 가득하지만 정작 자신의 죄는 극복하지 못하고 있다. 또한 믿음은 깊으나 기득권은 버리지 못하는 모순에서 헤어 나오지 못하고 있다. 순결하나 무지하고, 너그러우나 필요한 때의 용기는 없으며, 점은 치려하지만 시대를 위한 예언은 없는 현실에 직면해 있다. 사랑이 풍요한 듯하지만 희생과 오해, 그리고 모욕이 불가피하면 뒷걸음질치고, 대세는 읽으나 좁은 길은 가지 못하는 '능력은 없고 말 많은' 집단으로 전락할 위기에 처해 있는 것이다.

그러다 보니 십자가는 견본일 뿐이요, 어떻게든 십자가 지는 일은 마다한다. 십자가로 상징되는, 세상 대세와 세상 권력과의 대결은 이미 포기해 버린 지 오래다. 이런 와중에 갈채와 환호는 즐기지만 예언자의 고독한 위엄은 한사코 선택하지 않는다. 예언서는 펴 들어 읽지도 않는다. 그러기에 우리 개신교는 입을 열면 모두가 신경을 곤두세우고 귀 기울이는 지도자를 가지지 못했다. 백년이 넘은 개신교 역사가 도달한 지점이 이렇다면 이 얼마나 절통한 일인가?

교회는 바로 예수 그리스도의 육신을 몸으로 삼는 현장임에도 교회가 그리스도의 몸으로 이루어지지 못하고 육신의 탐욕과 헛된 망상들이 그 몸을 대신하고 있다. 그러는 동안에 교회는 쓸모없는 싸움과 힘겨루기, 그리고 상석에 앉기와 특권 누리기를 일삼는 현장으로 변모하는 죄를 서슴없이 범하고 있다. 새싹과도 같은 미래의 영적 지도자들이 이로써 얼마나 깊은 좌절과 환멸, 그리고 너무 이른 순응을 배우고 말았는가? 이는 한국교회의 장래와 민족의 앞날에 또 얼마나 큰 병환을 키우는 일이 될까? 교회가 질병의 치유처가 아니라, 질병 자체가 되고 있다면 이는 실로 비극이다.

지금 우리는 다리가 되어 달라면 다리가 되어 주고, 심장이 되어 달라면 심장이 되어 주고, 눈이 되어 달라면 눈이 되어 주며, 입과 귀가 되어 달라면 그 입과 귀가 되어 주는 몸 된 신학과 신앙을 갖고 있는지

되돌아봐야 한다. 기득권을 누리는 교회의 현실로서는 하나님나라의 일꾼이 되는 일이 실패할 수밖에 없음을 고백해야 한다. 예수님의 제자가 됨은 기득권을 한없이 버리는 일이며, 그 버림은 또한 결코 내세우지 않는 작업을 포함하는 것이 아닌가. 그런데도 오늘날 한국교회의 지도층들은 자신의 이름을 앞세우기에 바쁘고, 그로써 개인적 명망 쌓기를 위한 즐거움에 빠져 있다.

## 누추한 병석(病席)을 들고 일어나야

에스겔서에서 하나님은 당대의 목자들이 양을 털어먹는 것에 분노하셨고, 그래서 새로운 목자를 보내시겠다고 선언하신다. 이것은 다만 에스겔 시대의 말씀으로 그치지 않는다. 오늘날 한국교회가 바로 이러한 모습으로 신도들에게 군림하려는 유혹에 빠져 있는 것은 아닌지 반성하게 되는 말씀이다. 그리고 그 목자가 할 일은 "헤매는 것은 찾아오고 아파하는 것은 감싸고, 부러진 자들은 싸매는" 그런 사랑의 능력을 뿜어내는 것이라고 하셨다. 그리고 이 일을 위해서 자신의 목숨을 버릴 용기가 충만한 모델이다. 그런데 오늘날 한국교회는 양들의 희생은 요구되지만, 목자들의 희생은 거부되고 있다.

예수께서는, 자신은 '삯군 목자'와는 달리 양들을 위해 목숨을 버린다고 말씀하셨다. 오늘날 교회가 이런 목자상을 가지고 있는지 돌아볼 일이다. 말씀에 따라 인간의 아픔을 치유하고 구겨진 영혼을 되살리는 일에 목숨을 거는 사랑의 능력이 충만하게 느껴질 때, 교회는 진정 사람들이 가장 필요로 하는 것을 공급해 줄 수 있을 것이다. 그렇지 못할 때 교회는 단지 성서적 지식과 교회적 습관, 그리고 현실에 대한 심리적 도피처의 구실 이상을 하기가 어려울 것이다.

지금 이런저런 아픔으로 병들어가고 있는 교회가 가야 할 길은, 수십 년 동안 깔고 누웠던 누추한 병석(病席)을 들고 일어나 힘차게 앞으로 나가는 일이다. 그렇지 못할 때 교권은 신도 위에 군림하게 되고 그 정신세계를 세뇌함으로써 지배하는 덫에 빠지게 된다.

그런데 이러한 개신교의 현실에 대하여 깊이 아파하고, 공론화해 나가는 작업 자체를 '은혜롭지 못하다'며 제동을 거는 요소가 개신교 내부에 존재하고 있다. 이렇게 제동을 거는 이들은 결국 교회의 죄를 계속 은폐해 나가는 일에 협조하고 있는 것이며, 그것은 결국 "하나님의 이름을 망령되게 하는" 일임을 의식하지 못하고 있다. 약한 자의 허물은 덮어 주고, 강하고 악한 자의 죄는 폭로되는 것이 하나님의 '의'일진대, 교회는 거꾸로 강한 자의 죄는 덮어 주고, 약한 자들의 죄는 꼬치꼬치 캐내어서 자책과 죄의식을 불어넣는 일을 다반사로 저지르고 있다. 이러니 교인들의 기력은 쇠해지고 주눅이 들어간다. 권위주의의 노예가 되어, 교회에서마저도 지위 놀음이다.

이것은 나사렛 예수께서 하신 사역과 정반대의 일이다. 예수님 시대

당대의 교회와 그 지도자들의 모습을 회 칠한 무덤이라 하시면서 그 속을 뒤집어 보이신 것이 주께서 십자가의 길을 가지 않으면 안 되는 원인 중의 하나였다. 몇 십억, 몇 백억 원짜리 성전건축을 나서서 하는 교회를 향해서 오늘도 예수께서는 "돌 하나에 돌도 남지 않을 것"이라고 일갈하지 않으실까 적이 걱정된다. 제자들이 성전의 외면적인 화려함에 취하고 있을 때 그분은 무너지고야 말 성전 체제의 운명에 대하여 일깨워 주셨다. 그것이 무너져야, 살아날 것이 산다는 말씀이었으리라. 살아날 것이 살아나려면, 죽어야 할 것이 죽어야 한다. 그 죽어야 할 것에 한국교회의 지도자들이 끼어 있다는 생각을 평신도들이 하고 있다면, 이는 누군가의 모함일까?

### 은폐의 윤리

물론 그렇지 않은 수많은 양심적이고 희생적인 목회자들과 교회가 있다. 그러나 그런 현실이 이름 있는 교회 지도자들의 죄를 정당화해 주는 것도 아니며, 회개의 기회를 박탈해 버릴 '은폐의 윤리'를 적용할 이유가 되지 않는다. 또한 그런 정직하고 의로운 교회들이 이런 죄를 폭로하고 함께 통회하지 않는다면 그것은 교회의 죄를 더욱 깊게 하는데 이른바 '미필적 고의의 죄'를 범하는 것이다. 그런 의미에서 '보라, 그렇지 않은 교회도 있다'는 말은 그 전제가 분명해야 한다. 교회의 죄

앞에 침묵하고 있는 교회는 죽어가는 영혼의 문제에 대하여 관심이 없는 교회이며, 그로써 선교의 과제를 포기하고 있는 교회일 뿐이다.

'은혜롭다'는 것은 무엇인가? 하나님의 의와 선하심이 이루어지고 있어서 우리에게 감사가 넘친다는 증언과 고백이 아닌가? 그런 것에는 별 관심이 없고, 단지 개인적인 성취에만 주력하면서 묵상이나 영적 감동을 신앙의 주제로 삼아 이기적인 모습으로 치장하고 있다. '은혜'라는 말이 사회적 변화에 영향력을 깊이 미치는 기독교 신앙의 능력에 적용된다면 뭐가 잘못 되기라도 한 것일까? "사마리아와 땅 끝까지 하나님의 뜻을 증언하라" 하신 예수 선교의 목표는 기본적으로 "하늘의 뜻이 땅에 이루어지이다"의 기원에 그 뿌리를 내리고 있다. 이 시대, 이 땅에 이루어져야 할 하늘의 소명을 감당하려 하지 않고, 교회 안에서만 안주하려는 것은 이기적 신앙의 표본이다.

하나님께서는 우리를 달아보시는 저울추를 가지고 계신다. 그러나 우리는 세상의 추에 자신을 얹어 그 무게를 재보고 만족해하거나 불만족해 한다. 정작 중요한 저울추의 존재는 잊고 있는 것이다. 깃털보다 가벼운 마음도 달아보시고, 바다보다 깊은 마음도 달아보신다. 그렇다면, 오늘날 내로라하는 한국교회 지도자들이 하나님의 저울추에 올라서면 어떤 일들이 벌어질까? 의로움의 무게는 어느 정도 나갈까? 사랑의 무게는? 정직과 성결함의 무게는? 그 추의 무서움을 인식하지 못하는 한 한국교회는 자기가 세운 척도로 자기를 잴 것이다.

이렇게 되어버린 까닭은 어디에 있을까? 그것은 한마디로 기독교 신앙이 의롭지 못한 현실과 대결하는 자세를 버린 탓이다. 십자가는 의롭지 못한 세상과의 대결을 극적으로 보여준다. 예수께서 세상과 적당히 타협하셨다면 십자가는 그분의 운명이 아니었을 것이다.

그러나 나사렛 예수께서는 가는 곳마다 말썽을 일으키셨다. 안식일의 규례를 어기는가 하면, 내로라하는 종교 지도자들을 민중들의 면전에서 그 권위를 납작하게 만들었고, 성전에 들어와 종교의식에 필요한 물품을 팔고 있을 뿐인데 소란을 피웠다. 건축자들이 버린 돌이 하나님 나라의 주춧돌이 될 것이라면서 기존 질서를 뒤집는 듯한 위험천만한 발언을 하기 일쑤였고, 몰고 다니는 무리들은 무식하고 가난하고 병든 예루살렘 지배자들이 보기에 이른바 불가촉 천민급에 속한 이들이었으니 당시 사회의 지배자들로서 이런 자를 누가 그냥 내버려둘 수 있었을까?

교회는 일체의 권위주의적 자세와 장치를 털어내야 한다. 나사렛 예수께서는 자신의 발로 삶의 현장에 들어가셨고, 사람들과 하나로 섞이셨다. 그것이 하나님의 생명의 법칙이다. 이 법칙이 온몸이 되는 교회, 온 존재가 되는 지도층, 그것이 한국교회의 장래에 순교적 헌신을 하는 이들의 모습이어야 한다. 이걸 가볍게 여기면, 한국교회의 수명은 나날이 짧아져 갈 것이다. 영원한 생명을 추구하는 신앙이 단명해서야 되겠는가? 진정, 한국교회의 내일을 위해 우리 모두 헛 껍데기를 벗고 진실의 옷을 입을 일이다. 그로써 참으로 채워야 할 바를 채우는, 성령의 역사, 그 바람에 한껏 취한 교회가 될 일이다.

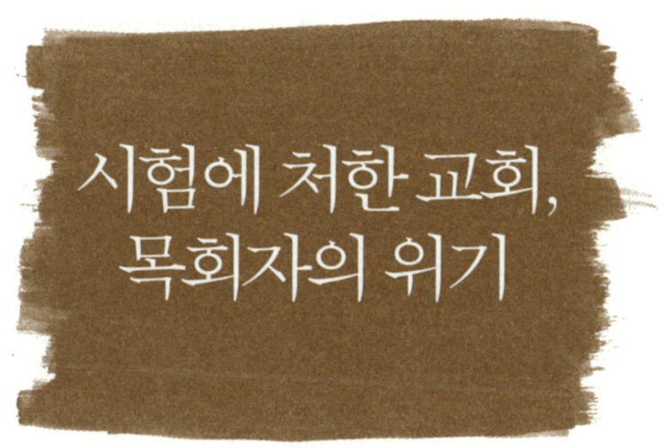

# 시험에 처한 교회, 목회자의 위기

오늘날 교회의 위기는 결국 목회자의 위기를 직접 반영한다. 한 국가의 위기가 그 지도력에 문제가 발생했음을 의미하듯이, 신앙공동체의 동요와 방향감각의 상실은 그 신앙공동체를 최일선에서 책임지고 있는 목회자의 삶에 이상이 생긴 것을 말해준다. 한국교회의 현실을 말할 때 그 양적 부흥기를 지나 오늘날 물량주의와 출세주의가 지적되고 있는 것은 다름 아닌 목회자의 삶이 '시험에 처해 있음'을 드러내는 것이다.

왜 이러한 문제제기가 이루어지고 있는 것일까? 분명 과거에 비해 목회자들의 지식수준이나 문화적 역량, 그리고 경제적 기반은 상대적으로 나아졌는데 소명감이라든가 신앙적 결단 혹은 지조가 의문시되고, 삶 자체의 타락과 위선이 비신앙인들에게 거듭거듭 지적되는 이유는 어디에 있는 것일까? 한국사회의 풍요와 민주화의 진행, 세계화 등의 과정에서 목회자는 어디쯤 서 있기에 이런 질타와 자괴감, 그리고 자기 정체성의 위기에 몰리고 있는 것일까?

아니, 어떤 경우에는 기업적 사고와 결탁하여 교회를 자본주의적으로 '경영'하는 풍토마저 확대 재생산되고 있는 것을 목회자는 어떻게 받아들여야 하는가? 그것을 새로운 성장모델로 따라잡기에 급급한 경향은 또 어떻게 해석해야 하는가? 이러한 양적 성장론을 기초로 한 교회부흥의 관점에서 목회를 한다는 것은 신앙인들의 삶에 어떤 영향을 미치게 되는 것일까? 하나님 나라 운동의 기본자세는 도대체 현재의 목회자들이 치르고 있는 여러 가지 유혹과 경쟁, 그리고 생존 등의 문제와는 어떤 차별성이 있는 것일까? 무수하게 쏟아져 나오고 있는 목회자 후보생들은 과연 교회 외에는 갈 곳이 없는 것일까? 그리고 꼭 교회를 목회하는 자만이 진정한 목회자인 것인가?

열거하자면 숨이 찰 지경인 한국교회와 신앙상황의 문제들 앞에서 돌파구가 열리려면 무엇이 필요할까? 일부 목회자가 기업의 경영자처럼 되어가고, 개교회의 폐쇄주의가 '교주적 위치'를 만들어내며, 역사적 상황에 대하여 반응하지 않는 고립주의들이 한국교회의 현실을 어둡게 하고 있다면, 목회자들은 무언가 새로운 방향전환을 모색하여 예수의 제자로서 이 시대를 깨우고 일으키는 모델로 자신을 내어놓아야 하지 않을까?

## 유교적 권위주의와 신앙적 독선주의

한국교회가 경험해왔고 경험하고 있는 목회자상의 변모는 그 추세가 분명해지고 있다. 그것은 사회적 존경도의 추락이라든가 교회 내부에서 권위주의적 행태에 대한 반감의 고조 등을 통해서 우리는 목회자가 더 이상 어떤 고고한 위치에서 대접받는 존재가 아님을 목격하게 된다. 이것은 목회자 자신이 자초한 부정적인 대목이기도 하면서 그와 동시에 한국사회의 민주적 성숙도와도 관련이 있다는 점에서 바람직한 측면이 있음에 주목할 필요가 있다.

애초에 한국교회의 목회자는 가난하고 어려운 처지에서 그 사회경제적 수준이란 정말 보잘 것 없었으며, 따라서 목회자의 자제들 중에는 자신은 그런 생활을 겪고 싶지 않다는 생각을 '굴뚝같이' 한 이들이 적지 않다. 그러나 대부분 그런 경제적 두려움에도 불구하고 그 뒤를 따른 이들이 또한 상당수에 이른다. 그런데 이러한 과정에서 일정 수준에 미치지 못하는 신학교 교육과 신학생 자신의 자질 등이 많은 문제를 일으켰고, 극심하게 가난한 생활에서 오는 반동으로 보상을 요구하면서 교회가 일부 목회자에게 개인적 부의 획득을 위한 근거지처럼 되어버린 경우도 없지 않았다.

그러다가 사회가 전반적으로 풍요해지고, 교육수준도 높아지면서 목회자들의 사회경제적 처지도 그에 따라 상대적으로 향상되었고, 자질이 좋은 목회자들이 배출되었다. 이러한 요소는 자연히 목회자들에 대한 존경도를 높이는 역할을 하였다. 그러나 한국교회의 유교적 권위주의와 신앙적 독선주의가 목회자를 예수 그리스도 대신 교회의 머리로 내세워버리는 바람에 한국교회는 교권주의적 질서라는 모순에 갇히는 진통을 겪는다.

이 단계에서 한국교회는 풍요해졌으면서도 그 풍요가 개교회의 재산으로 머물렀고, 그 재산의 관리가 교권주의와 결합하면서 목회자의 경영주적 위치를 결과하게 되었던 것이다. 그리고 이에 대한 민주주의적 발상이 도전하기 시작하면서 목회자는 자신의 위치를 방어하느라 자신에게 충성하는 집단을 다소 심하게 표현하자면 '사병화'(私兵化)하는 선술을 채택했고, 이것은 젊은 세대들이나 지적 수준이 높은 사람들을 교회에서 떠나게 하든지 아니면 교회 내부에서 갈등을 빚게 하는 조건을 제공한 셈이 되었던 것이다.

이렇게 목회자에 대한 전통적인 존경의 체계가 일부 잔존하고 있기는 하지만, 전반적으로 허물어져가는 추세이며, 그런 가운데서 여전히 교권주의를 고수하는 이들의 행태는 교회의 진정한 권위를 도리어 추락시키고 있다. 이와 같은 환경 아래 무언가 진솔하고 뜻있게 목회를 해보려는 이들은 쉽게 좌절을 겪게 된다. 목회의 현장 자체가 각종의 사람들을 상대로 하여 이들의 마음을 구석구석 어루만지고, 그 무수한 차별성을 가진 생각과 감정을 대하여야 하는, 실로 만만치 않은 작업인데다가, 이들의 삶을 십자가의 길로 인도한다는 것이 오늘날과 같이 쉽고 편하고 가볍고 풍요한 길만 찾으려는 세대에서 어디 녹록한 일이던가?

### 이 시대의 목회자상을 어떻게 확립해나갈 것인가

더군다나 성장주의 모델이 뿜어내는 유혹 앞에서 사회적 존경도 제대로 받지 못하면서 자칫 패배자 혹은 낙오자가 되는 것은 아닌가 하는 회의도 있다는 점에서 이 시대의 목회자상을 어떻게 스스로 확립해야 하는가는 중요한 질문이 아닐 수 없다. 목회자들에게는 그 소명감의 높이 못지않게, 목회의 과정에서 겪고 치러내야 하는 개인적 상처 또한 적지 않다. 생각지도 못했던 신도들의 공격과 배신, 비방에 시달려야 하는 경우도 있으며, 이를 해결하는 방도가 분명하게 서 있지 않을 때에 목회자는 목회 자체에 대한 좌절과 인간에 대한 환멸로 주체를 하지 못한다. 그것은 실존적 위기를 가져온다. 목회자가 이런 영적 고뇌에 빠지게 되었을 때 교회가 힘 있게 서지 못하는 것은 물론이다.

이러한 상태는 신앙적으로 목회자를 예상할 수 없는 수준으로 성숙시키는 계기로 작용하기도 하지만, 그 과정이 잘 관리되지 못하면 목회적 신념이 흔들리고 대세를 따르는 세속적인 방도를 구하는 쪽으로 치닫거나 목회를 포기하게 되기도 한다. 따라서 신도들에게는 발설할 수도 상의할 수도 없는 고뇌로 기진한 목회자들만을 위한 특수상담체제와, 이들의 힘겨움을 위로하고 새로운 기력을 충전할 수 있도록 해주는 '펠로우십 시스템'을 마련하는 일이 매우 중요하다. 단, 교단정치적 파벌조성과는 구별되도록 주의해야 할 것이며, 특히 이들이 쏟아내는 하소연과 아픔을 어떻게 성서적 메시지와 만나도록 할 것인가에 주목하면서 공동체적 경험을 축적해나가는 일이 필요할 것이다. 그리고 이러한 성서적 조명의 역량이 쌓이면, 실로 이러한 목회자들의 고뇌는 한국교회를 새로운 차원에서 부유하게 하는 데 귀중한 자산이자, 목회자 자신을 위해서나 교인들을 위해서나 아름다운 열매로 맺어질 수 있지 않을까? 그리고 이들이 증언해내는 메시지는 엄청난 위력을 가지고 한국사회의 심장을 치게 될 것이 분명하다. 자신의 뼈와 살이 꺾이고 찢어지는 경험 속에서 자라난 메시지일 것이기 때문이다.

그러나 현재 한국교회가 주력하고 있는 목회자 대상의 프로그램은 자칫 이들에게 또다시 성장 콤플렉스를 느끼도록 할 만한 것이 주류를 이루고 있는 인상이며, 어려운 가운데서도 자신의 일이 진정 의미있고 그런 사명감을 공유하는 사역자들이 도처에 건재하고 있음을 확인하도록 해주는 기회는 적지 않은가 하는 것이다. 그런데, 이러한 '충전'을 공급해주는 외적 체제의 구비 이전에 목회자의 고뇌는 교회 내부에서 일정하게 걸러지고 정리될 필요가 있다. 다시 말해서 목회자의 고뇌를 나눌 수 있는 동지적 협력자들이 팀 목회(team ministry)의 차원에서 육성되어야 하는 것이다.

이것이 이루어지기 위해서는 무엇보다도 목회자들의 교권주의적 권위주의가 먼저 정리되지 않으면 안 된다. 목회자를 외롭게 하고, 그들 자신의 고뇌가 영적 교통을 통해서 신앙인들의 삶 속에 투영되면서 함께 성장하는 과정을 밟아나가지 못하는 이유는 목회자 자신이 스스로를 여전히 무엇인가로 포장하거나 위장하는 까닭이 크다. 그래서 신도들이 목회자가 겪고 있는 고통의 실체 속에서 신앙적 메시지를 같이 발견하고, 목회자가 위기에 직면했을 때 목회자의 자존심이나 인격적 위상을 훼손하지 않고 따뜻한 사랑으로 다가갈 수 있는 여지를 소멸시켜 버린 결과인 것이다.

## 교회 내부의 민주적 토양을 이룩해야

그런 의미에서 우리는 목회자들과 교인들 사이의 새로운 관계를 정립해나가기 위한 실험을 시도하는 노력을 기울일 필요가 있다. 그것은 교회 내부의 민주적 토양을 이룩하는 일이 그 절대적 전제이다. 민주주의는 다수의 의사가 존중되는 것이 그 기본원칙이다. 그런 점에서 대세가 반드시 옳은 것은 아니라는 신앙의 메시지와 배치된다. 따라서 교회의 민주화는 그 안에 신앙의 원칙을 파괴할 수 있는 위기의 요소를 출발부터 안고 있다. 또한 민주주의적 원칙을 과도하게 앞세우다가 자칫 목회자의 권위에 대한 성의 있고 진지한 존중이 사라질 수도 있다는 점에서 교회의 민주화는 목회 자체가 요구하는 진정한 의미에서의 권위가 설 자리를 빼앗을 수도 있다.

이러한 점들에 대한 깊은 주목과 고려 없이, 단순한 열정만을 가지고 반(反)교권적 운동을 펼쳐나가면 교회는 생각할 수 없는 상처와 시련을 겪게 된다. 결국, 교회의 민주화가 이루어지는 토대인 인간 그 자체의 신앙적 성숙도가 함께 진행되고 고려되지 않으면 '교회의 민주화'는 평신도의 발언권과 주체적 참여를 이루는 측면에서 일단 긍정적이지만, 현실의 대세와 맞서서 신앙의 지조를 힘있게 밀고 나가는 문제는 장애와 직면할 가능성이 있는 것이다.

교회의 민주화를 이루자는 가장 근본적인 목적은 목회자가 일방적으로 이끌고 나머지는 이에 따르는 존재로 남는 상황을 방지하고, 한 사람 한 사람이 신앙적 리더십을 가지고 사회 구석구석에서 힘 있게 빛과 소금의 역할을 하도록 돕자는 데 있는 것이다. 그러면 어떻게 하면 되겠는가? 교회의 민주화에 있어서 우선적으로 고려해야 할 요소는 '교회가 어떻게 돌아가고 있는가를 교인들이 가급적 구체적으로 알도록 해주는 일'이다. 교회운영의 정보가 제한되어 있다면 여기서부터 교회는 일부 소수에게 독점되는 체제의 운명을 피하기 어렵다.

그런데 대체로 목회자를 비롯하여 교회의 중직을 맡은 사람들은 교회운영의 구체적인 상황과 정보가 공개되는 것을 꺼리는 경향이 있다. 한마디로, '덕이 되지 않는다.'는 이유이다. 바로 여기에서 은폐, 의혹, 시비, 부정, 타락이 비롯되게 마련이고, 교회에서 외쳐지는 메시지와 실질적인 현실간의 위선이 폭로된다는 모순에 부딪히는 것이다.

투명성이 없는 교회운영은 더욱이 교단정치의 흑막과 오염, 그리고 부패를 가져오는 근거가 되는 것을 우리는 목격한다. 이러한 교회운영의 정보독점체제가 유지되고 있는 상황에서 사회의 민주적 변화를 요구할 근거를 교회는 가지지 못한다.

가령, 교회의 재산상태가 분명하게 공개되고 보고되어야 한다. 따라서 교인들은 자신의 교회가 어떤 재정 상태이며, 어떤 방식으로 운영되고 있고, 목회자의 사례는 어느 정도인지 분명하게 알고 있어야 한다. 이러한 투명성은 목회자의 권위를 망가뜨리는 것이 아니라 도리어 각종 의혹에서 목회자를 자유롭게 해주고 목회 자체에 전념할 수 있도록 돕는다. 돈의 문제에 대하여 확실한 선을 지키고 있는 목회자는 그 발언권에 있어서 다른 문제가 없다면 시비에 걸릴 이유가 없다.

한국교회에서 목회자 또는 교회 중진의 재정비리가 이따금 터져 나오는 것은 한국교회 내의 민주화가 아직 진전되지 못한 원인이 적지 않다. 이런 상황이 벌어지면 교회의 신앙적 권위가 추락할 것은 불을 보듯 뻔하다. 교회의 민주화에 있어서 정보의 공개와 함께 주목해야 할 바는 교회운영팀의 일정한 교체와 후속팀의 육성이 시기적으로 제도화되고, 이것이 보장되는 일이다.

경험의 축적과 운영의 지속성을 확보하는 일 못지않게, 평신도가 교회운영의 과정에 참여할 수 있는 길이 각종 통로를 통해서 열려 있도록 하지 않으면 교인들은 교회에 그저 왔다가 가는 수동적 신앙자세를 갖게 되며, 각종 프로그램에 참석하는 수준에서 교회를 열심히 다니는 것으로 생각하고 만족하게 된다. 늘 그 사람이 그 사람으로 교회의 뻔한 얼굴이 되고, 그들이 교회의 일을 독점하다시피 하는 상황이 지속되면, 어느새 이들이 교회의 주인이 되고 나머지는 이 주인들의 '관리를 받는 손님'이 되고 만다. '교인관리'라는 말은 이러한 관점에서 상당히 심각하게 재고해야 할 단어이자 사고방식이다. 이렇게 누군가에게 관리되는 신앙인의 유형으로는 한국사회가 역사적으로 도전받고 있는 갖가지 문제를 주도적으로 풀어나가는 지도력 있는 인물을 교회가 길러낼 수 없다.

사회 각계각층의 구성원들이 그 교회가 소재한 지역적 한계가 있다 해도, 서로 간에 어떤 경계선을 긋지 않고 적어도 일주일에 한 번 정기적으로 모이는 결속력 있는 집단으로서 교회만한 조직을 찾아볼 수 없다. 바로 이러한 현장에서 자신의 공동체를 자신들의 손으로 보람차게 이끌고 가면서, 사회의 새로운 변화를 일으킬 수 있는 힘 있는 역량을 훈련하지 못한다면 '하나님이 파견한 변혁의 근거지로서의 교회'는 그 시대적 소명에 있어서 능력 있는 존재가 되지 못하고 마는 것이다. 교회의 민주화는 따라서 사도적 권위와 능력이 그 신앙공동체에 속한 모두에게 나누어지고 길러지는 시스템을 의미하는 것이다. 이것은 '만인사제론'(萬人司祭論)으로 출발한 개신교의 기본정신과도 일맥상통한다.

이러한 토대가 견고하게 축적되어갈 때 성숙한 평신도 동역자 내지 협력자가 등장하게 되고, 목회자는 더욱 진솔한 차원에서 교인들과 동지적 관계를 만들어나감으로써 '팀으로서의 역량'을 확대재생산하는 기쁨을 맛보게 될 것이다. 이러한 기운이 교회 안에 자라나게 될 때, 그 교회는 교회의 사회적 역할과 하나님께서 이 시대를 통해서 요구하시는 목적에 충실한 모습을 갖추어나가게 될 것이다.

04

# 화(和)

## 스미어 어울리다

밀실사회와 광장의 예수

무엇이 우상이고 반기독교적인가

땅 밟기, 대적 기도 그리고 영적 전쟁의 진실

선거, 지역감정 – 예수의 해법

하나님 나라와 '속성 이데올로기'

역사와 현실, 영성의 조화

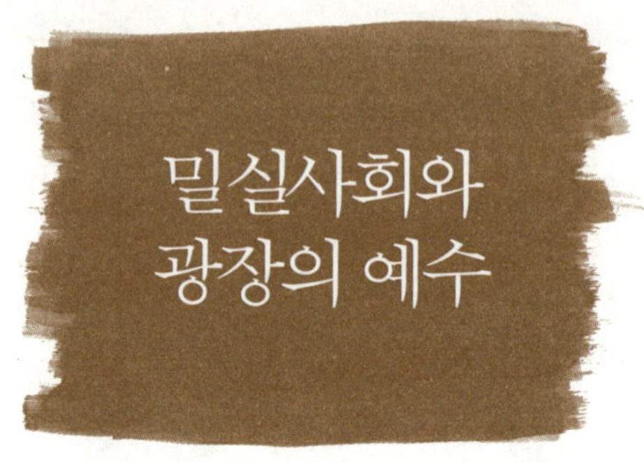

# 밀실사회와 광장의 예수

1960년대 말과 70년대에 들어서면서 한국사회는 그 생존의 리듬이 산업화시대의 것으로 변모한다. 이전의 노동과정에서 발견되었던 유희적 가락은 더 이상 존속할 수 없었다. 산업사회는 그러한 리듬을 노동의 과정에서 분리해버렸고, 그로써 노동의 강도를 높였다. 노동요(勞動謠)는 농경문화의 일부분이거나 전근대적 전통의 하나로 간주되었고, 몸은 함께하는 땀과 결실의 기쁨을 기약하는 노동요 없는, 노동기계로 변모해가기 시작했다. 이로써 몸은 이러한 노동 강도의 구조에 순응해 갔고, 한편에서는 깊은 불만이 쌓여갔다. 이러한 몸의 기계화에서 오는 불만은 회식(會食)의 형태로 희석시킨다. 거기에서 몸은 다소간의 자유를 얻게 되고, 분리되었던 유희적 가락은 회복된다.

## 밀실(密室) 메커니즘

그러나 그것은 이미 일방적으로 조정된 구조에서 탄생된 것이었기 때문에 삶의 변화를 가져오는 힘을 행사하는 것은 아니었다. 동원과 명령을 중심으로 하고 있던 사회에서 광장은 '슬로건'이 차지하고 있었고 밀실에서만이 그나마 자유는 겨우겨우 허용되는 상황이었다. 그러기에 회식은 이 밀실문화와 결합된다. 그래서 상사를 '씹는' 밀담이 생겨나고, 육체에 분풀이를 하는 폭음과 매춘이 이러한 밀실과 관련을 갖기 시작한다. 광장에서 밀려난 것들, 남들의 시선이 있는 광장에서는 하기 어려운 일들이 밀실에서 자신의 욕망과 의도를 충족하기 위해서 변형된 메커니즘을 만들어가기 시작했고, 이것은 사회 곳곳에서 밀실문화의 전면적인 지배를 가져오기 시작했다.

노동 강도가 강해지면서 한쪽으로 분리되었던 몸의 문화가 밀실의 메커니즘과 결합하면서 서민들의 삶은 술과 성(性)의 늪 속으로 빠져 들어갔고, 이것은 지배체제를 유지하기 위해 요구되는 장치가 되었다. 이렇게 해서 한국사회는 윤리적 타락의 전면적 구조를 밑바닥에서부터 구축해나갔던 것이다. 그런데 이 밀실문화는 실로 권력의 상층부에서부터 이 사회의 구석구석까지 그 뿌리를 뻗어간다.

한 때 요란했던 도청 파문을 통해 권력은 밀실정치가 더 큰 힘을 쓰고 있음을 알렸고 폭력적인 권력은 안기부의 지하실에서 그 본성을 드러내고 있었으며, 경제는 비자금으로 정치와 밀실에서 결합하고 있었음을 적나라하게 보여 주었다. 문화는 은밀한 밀실에서나 볼 수 있는 것들을 서서히 보여줌으로써 대중들을 관음증(觀淫症) 환자들로 만들었다. 단란주점은 칸막이 밀실로 본래의 의도가 철저하게 분쇄되어갔고, 문학마저도 광장에서 저질러지고 있던 죄의 문제로 인해 생긴 밀실의 문제를 제기하기보다는 그저 내면의 밀실, '방'으로 기어들어가고 있었다. 광장에서 했던 일체의 것은 사실상 잘못된 것이었다는 식의, 회고록이라는 말을 감히 쓸 수 없어 어정쩡하게 붙인 '후일담 문학'이 밀실을 조정하는 자들의 공감을 얻어갔던 것이다.

교회도 이에 발을 맞추어 '밀실종교'가 되었다. 탄압을 받아 지하무덤 교회 카타콤의 밀실적 성격을 가진 것이 아니라 광장으로 나가지 말라는 세뇌를 하는, 지배체제를 유지해주는데 도움을 주는 밀실문화의 한 부속기관으로 전락해버린 것이다. 광장에서 벌어지고 있는 현실은 이러한 구조 속에서는 문제의 대상이 되지 못하고 교회 내부의 역학관계가 교회상층부의 관심이었으며 교회 대중은 모두 밀실 속에서 자기문제만 끌어안고 "주여, 주여" 하면서 울부짖고 있다. "주여, 주여 하는 자마다 다 내게 올 수 있는 것이 아니라 이 광장에서 저렇게 헤매고 고난받는 자들과 함께 하는 이들만이 하나님 나라에 올 수 있다."고 하신 예수의 말씀은 여기서 외면당할 수밖에 없다.

하여, 온 사회를 밀실로 밀어 넣고 있는 이 구조의 문제를 정면에서 제기하고 그것을 개혁하는 노력보다는, 밀실을 기정사실로 인정하고 그 안에서 발생하는 문제만을 짚어나가는 종교는 결국 인간을 보다 '선한 노예'로 만드는 일에 봉사하게 할 뿐이다. 문제는 노예가 되고 있다는 사실을 해결하는 일이다. 진리 안에서 자유케 만드는 작업이 관건인 것이다.

그러나 이러한 작업이 진행되지 못하는 사회는 윤리의 이중적 기준이 자연스러운 현실이 된다. 광장과 밀실이 분리되어서 밀실의 언어가 광장에서 주도권을 가지기 때문이다. 광장은 이미 인간과 인간이 만나서 하나님의 나라를 향해 서로 마음을 열고 힘차게 결합하는 자리가 아니기에, 음습한 밀실에서 훈련된 표정으로 광장에서의 위선은 '중단 없는 전진'을 한다. 실로 예수께서 말씀하신 대로 모두들 '회칠한 무덤'이 되어가고 있는 것이다. 자연히 윤리의 아노미, 붕괴현상이 일어나게 되어 있고 인간에 대한 환멸과 신뢰의 종적 감추기가 삶의 타성적 구조가 되었다. 여기서 하는 말과 저기서 하는 말이, 듣는 사람의 성향과 이해도에 따라 배려의 차원에서 전달방식이 달라지는 것이라기보다도 아예 그 내용물을 거의 '뻔뻔한 경지'에서 바꾸어도 당사자는 아무렇지도 않아 한다. 어느새 광장의 어법은 그런 것이라고 여기게 되고, 다들 그러다가 잊어버리고 만다. 그걸 모두가 알고 있으며, 개탄하는 시간도 짧고 결국 광장의 대세를 뒤쫓는다. 자기의 밀실로 돌아온 이 위선의 대가들은 이런 세상을 보면서 음흉한 미소를 짓는다. 인간을 제 손아귀에 넣는 방법이 별로 어렵지 않다는 것을 꿰뚫어보고 있는 것이다.

인간의 자유와 정직과 순결과 이상 같은 것들을 슬로건으로 내세우는 자들이 함부로 침범할 수 없도록 보호 장치가 되어있는 아름다운 밀실에서 훈련받아, 이것이 광장에서도 역시 힘을 발휘할 수 있는 사회의 모습과는 판이한 것이다. 회개가 바로 썩은 자리를 거두어 그 자리에서 일어나는 일이라면, 우리는 이 밀실에서 음습한 영에 취해 사는 자들이 약간의 화장을 한 모습으로 광장에서 살아가고 있는 이 현실을 바로 잡아야 하지 않을까. 그렇지 않고서는 하나님 나라는 '이 땅'이라는 개방된 광장의 자리에서 자신의 뿌리를 내릴 수 없다.

밀실로 몰려난 이 하나님 나라에 대한 소망을 광장으로 끌어내어 회칠한 무덤의 존재가 드러나고, 인간과 인간사이의 신뢰를 회복하여 새로운 나라를 만드는 일에 우리의 기도와 결단이 모이지 않으면, 과거에 노동기계로 전락한 우리의 몸은 이제는 상품의 대상이 되어 그 욕망을 채우는 일에 몰두하는 돼지가 될 뿐이다. 머리와 가슴에는 든 것이 없고, 그저 욕망을 좇아 사는 존재들이 우글거리는 사회의 미래에 가치나 사상이나 윤리나 이상, 또는 미래에 대한 비전은 '돼지 목에 진주목걸이'일 뿐이다.

## 광장의 회복

예수께서는 진정한 의미의 광장을 회복하신 분이다. 그는 바닷가에서는 배의 앞머리에 앉으셔서 모여든 사람들에게 말씀하셨다. 광장의 문화를 새롭게 하신 것이다. 산에 사람들을 모아놓고 또 하나의 광장을 이룩하셨다. 들에서도 마찬가지였다. 제자들에게는 너희들이 언젠가는 이 모든 일을 지붕 위에서 선포할 것이라며, 광장에서의 울림을 지향점으로 제시해주셨다. 제사장과 율법학자, 바리새파들이 밀실에서 저지르고 있던 일들을 광장으로 끌어내어 세상에 폭로하셨다. 성전에서 저질러지고 있던 죄를 대낮에 드러내시고 뒤집어 엎으셨다.

밀실에서 훈련받은 자들의 음습하고 교활하고 위선적이며 뒷 계산을 하는 방식과는 전혀 달랐다. 그러기에 백성들은 그의 가르침 앞에서 "이이는 다른 이들과는 무언가 다른 권위가 있다." 하였다. 예수에게 밀실은 오로지 광장에서 자신을 내세우기 쉬운 종목들을 하는 데에 필요한 자리였다. 기도와 선행 등이 그것이었다. 세상은 이걸 바꾸어 하고 있었던 것이다.

우리에게도 한때 광장이 있었다. 공동체 문화의 자리다. 인정이 넘치는 사회로 함께 하기 위한 광장문화가 있었던 것이다. 마을과 마을이 서로 모여 장을 이루고 줄다리기를 하고, 떡을 해먹고 노래와 춤을 함께 하는 그런 광장은 그러나 산업사회의 발전계획이 수립되면서 어느

새 정리의 대상이 되었다. 개인과 개인이 따로 떨어져 자본과 권력이 요구하는 대로 움직여야지 자기들끼리 결합하는 것은 허용되지 않았던 것이다. 따라서 광장은 동원의 자리였으며, 인간의 진실을 표현하는 곳이 아니었다. 그랬다가는 광장에서 공개적으로 처벌되었다. 그러니 이러한 상황에서 밀실문화가 급성장하지 않을 도리가 없었다. 동원장소로서의 광장은 이렇게 지하실과 밀접하게 연결되어 있었던 것이다.

그 광장을 새롭게 복원하려 했던 이들은 모두 지하실로 끌려갔다. 거기에서 치도곤을 당하고 돌아온 그들을 향해 한국사회는 한때의 어리석은 열정과 시대착오적인 이상으로 인생의 귀중한 시간을 잃어버린 자들로 낙인을 찍는다. 그런 상황 아래 스스로들도 광장을 앞서거니 뒤서거니 하기 시작했다. 광장은 갈수록 타락해 갔고, 광장에서 벌어지는 자본주의의 새로운 장터가 된 정치가 기막힐 정도로 타락해가는 것은 당연했다. 어디를 돌아보아도 '배울 것이 없다'는 자조가 넘쳤고, 자기 한 몸 대충 추스르는 이기주의가 인기상표가 되는 것은 또한 자연스러운 일이었다. 대학은 그렇게 해서 고시학원으로 변질해가고 있고, 함께 고뇌하고 함께 움직이고 함께 개혁하는 흐름은 멸종되고 있는 중이다. 그런 일에 관심을 보이는 자들은 '아직도?'라는 훈계를 받는다. 그러나 우리 신앙인은 '광장의 예수'를 지붕 위에서 끊임없이 외쳐야 하는 자들이 아닌가.

최인훈은 그의 작품 《광장》에서 남과 북, 어디에도 희망을 걸 수 없어 제3세계를 택한 지식인 이명준의 운명을 통해서 한국사회의 표류를 직시했다. 한국역사의 운명을 내어놓고 광장에서 논할 수 없었던 시대의 비극을 그는 그렇게 아프게 고백했던 것이다. 그러나 그가 고뇌했던 한국사회의 광장의 자리는 여전히 복구되지 못하고 있다. 밀실의 세력이 광장의 주인노릇을 하고 있기 때문이다. 권력은 끊임없이 다시 자신들의 힘을 행사하기 위해 감시와 사찰, 도청과 사생활 캐기 등의 수단을 강구한다. 이 음험한 권력의 욕망과 싸워나가는 일은 결코 간단치 않다. 오늘날 한국사회를 강타하고 있는 도청정국은 그런 의미에서 우리사회의 변화를 위한 절호의 기회일 수도 있다. 권력의 탐욕을 감시하고 통제하는 장치가 더더욱 강화되어야 우리의 현실은 달라질 수 있기 때문이다.

나아가 이 기회에 권력의 욕망과 결합하여 재미를 본 자본의 탐욕도 아울러 단죄하는 노력이 함께 이루어져 나갈 때, 이 세상의 진정한 주인은 과연 누구인지가 드러나게 될 것이다. 권력과 자본이 이 세상을 모두 한 손에 움켜쥐면서 제 세상을 만들고 있었던 것이 바로 이 도청정국의 본질이다. 그 본질을 향해 혼란 없이 진격할 때 비로소 '빛의 광장'이 열릴 것이다.

그 뿐인가, 자본권력은 언론을 이용하여 여전히 밀실에서 정권을 탈취하겠다고 꿈꾸고 있으며, 매매춘은 텍사스촌에서 고급밀실로 이동중이다. 비자금은 캐어내서는 아니 될 것으로 상식화되고 있다. 경제는 밀실경영의 결과로 나타난 불투명함으로 부패의 고리를 엮어 부도사태를 연이어 발생시키고 있다. 이 총제적인 위기를 말이 아닌, 현실적인 위기로 감지하고 있지 못하는 우리사회의 모습은 한국교회가 떠맡아야 할 십자가이다. 그러지 않으려는 교회는 이미 예수의 교회가 아니다. 자기들끼리의 교회일 뿐이다.

## 빛을 향하여

이러한 희망 없는 현실을 향해 무수한 종교적 대안들이 출몰하고 있다. 이것들은 대체로 내면의 영력에 집중하고 있다. 산업사회에서 파손된 인간의 내적 기력을 회복하겠다는 것이다. 그것은 일면 타당성을 지닌다. 그러나 그것은 파괴의 원인을 잘못 짚고 있다. 회복하려는 기력의 공동체적 결합에는 관심을 두지 않고 있다. 그것이 기독교적인가 아닌가의 문제가 우리의 평가의 중심이 아니라, 바르게 문제의 본질을 짚고 있는가 아닌가가 관건이다. 그런 면에서 우리는 무수히 쏟아져 나오고 있는 각종 기(氣)과학을 비롯한 논의들이 이 광장과 밀실간의 메커니즘에 눈을 뜨기를 바라는 것이다. 그렇게 된다면, 우리는 이러한 논의들과 보다 진지한 대화와 협력의 길을 발견할 수 있을 것이다. 아니면, 그것은 지금의 질서를 계속 유지해주는 부속품의 기능 이외에는 하지 못한다.

신앙인의 사명은 무엇일까? 어둠 속에 있는 존재들을 빛의 자유함으로 이끌어내는 일이 아닐까. 그렇다면 우리는 어둠이 빛을 이길 수 없다는 증언과 고백에 따라 밀실화된 한국사회의 운명을 예수께서 보이신 하나님 나라의 광장으로 이끌어내야 한다. 왜곡된 광장의 현실은 논란이 되어야 한다. 그걸 떠받치고 있는 밀실의 내면구조가 공개적으로 폭로되어야 한다. 그래서 인간의 귀중한 자유와 순결이 지켜지는 밀실, 그곳에서 훈련된 마음들이 광장에서 거리낌 없이 어울리고 만나 새로운 사회의 미래를 일구어나가는 흥분과 열정, 기쁨이 충만한 일을 소망해야 한다. 바로 그런 작업에서 우리는 새롭게 희망을 다질 수 있을 것이며 예수는 교회의 밀실 구조에 갇힌 답답한 종교적 존재가 아니라, 우리의 삶 전반의 변화를 빛으로 이룩해내시는 진정한 구세주로 역사의 무대에 자신의 모습을 드러내주실 것이다.

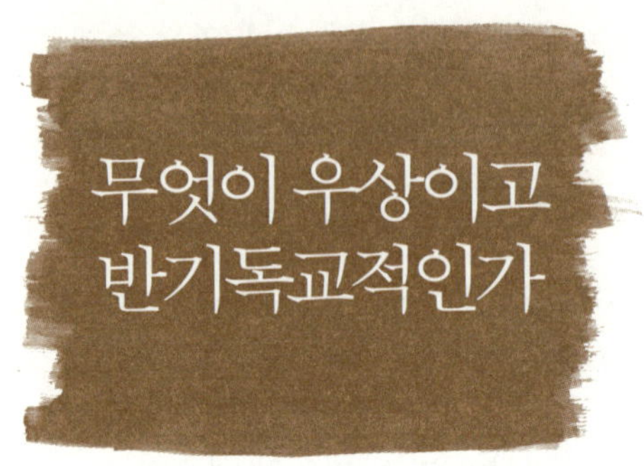

# 무엇이 우상이고 반기독교적인가

강진 해일로 인한 서남아시아 쓰나미 사태는 전 세계 인류에게 자연재해의 비극과, 이로 인한 인명의 피해를 극복하기 위한 새로운 형태의 국제협력의 중요성을 일깨웠다. 일부 국가에서는 희생자들을 위한 묵념을 국가적으로 실시했고, 피해지역에 대한 지원이 국제적 경쟁대상이 되기도 하였다.

이번 피해 대상 국가들이 대부분 가난하고 과거 서구 제국주의 식민지배를 받았던 역사를 가지고 있다는 점에서, 서구 부국(富國)들이 이들이 지고 있는 빚을 일정 기간 유예한 것은 어찌 보면 당연했다. 최강국 미국의 부시 정부가 이번 재난에 대하여 늦장 대응과 함께 "고리고 비리게 쬐금" 내놓으려 했던 지원금이 국제적 비난의 대상이 되자 서둘러

금액을 올린 것도 이번 사태가 가진 인류애적 차원의 현실이 드러난 것이라고 하겠다.

자신이 독실한 기독교인이라고 늘 주장해왔던 부시 대통령이 정작 재난의 대응에 있어서는 미지근하게 나왔고, 휴양지에서 계속 쉬고 있었던 것은 과연 그의 기독교 신앙이란 무엇인가 하는 질문을 다시금 던지지 않을 수 없게 만들었다.

우리의 경우도 사실 크게 다르지 않았다. 최초의 지원금을 국제적 추세를 보아가면서 조정한 것도 그렇고, 정부차원에서 적극적인 대응을 하지 않은 것도 눈총을 샀다. 그만큼 우리 사회 내부에서는 인류적 수준의 윤리의식이나 인도주의가 여전히 취약함을 드러낸 것이다.

## 한 설교자의 '무지'와 '완악함'

그런데 이번 쓰나미 사태에 대한 우리의 인식에 일대 충격을 가한 발언이 한 대형교회 목회자의 입에서 나와 모두를 경악하게 했다. 그 논란의 주인공은 서울 금란교회의 김홍도 목사였다.

그는 "서남아시아 쓰나미에서 희생된 사람들은 하나님의 심판에 의한 결과"라는 논조의 설교를 했던 것이다. 김홍도 목사는 "에스겔 9장을 보면 이스라엘 백성의 죄악에 대해 (하나님이) 무서운 심판을 내리시기 위하여 그 성을 관할하는 천사들에게 살육하는 기계를 가지고 돌아다니면서 살피라고 했다."며 "서남아시아 여러 나라가 바닷속 지진과 해일로 수십만 명이 사망하게 된 것은 우연이 아니라 하나님의 심판"이라고 주장했다.

김홍도 목사는 이어 "8만 5천 명이 사망한 인도네시아 아체라는 곳은 3분의 2가 이슬람교도들인데 반란군에 의해 많은 크리스천들을 죽인 곳이고, 3-4만 명이 죽은 인도의 첸나라는 곳은 힌두교도가 창궐한 곳인데 많은 크리스천들이 죽고 교회가 파괴됐고, 스리랑카 역시 불교의 나라로 역시 반란군에 의해서 많은 크리스천들이 죽임을 당한 곳"이라고 강조했다.

그는 또 "태국의 푸켓은 구라파 사람들이 와서 향락하며 마약하고 죄짓는 곳"이라며 "제일 기뻐하는 명절인 크리스마스 주일에 예수 믿는 사람들은 그런 데 가서 음란하고 방탕하게 죄짓지 않는다."고 주장했다. 그는 "설사 예수 믿는 사람은 그런 데 놀러 갔더라도 특별히 하나님이 건져주신다."며 "믿으시면 '아멘'하세요"라고 말해, 신도들의 "아멘"(그렇습니다)을 이끌어냈다.

그는 "그 사람들이 재난당한 걸 잘 됐다고 생각하면 안 되고 재난을 당한 그들을 불쌍히 여기고 돕는 일을 해야 한다"면서도 "크리스천들은 정신 차리고 기도하면 이런 재앙을 당하지 않는다."고 덧붙였다.

이러한 그의 설교가 파문을 빚고 신문과 방송 언론을 통해 알려지면서 비난이 고조되자 그의 반응은 이렇게 나왔다.

이번 지진과 해일은 많은 인명과 재산 피해를 냈는데 그 지역이 모두 이슬람 힌두교 국가, 불교 국가로서 많은 그리스도인들을 죽이고 예배당을 불태운 지역이다, 그러므로 여기에도 하나님의 심판이 있다고 볼 수 있는 것 같다고 얘기했죠. 그런데 일개 목사가 교회에서 개인적으로 설교한 것 가지고 공영방송에서 뉴스 시간에 트집을 잡았다. 이 놈의 나라가 어떻게 되려는지 몰라.

김 목사의 비난은 언론사에만 국한된 것은 아니다. 피해를 당한 인도네시아 부통령에게도 이어졌다.

어제 뉴스를 들으니까 인도네시아 부통령이 구호 단체들 보고 3일 안에 끝나고 가버리라고. 막말로 꺼져버리라 그 뜻이에요. 왜 그런지 아세요? 구호하는 나라나 단체들이 거의 기독교단체거든. 미국을 비롯해서 한국에서도 막… 기독교단체니까 꼴 보기 싫다 이거에요. 왜 이슬람 국가니까. 이걸 봐도 알잖아요.

또 김 목사는 자신을 향한 비난이 '자신을 높이기 위해 예수님이 주는 시련'이라는 해석을 내놨다. 그는 이번 사건으로 설교를 듣기 위해 홈페이지에 접속하는 사람이 많다며 앞으로 접속하는 사람이 몇 배 더 많아질 것이라고 주장했다.

사람 비위 맞추려고 하지 않고 하나님 뜻대로 하려고 하니까 하나님이 더 높여주시고, 설교 들으러 오는 사람이 더 많다고 하는 것을 깨닫고 참 좋으신 하나님입니다. 좋게 해주시니까 너희들 욕하고 핍박하고 거짓으로 악한 말 할 땐 기뻐하고 즐거워하라. 할렐루야. 100% 사람한테만 칭찬 받는 거, 화가 있어요.

### 김홍도 목사의 '우상화 작업'

인간이 당한 처참한 비극을 종교적 차이에 그 원인을 돌리면서, 기독교를 믿지 않아 생긴 참화라고 단정하고 비기독교도는 당연히 하늘의 천벌을 받게 되어 있으며 받아도 마땅하다는 식의 논리를 편 김홍도 목사는 도리어 우리 사회 내부적으로 기독교에 대한 반감을 증폭시켰다. 그런데 더 가관은 이러한 반감이 사실은 하나님의 뜻을 전하다가 핍박받은 결과라고 호도하고 있는 현실이다.

결국, 하나님은 비기독교도들에게는 잔혹하기 이를 데 없는 존재가 되는 것이며 이 응징을 피하기 위해서는 기독교로 개종하는 수밖에 없다는 것이다. 비기독교도에 대한 극도의 적대감이 느껴지는 주장이자, 그 어디에서도 사랑이나 자비 또는 함께 아파하는 마음을 읽어낼 수가 없는 독설이다.

이러한 그의 주장과 관련해서 우리는 기독교를 하나의 제도종교로

고착시키고, 그 근본정신에 대한 내면적 성찰은 전혀 하지 않은 채 자신의 주장을 또 하나의 우상으로 만들어내는 그의 오류를 보게 된다. 김홍도 목사와 같은 주장은 예수 그리스도의 뜻과는 전혀 상관없이 내 편이 아니면 모두 타도 또는 응징해야 할 대상이라는 식의 선악이분법에 속하는 논리이다. 그의 이러한 행보는 하나님을 앞세워 정작은 자신의 주장과 논리를 절대화하고 있는 것이며, 자신을 신도들의 절대적 신뢰의 대상으로 만들어버리는 우상화 작업에 다름 아니다.

기독교의 본질인 사랑과 평화, 생명에 대한 헌신 등은 부차적인 것으로 만들어버리고 다른 믿음과 신념을 가진 사람들의 삶을 존중하지 않고 적대적 대상으로 삼는 대단히 폭력적인 신학이라고 하지 않을 수 없다. 경악스러운 것은 그러한 자신에 대하여 하나님의 의를 수행하는 존재로 스스로 치켜세워 그에 대한 비판을 원천봉쇄해버리는 자세이다. 자신의 주장을 신격화시키고 있는 것이다. 쓰나미 사태를 겪고 있는 사람들이 직면한 비극의 깊이를 전혀 성찰하고 있지 않은 것이다.

이런 식의 논리가 기독교인에게 정당화될 때 타종교 신앙인에 대한 적대감은 당연한 것이 되고, 타종교 신앙인에 대한 공격조차 선교적 사명의 열심으로 변호되어 버린다.

## 타종교에 대한 공격적이고 정복주의적인 자세

그렇지 않아도 몇 해 전, 제주시 화북동 원명선원에서 화강암으로 만든 작은 불상 750점의 머리 부분이 잘리는 사건이 일어나고(당시, 현장에서 잡힌 범인 김 아무개 씨는 경찰조사에서 '절을 교회로 바꾸기 위해 불상을 파괴했다'고 진술했다), 한 달 뒤 북제주군 애월읍 도림사의 주불 오른쪽 손가락 4개와 좌우부처 왼쪽 손가락 1개씩이 둔기로 잘려 있는 상태로 발견되었다. 또 그 며칠 후 경남 함양 벽송사의 요사체가 전소됐다.

훼불사건과 관련된 일련의 사건들은 종교의 자유가 보장된 이 나라에서 자칫 종교간 갈등을 유발할 소지를 안고 있으며, 한편으로는 선교 차원에서 일반인들의 기독교에 대한 인식에 그릇된 영향을 줄 수 있다는 점에서 우리 스스로 이 문제를 냉철하게 살펴볼 필요가 있다.

어떤 면에서, 불교계에서 십자가를 훼손하거나 교회를 방화했다는 사건은 없는 판국에 이러한 일들이 거듭 벌어지는 것은 기독교의 윤리적 수준을 땅에 떨어뜨리는 사건이 아닐 수 없다. 그 훼불사건이라는 것도 불상의 머리를 동강동강 잘라 내버린 것이었으니 그러다가는 석굴암의 대불상도 남아나지 않을까 두려우며, 국보급 반가좌불상(半跏坐佛像) 같은 것들도 민족의 귀중한 유산이 아니라 어떻게든 파괴해버려야 할 흉한 물건 취급을 받지나 않을까 우려된다.

이 훼불사건에서 우리는 앞서 언급했듯이 기독교가 타종교에 대해

가지고 있는 교리적 적대감 또는 정복주의적 공격의 뿌리 깊은 면모를 주목하게 된다. 그런 사건을 통해서 자신의 신앙적 순결성과 선교적 사명감을 느끼려 한다면 착각도 그런 착각이 없다. 도리어 그것은 불교신자들의 분노를 사는 일이며, 일반인들에게 기독교인의 어처구니없는 배타성을 만천하에 증명하는 일일 뿐이다. 선교에 하등 도움이 되지 않을 뿐더러, 기독교의 배타적 오만과 침략적인 선교행위에 대해 혐오감을 심어주는 셈이다.

만일 거꾸로 불승(佛僧)들이 교회에 난입해서 십자가를 훼손한다든지 아니면 성화(聖畵)를 짓밟는다거나 성경을 찢는다든지 하면 기독교인들은 불교에 대해 어떤 생각을 가지게 될까? 그럴 때 느끼는 반감은 그 종교의 위상에 깊은 타격을 입힐 것이며, 오늘날과 같이 기독교가 좀더 지배적인 주도권을 쥐고 있는 상황에서는 극단적으로 말해 불교에 대한 사회적 탄압과 멸시가 팽배해질 수 있을 것이다.

그리고 그것은 스스로 자초한 것이라고 말할 것이 분명하다. 그럼에도 불구하고 타종교, 특히 불교에 대해 이토록 공격적이고 정복주의적인 자세를 취하는 것은 무슨 까닭일까? 그토록 불교가 기독교에 대해 못할 짓을 한 것일까?

우리나라 사람치고, 산사(山寺)의 호젓한 풍경소리와 그윽한 범종(梵鍾)의 음색에 마음을 빼앗기지 않을 이가 얼마나 될까? 숲을 가르는 바람과, 그치지 않는 풀벌레들의 합창 속으로 그 소리가 스며들면서 마음에 찾아올 때, "아, 참 좋구나."하는 감탄을 느끼지 않을 도리가 있을까? 서양의 종소리가 사방에 급격하게 흩어지면서 주변을 압도하는 기세를 가졌다면, 우리네 종은 종 안으로 소리를 은근히 모아들여 천천히 성숙시킨 후 조금씩 조금씩 흘려보내는 듯한 음조를 지녔다.

그것은 주위를 단숨에 장악하면서 흩어져버리는 소리가 아니라, 내면으로 삭이며 품어내는 신비함을 지니고 있다. 이런 범종의 소리가 은은하게 새벽공기를 진동시키는 시각에, 아직 걷히지 않은 안개를 손끝으로 잡을 듯 헤집고 바위틈에 솟아오르는 차디찬 샘물에 목을 축이면 우리는 어느새 오랜 옛날 그렇게 마음달랠 길 없이 바랑 하나 메고 터벅터벅 산사를 찾아왔던 선조(先祖)들의 맑은 숨결과 하나가 되지 않는가?

기독교 신앙이 그런 소리의 흡인력을 영혼의 가락으로 삼아, 묵상의 훈련을 해왔다면 오늘, 우리들의 모습이 사뭇 다른 품격으로 세상사에 다가갔을지도 모른다. 미미한 소리에서 하나님의 음성을 들을 줄 알고, 생명의 소리에 귀가 열린 자의 모습이었을 터이다.

인간이 가지고 있는 여러 종류의 종교적 욕구에 대한 각 종교의 진지한 노력을 깊이 연구해볼 생각은 하지 않은 채, 일단 나와 다른 종교면 열등하게 보고 아무렇게나 해도 된다는 생각은 폭력이다.

## 배척의 종교가 될 것인가

인류사회의 근대헌법에 명시된 '종교의 자유'는 어느 특정종교가 일방적으로 지배종교가 되어서 다른 믿음을 탄압하지 말라는 요구이다. 이 헌법정신은 단지 개념적 창안이 아니라, 그렇게 되지 않으면 어떤 비극적 사태가 일어나고 희생자들이 양산되는가를 겪은 역사의 교훈에 바탕을 두고 있다.

서양의 종교개혁 과정에서 일어났던 무지한 폭력과 탄압, 그리고 추방의 역사는 모두 이 종교의 자유를 향한 힘겨운 여정이었다. 우리는 역사 속에서 이 자유가 무너질 때 인간은 순식간에 근거도 없는 논리에 의해 마녀사냥의 대상이 되고 만다는 것을 겪을 만큼 겪어보았다.

따라서 이러한 역사의 뿌리는 오늘날 우리들에게, 자신의 종교가 다른 종교의 심판자가 되는 유혹을 거부하라고 명하고 있다. 종교의 자유가 붕괴되는 것은, 바로 이렇게 특정 종교와 신념이 다른 종교와 신념에 대한 절대적 판단기준을 소유하고 있다고 윽박지르면서 자기논리를 관철시키려 할 때이다. 그것은 기독교적으로 말하자면 율법주의와 다름이 아니다.

율법주의는 인간의 사고를 경직시키고, 선악의 판단을 그 인간이 가지고 있는 기준에 절대적으로 맞추는 무리를 범하게 한다. 그 과정에서 인간의 정신적 생기는 멸절되고 만다. 예수님께서 직면하신 예루살렘의 영적 상태는 바로 그러한 현실이었고, 그것이 가난한 백성들의 활력을 빼앗는 것임을 주목하신 것이다.

만일 불교가 사회적 부패와 부정의를 조장하거나 인류의 양심을 마비시키고 있다든지 또는 사회적 증오와 갈등을 부추기는 교리를 내세우고 있다면 그것은 다른 문제가 된다. 종교의 궁극적 목표와는 배치되는 가르침으로 인간사회의 길을 어긋나게 하고 있으며, 그로써 인간의 가치를 평가절하 하는 것이기 때문이다.

이는 같은 종교 안에서도 마찬가지의 문제이다. 기독교라는 이름으로 부패와 부정과 탐욕을 채우는 일이 도처에서 벌어지고 있는 것은 종교의 자유가 아니라 종교의 모독이다. 그러나 설혹 그렇다 해도 그런 경우에 훼불사건과 같은 폭력을 동원하는 것은 여전히 옳지 않다.

베드로가 사로잡히시는 예수님을 지킨다는 명목으로 칼을 뽑아들었을 때 예수께서는 이를 칭찬하지 않으셨다. 도리어 "칼로 선 자 칼로 망한다"고 꾸짖으셨다. 스승을 보호하겠다고 그래도 생각해서 칼을 뽑아든 베드로가 무척이나 민망했을 것이다. 훼불사건의 관련자는 이런 베드로와 거리가 멀지 않다. 본인들은 예수님을 지키는 이른바 십자군적 역할을 감당하고 있다고 여겼는지 모르지만, 그것은 예수 그리스도를 욕보이는 일이고 스스로가 망하는 첩경이다. 훼불사건으로 상처를 입은 사람들은 무슨 영문인지도 모르고 그들의 분격의 화살을 우리가 믿는 예수 그리스도에게 쏘아댈 터이니 그 책임을 어떻게 지려는가?

### 개신교의 일부 열광주의자들

기독교, 그 가운데서도 특히 개신교의 일부 열광주의자들이 그런 일을 벌이는 까닭은 우선 기독교 신앙의 본질을 그릇 이해했기 때문이다. 기독교 신앙은 사랑을 나누고, 그 사랑으로 서로를 품어 안으면서 인간사의 흐름이 하나님 나라와 그 의를 닮아가게 하는 능력이 아닌가? 그런 사랑을 한껏 품은 사람이 누군가 정성스럽게 만들었을 불상의 머리를 동강낼 마음을 일으키겠는가? 설혹 그의 신앙관으로 볼 때 불상의 형상이 받아들이기 어려운 것이라 해도 왜 그런지 불교를 믿는 상대에게 차근차근 자신의 생각과 느낌, 그리고 견해를 온유하고 겸손하게 풀어나가야 하지 않을까? 그러다 보면 자신의 신앙적 삶과는 어떤 차이를 가지고 있는지, 선교의 폭을 넓혀갈 수 있지 않겠는가.

그럼에도 불구하고 종교적 독선에 빠져서 상대의 공간을 인정하지 않고 정복의 대상으로만 취급하면 '사랑의 종교'가 그만 '배척의 종교'로 되어버리고 마는 것이다. 그런 배척으로 기독교는 이해심의 폭이 여타 종교보다 못하다는 세간의 평을 받게 되었고, 그로써 충분히 품어낼 수 있는 사람들조차 품어내지 못한 채 적대세력으로 만드는 일이 비일비재한 것이다. 이것은 '사람 낚는 어부'의 모습이 아니다.

예수님께서는 "깊은 곳으로 그물을 던지라"하셨는데, 인간의 깊숙한 영혼에 다가갈 생각은 하지 않은 채 아직 성숙하지 못한 자기주장에 과도히 집착해서 상대의 종교 공간을 침해하고 그로써 자신의 선교적 사명을 다했다고 여기는 것은 선교의 본령을 오해한 것이다.

기독교 선교의 본령은 폭력으로 상대를 정복하거나 압도하거나 굴복시키는 데 있지 않고, 따뜻하고 너그러운 감동 감화의 영력으로 인간의 마음에 스며드는 것이다. 그런 능력이 없는 이들이 저지르는 일이 바로 저 불상훼손 사건과 같은 것이다.

### 우상파괴에 대한 근본개념의 오류

이러한 기독교 신앙인들의 태도는 우상파괴에 대한 근본개념의 오류에서 발생한다.

하나님은 나 이외에 그 어떤 것도 절대적 존재로 놓지 말고, 또 우상을 새겨 섬기지 말라고 하셨다. 이때 '나 이외에'라는 것은 하나님이 표상하는 일체의 것과 아닌 것의 대립과 갈등에서 하나님을 선택하는 것을 주저하지 않음을 뜻한다. 사랑과 돈, 정의와 권력이 만일 서로 갈등을 일으킬 때 하나님 이외에는 다른 그 어떤 것도 절대적 존재로 삼지 않는 이는 아무리 돈이 좋고, 아무리 권력이 탐스럽다 해도 사랑과 정의를 선택할 것이다. 하나님은 공의와 사랑이시기 때문이다.

그러므로 이런 하나님께 충성하는 우리의 믿음은 세상의 그 어떤 유혹에도 넘어가지 않도록 하는 근본적인 힘이다. 이것을 그렇게 새겨듣지 못하고 종교로서의 기독교 외에는 다른 일체의 것을 부인하라는 것으로 해석하고 있다. 그렇게 주장하면서, 기독교 자체를 하나님의 지위에 올려놓고 그 안에서 온갖 못된 짓을 하는 경우가 어디 한 둘인가? 종교지도자들이 바로 이러한 절대론에 기대어 자신의 자리를 절대화하는 일 역시 보기 드문 일이던가?

이같은 논리에서 벗어나지 못하는 한 그 다음의 우상론은 필연적으로 병든 신학으로 전락하게 마련이다. 우상을 섬기지 말라 함은 하나님이 지향하고 계신 가치 이외의 것을 손으로 새겨 그것을 섬김의 대상으로 만들지 말라는 것이다. 그러기에 앞의 말씀과 뒤의 말씀, 십계명의 첫 두 계명은 같은 동전의 앞뒤이다.

어디 손으로 새긴 일체의 것이 우상인가? 아니다. 성서는 우리의 마음이 섬기는 것으로 삼는 그것이 우상이 된다는 점을 일깨운다. 성전이 우상이 되어 화려한 성전건축으로 가난한 백성들을 병들게 하면, 이때의 우상은 무엇인지 말할 것도 없다. 예수님께서 하신 성전정화는 그 우상을 깬 사건이었다. 골로새서 3장 5절의 "그러므로 땅에 있는 지체를 죽이라 곧 음란과 부정과 사욕과 악한 정욕과 탐심이니 탐심은 우상숭배니라"는 말씀은 우리가 인간의 내적 욕망을 추구하며 그것을 절대시하는 행위에 대해 질타하고 있다.

나아가 신도 수가 우상이 되며, 당회장의 위상이 우상이 되고 권력이 우상이 될 수 있다. 학력이 우상이 되고 지위가 우상이 되며 명예가 우상이 되는 일이 비일비재하지 않는가? 이 모두는 하나님의 길을 배반하는 첩경이다.

그의 마음에 하나님 아닌 것이 꽉 자리 잡고 있어서 그것을 위해서라면 다른 모든 것을 희생해도 좋다고 여기는 것이 바로 우상숭배이다.

우리의 역사를 돌아보아도 이런 우상숭배의 시기는 반드시 인간의 희생을 가져왔고 믿음의 부패를 가져왔다. 경제발전이 우상이 되자 인간의 권리를 존중하는 일은 뒷전이 되었다. "네 이웃을 네 몸과 같이 사랑하라."고 하셨는데, 그런 성서의 가르침은 돈의 힘에 굴복하도록 되어버렸다면 이 역시 우상숭배의 결과이다. 그런 시대와 사회에는 하나님의 사랑과 의는 저버림 당하고 그로써 인간의 깊은 슬픔과 고뇌만이 강이 되어 흐른다. 사람이 사람 대접 받지 못하는, 사람보다 돈이 더 대접받는, 돈이라는 우상이 최고의 주인행세를 하는 거꾸로 된 세상이 되는 것이다.

그러고 보면, 다른 종교에서 우상을 찾을 것이 아니라 이미 우리 자신의 신앙체계 속에서 우상이면서 우상 아닌 척 버젓이 버티고 있는 것들부터 찾아내서 사라지게 해야 한다. 이처럼 진짜 우상의 목을 베는 것이야말로 우리가 할 도리가 아닐까? 우리의 마음과 영혼을 꽉 채워서 하나님의 사랑이 들어설 자리가 없게 만드는 것들을 내보내야 하는 것이 아닌가? 겉모습은 신앙인이라면서, 정작 주님만이 거하셔야 할 마음의 처소가 헛된 우상으로 가득 찬 사람들이 얼마나 많은가? 손으로 만든 조상(彫像)들을 아무리 많이 허문다 한들 그것이 진정한 우상격파의 작업이 될 수 없다.

우리의 영혼과 우리의 공동체 내부에 이미 굳건히 자리 잡은 무수한 우상들을 찾아내서 그것이 하나님 대신 우리의 삶을 지배하고 이끌고 굴러가게 하는 일을 저지하지 못하면, 우리는 우상 섬기는 자들이 될 수밖에 없다. 이 마음을 품지 못할 때 우리는 만사를 무소유 속에서 너그럽고 빈 마음으로 대하는 탐욕 없는 이들 앞에서 고개를 들지 못할 것이다.

하나님의 사랑과 의로우심을 주목하지 않고, 자신과 다르다는 이유로 그들이 겪고 있는 고난과 비극을 징벌의 결과로 인식한다면 그것은 어려운 일을 겪고 있는 이들의 가슴에 다시 한 번 못을 박는 일이다. 가난도, 자연재해도, 인간적 불행도 모두 하나님을 믿지 않아 그랬다면 우리는 욥의 고난을 이해할 수 없으며 결국 예수 그리스도의 십자가에 담긴 의미도 깨닫지 못하게 될 것이다.

고난과 비극의 현실에 직면해서 좌절하고 일어서지 못하는 이들과 함께하지 못하는 신학은 모두 하나님의 사랑과 대적하는 우상이다. 자신이 만든 제도나 논리, 또는 권력을 지켜내려는 주장을 절대화하는 것에 불과하다. 따라서 이러한 우상들을 파괴하고 소멸하는 것이야말로 하나님의 진정한 뜻을 세상에 드러내는 과정이 된다. 그렇지 않으면 하나님의 이름을 망령되이 일컬어 결국 하나님의 영광을 가리는 일을 멈출 수 없기 때문이다.

자연재해로 고난을 받고 있는 이들을 향해 쏘아진 말의 독화살은 즉시 뽑아야 한다. 선한 사마리아 사람이 강도 만난 자를 보면서 '아, 이 자는 하나님을 믿지 않아 이렇게 되었지,' 라고 했던가? 고난에 빠진 이에게 무조건적으로 다가가서 사랑으로 일으켜 세우는 자, 그가 진정한 기독교인이다. 그렇지 않고 이리 저리 따져 저주의 말을 퍼붓는 것을 먼저 시작하는 자, 그리고 그러한 논리야말로 하나님이 싫어하시는 "반기독교적 행태"가 아니고 무엇이겠는가?

# 땅 밟기, 대적 기도 그리고 영적 전쟁의 진실

소위 봉은사 '땅 밟기 기도'가 일파만파 퍼진 적이 있다. 이 일을 계기로 유사한 사례들이 속속들이 알려지고 있지만, 한국 개신교의 이러한 행태는 어제오늘의 일이 아니다. 드러나지 않았을 뿐이지 20여 년 전부터 소위 '영적 전쟁'이라는 타이틀을 걸고 나타났던 부분이다.

악을 소멸시키는 '영적 전쟁'을 통해서 인간과 세상을 구원하겠다는 신앙적 열정은 귀중하다. 그러나 그 열정이 잘못된 인식에 기초하고 있다면 그것은 도리어 인간의 생명을 상실하는 위험한 무기가 된다. 인간을 고통으로 몰아넣고 죄로 유혹하는 각종 사회 구조적 현실과 권력, 부패한 문화와 이를 유지하는 자본과의 정면 대결은 외면한 채, 다른 종교인들에 대한 능멸과 적대적 대결이 영적 전쟁의 형태로 선포되는 것은, 그들을 함부로 사탄 내지 사탄의 하수인으로 취급하는 기독교 제국주의이며, '사랑의 선교'라는 기독교 신앙의 근본을 이탈하는 행위이다.

이명박 대통령이 서울시장 재임 시절 서울을 '하나님께 봉헌'한다는 말을 했다가 화를 자초한 일이 있다. 또한 한때 이 대통령의 고향인 포항의 정장식 시장은 기독교 신자 기관장들의 모임인 홀리 클럽에 가입하고 세계 성시화 명예준비위원장을 하고 시 재정의 1%를 성시화 지원에 사용하겠다고 공표했다가 불교계의 거센 항의를 받기도 했다. 세속을 자신의 종교로 지배하려는 의도로 하나님의 이름을 '함부로' 입에 올리고 '성시화(聖市化)'를 시도한다면 이는 정복주의적 선교관이 낳은 영적 전쟁의 또 다른 이름일 뿐이다.

오늘날 한국사회를 이토록 혼미하게 만들고 어렵게 하는 사연이 어디에서 비롯되는지 너무나도 분명한데, 이와 같은 문제는 영적 대결의 대상으로 파악하지 않은 채 타 종교를 공격 목표로 삼는 것은, 출발점인 '적의 규정'부터 잘못된 것이다.

한 보고서에 따르면 대구 지역을 장악하고 있는 '불교의 영'을 물리치기 위해 불교인들이 종교 의식을 행하고 있는 자리에 기독교인들이 무리를 지어 무단으로 침입, '대적(對敵) 기도'를 했다고 한다. "불교의 영에 힘입어 대통령 자리에 올랐던 전직 대통령들의 비리가 터져 나오기 시작한 것도 바로 이들 '영적 군사'들이 땅 밟기를 하고 기도를 한 직후부터였다."고 하니, 그러면 "기독교의 영에 힘입어' 대통령이 되었던 김영삼 전 대통령의 곤경은 어떻게 해명해야 하는가? 당시 전직 대통령의 비리는 불교의 영과 관련된 것이며 따라서 이들 기독교인들의 영적 전쟁이 비리를 폭로하는 계기가 됐다면, 불교는 비리를 저지르는 사람들의 종교라는 말인가? '하나님나라의 전략 요충지'와 '흑암 왕국의 전략적 요충지' 그리고 '전투 중인 전략 요충지'라는 개념을 사용하는 것도, 성지(聖地)와 반-성지(反-聖地)라는 지역적 개념에 묶여 있는 매우 반기독교적 자세이다.

### '정당한 전쟁'의 문제

전쟁을 선포하는 일은 무엇보다도 먼저 '적'을 규정하는 일을 전제로 한다. 그 '적'은 공동체의 선과 안전을 위해 존립을 허락해서는 안 될 존재가 될 것이다. 그리고 전쟁은 언제나 정의를 명분으로 삼는다. 정의롭지 못한 전쟁에 동원된 인간은 자신의 생명을 바쳐 싸울 수 없기 때문이다. 이 두 가지는 '정당한 전쟁(just war)'의 정체성을 정립하는 기초가 된다.

그런데 만일 적에 대한 규정이 잘못되어 있다면 어떻게 할 것인가? 무고한 존재를 적으로 몰아 궤멸시킬 대상으로 만들었으니, 희생자와 가해자를 뒤바꾸는 죄를 저지르는 결과를 가져온다. 또 적의 규정이 옳을 경우라도 전쟁이라는 개념이 담고 있는 바가 그 전쟁을 수행하는 주체의 인간성을 파괴하는 것이라면 어떻게 할 것인가? 전쟁이 아닌 방식으로 충분히 적대적 관계를 해결할 수 있는데도 폭력을 동원하는 길을 선택한다면 이로써 폭력의 악순환이 시작된다. 그리고 그 전쟁이 형태상 승리로 끝난다 해도 그것은 승리자 자신을 인간 이하로 황폐하게 만들 터이니 자멸과 다름없는 길이다. 나아가 이 전쟁이 공동선 방어라는 명분 뒤에 은폐된 누군가의 지배를 정당화하고 유지시키는 주도권 행사의 방식이 된다면, 그것은 탐욕적인 점령과 정복의 도구가 될 뿐이다.

오늘날 한국 기독교의 일각을 차지하면서 선포되고 있는 이른바 '영적 전쟁'의 구호는 이러한 각도에서 재점검할 필요가 있다. 전쟁의 일반적 양상을 지니고 있는지 아닌지 확인해 보아야 한다. 그러지 않으면 기독교는 자칫 영적 전쟁을 앞세워 무고한 영적 생명에 손상을 입히고 영적 폭력을 휘두르는 결과에 직면할 수 있기 때문이다.

## 기독교 제국주의의 폭력

1492년 서인도제도에 상륙한 콜럼버스는 자신의 항해와 관련하여 하나님께 감사를 드렸다. 그리고 그가 만난 토착 원주민들이 노예로 부리기에 알맞다는 관찰을 기록한다. 그의 기독교 신앙과 인간을 노예화하는 일이 전혀 갈등 없이 결합하였던 것이다. 이 완벽하다시피한 모순은 이후 유럽 기독교의 제국주의적 성격을 맹아적 단계로 드러낸 것이라 하겠다.

그의 뒤를 따라 아메리카 대륙에 발을 디딘 유럽인은 기독교 문명의 세례를 준다는 명분을 내세워 토착 문명을 철저하게 파괴해 버린다. 스페인 군대의 잉카 문명 파괴는 가장 악랄한 경우였다. 유럽의 기독교 문화와 충돌하는 일체의 것은 모조리 사탄의 역사로 여기고 멸절시켰을 뿐만 아니라, 그로써 이들의 영혼이 구원받는다고 확신하기까지 했다. 토지를 빼앗고 잔혹한 종족 학살을 하고 기독교로 개종시켜 이들에게 유럽인에 대한 '복종의 훈련'을 강화하면서 그 모든 행위를 '가나안 정복과 그로 인한 영적 전쟁의 승리'라는 주제로 귀결시켜 나갔다.

기독교도로 개종한 노예에 비해 그렇지 않은 노예는 매우 가혹하게 다뤄졌고, 유럽 백인에게 도전한 노예는 '주인에게 덤벼든 노예'가 아니라 '기독교인에게 도전한 노예'로 규정되어 무서운 집단 린치를 당했다. 흑인 노예의 도전은 사탄의 영이 피부가 검은 이들에게 스며들어 일어난 일이라고 인식하였기 때문에, 이들을 장악하고 있는 사탄을 내쫓기 위해서라도 이들을 때리고 벌하는 것은 당연한 것이라고 정당화시켜 나갔다. 주인에 대한 노예의 저항은 그로써 사탄의 역사가 된 것이다. 이런 방식으로 사탄과의 전쟁에서 이기려는 이들 백인 기독교인들의 역사적 맥락은 후일 KKK단으로 이어진다. 흰옷과 두건을 쓰고 백인우월주의와 기독교 문명의 승리를 외치면서 중앙에 십자가를 세워 불을

지르고 자기들끼리의 동지적 연대를 강화하는 한편, 흑인에 대한 린치를 가했던 이들의 내면에 '영적 전쟁의 승리에 대한 열정'이 끓어올랐다는 점은, 종교적 정복주의가 가지고 있는 폭력의 얼굴을 보여 준다.

주지하는 바, 선교사들의 비기독교 문명권으로의 진입은 순수한 사명감으로 이루어졌던 경우만이 아니라, 서구 제국주의의 침략 과정과 결합한 경우도 적지 않았다. 또한 순수한 선교적 사명감의 경우에도 선교사 자신의 문화적 한계와 신앙적 우월감이 작용하여 제국주의의 형성에 이바지한 점이 적지 않다.

'사탄의 영이 지배하는 지역에 대한 영적 전쟁'을 앞세워 비서구 지역 주민의 기(氣)를 종교적 복종의 가르침으로 짓밟고, 제국주의 침략을 '문명과의 만남'으로 호도하면서, 그 의식 세계를 백인화하거나 노예화하는 역할을 담당한 기독교 역사의 기록은 도처에 존재한다. 토착 주민의 역사보다 아브라함으로부터 시작하는 히브리인들의 역사를 아는 일이 더 중요한 것인 양 가르침으로써 이들의 역사적 기억과 역사의식을 말살해 버리고 주체적 자아를 신앙으로 바로 세우도록 돕기보다는 백인 기독교인을 모델로 삼는 과정을 영적 변화와 성장의 구체적인 내용으로 인식시켰다. 성서의 메시지와 토착 주민의 역사가 어떤 의미로 연결될 것인지를 함께 고민하고 모색하는 것이 아니라 이들의 역사는 완전히 무시해도 좋은 것으로 만들어 버린 셈이며, 선교사의 모국은 이들 토착 기독교 개종자들에게 '영적 성지'처럼 받아들여지게 되었던 것이다.

결국 기독교가 들어오면서 비서구 지역의 역사는 토착 주민의 의식에서 사라지게 되었고, 서구 기독교인의 역사관이 이들의 영적 세계의 중심으로 자리 잡게 되었다. 따라서 서구 기독교의 영적 전쟁의 결과는 비서구인의 주체가 껍데기가 되게 하는 일이었고, 하나님께서 주신 각 족속 나름의 개성을 학살한 것으로 나타났다. 신앙으로 인간이 하나님 앞에서 거듭나고 그로써 새로운 삶의 목표를 갖는 중대한 사건의 형태가 없는 것은 아니었으나, 그보다 압도적인 모습은 서구 기독교의 제국주의적 지배에 편입되는 일이었다. 그렇지 않았다면 비서구 지역의 기독교는 자신의 역사적 삶 속에서 드러난 하나님을 발견하는 일에 마음을 쏟았을 것이며, 거기에서 역사하시는 하나님의 음성과 모습을 서구 기독교인과 동등한 입장에서 나누고 묵상하며 감격하는 단계로 발전할 수 있었을 것이다.

그러나 정복주의적 선교관은 아시아 · 아프리카 등지의 고유한 영적 토양을 분쇄해버렸고 프랑스인들의 지배를 받았던 알제리인의 정신 상태를 '검은 피부, 흰 가면(black skin, white mask)'이라고 표현했던 프란츠 파농의 지적대로, 자신의 것을 열등하게 취급하는 '자기 비하의 죄의식'을 심어 놓았다. 흑인으로 태어난 것, 아시아인으로 태어난 것, 아메리카 원주민으로 태어난 것, 이 모두가 다 하나님의 은혜이고 기쁨이며 각기의 모습 안에서 고유한 섭리가 실현되는 당당한 존재라는 영적 자신감을 병들게 한 것이었다. 이렇게 해서 생기게 된 서구 기독교인에 대한 열등감을 치유하는 데는 긴 시간이 필요했고 그 주체 회복의 과정은 상당한 신학적 토론의 고투를 거쳐야 했다.

보잘것없는 갈릴리 백성들을 그 존재 자체로 적극 인정해 주신 예수 그리스도의 자세를 통해, 오늘날 기독교 제국주의의 폭력으로 인해 멍들어 버린 자아의식을 바로잡아 나가려는 노력이 새롭게 주목받기 시작했다. 진정한 영적 대결은 다름 아닌, 정복주의적 사고에 기초하여 영적 전쟁을 선포하는 기독교 신앙의 현실과 먼저 벌여야 하는 것임을 의식한 결과이다. 그 기원이 서구이든 아니든 상관없이 그것의 본질적 성격이 인간의 존엄과 고유한 영적 세계의 생명력을 파괴하는 것이면 이에 저항해야 함을 깨달은 것이다.

인간에 대한 종교적 지배와 정신적 폭력을 '영적 전쟁'으로 위장하는 세력과 치열하게 대립하는 것이, 바로 나사렛 예수가 예루살렘 교회의 지배 세력에 맞서서 하신 일이었음을 새삼 발견한 결과였다. 사탄은 어디 다른 데 있었던 것이 아니라 교회 자신의 내면에 자리 잡고 있었던 것이다.

## 영적 전쟁의 목표물

사마리아 여인과 대화를 나눈 예수께서 여기도 아니고 저기도 아니고 오직 신령과 진정으로 예배를 드리라고 말씀하셨을 때, 그것은 '성지

지역주의'를 타파하신 것이다. 예수께서는 우리 몸이 바로 성전이라고 하셨으며, 우리가 어디에 있든 우리와 함께하시는 그리스도의 영은 그 곳을 성화시키는 능력으로 활동하신다. 믿음의 역사가 이루어지는 곳이면 그곳이 곧 성지이지, 따로 그런 지역이 있어서 그렇지 않은 지역에 대하여 영적 전쟁을 선포하는 본부로서의 자격과 위치를 갖는 것이 아니다. 그러한 발상은 그리스도의 능력과 활동의 근거지를 지역적으로 제한시키는 잘못을 범할 뿐이다. 그런 생각이 파고들 때, 갈릴리 출신의 나사렛 예수를 멸시하면서 신앙의 위계질서를 내세우는 예루살렘파와 같은 자가 되고 마는 것이다.

이는 또한 비서구 지역의 역사 속에서도 활동하시고 자신을 드러내시는 하나님의 모습을 부정하고 자신들의 신앙적 권위를 일방적으로 또는 독선적으로 강요한 서구 기독교 제국주의와도 다를 바 없는 것이다. 그것은 실로 무서운 교만이자 폭력이다. 이렇게 되면 인간의 영적 현실은 황폐해지게 마련이다. 또한 어떤 특정 지역을 '흑암 왕국의 근거지'로 보는 것은 마치 영적 존재들의 지배 영토가 따로 있는 것처럼 전제하는 것이다.

한편으로는 무속 신앙적 사고를 비판하면서 부엌 귀신, 술집 귀신, 사창가 귀신 등을 인정하는 모순을 저지르는 셈이다. 중요한 것은 그런 부패하고 타락한 현실을 만들어내는 중심에 무엇이 있는지를 보고 이를 기독교 공동체의 영적 능력과 거기에서 비롯하는 집단적 발언 그리고 현실 운동으로 격파하는 일이다. 가령, 어떤 지역에 사창가가 밀집해 있다면 그것은 그 지역 자체만의 문제가 아니다. 그와 같은 지역이 존재하는 이유는 오히려 그 지역을 넘어선 자리에 있다. 사창가 형성의 구조적 요인부터 전체적으로 파악해야 한다. 누가 왜 그곳까지 들어와서 자신들의 생존을 해결할 수밖에 없는가 하는 문제는 사창가 지역과의 영적 전쟁을 통해서 파악할 수 있는 성질의 것이 아니다. 이곳에 와서 몸을 파는 여인들의 삶이 그렇게 된 까닭은 다른 데 있기 때문이다. 이를 주목할 때 우리는 한국사회의 경제적 현실, 교육 체제, 직업 구조, 가정 문제, 정치 윤리 등을 재검토하지 않을 수 없게 된다.

이러한 전반적 현실들이 기독교 신앙의 사회 윤리를 기초로 하여 변화하기를 바라고 요구하며 이를 위해 실질적인 움직임을 벌여 나갈 때, 사창가 형성의 사회적 기초는 상당한 정도로 허물어질 것이다. 또한 그곳을 찾는 사람들이 사창가에서 살고 있지 않다는 점은 이들 방문자의 삶에도 우리의 눈을 돌리도록 한다. 환락가를 찾는 이들이 어디에서 어떤 방식으로 돈을 벌어 그곳에 갖다 쓰는가 하는 문제는 보지 않은 채, 특정 지역의 현상적 성격만을 주목해서는 사태를 해결할 수 없는 것이다. 더 큰 악은 다른 곳에서 저질러지고 그 악의 일부분을 이곳에서 뜯어 먹을 뿐이라면 우리의 영적 안테나는 정녕 어디를 향해야 하는가?

## 우리의 영적 안테나는 정녕 어디를 향해야 하는가

성서는 영적 전쟁의 구체적인 모습을 철저하게 '예언자 전통'에서 찾는다. 그것은 하나님 나라의 정의와 평화를 짓밟는 사건과 세력에 대하여 우리로 하여금 담대하게 '발언'하기를 요청한다. 그리하여 하나님의 형상대로 지음 받은 인간의 존엄성이 손상되지 않도록 하며 특히 하나님 나라의 이름으로 저지르는 죄에 대하여 매우 예민하고 강렬하게 반응하게 한다. 교회의 권세가 지배하는 것을 거부하고, 그 대신 하나님의 의로움이 충만하기를 부르짖는다. 교회의 권세가 중심이 될 때 정복주의는 주도권을 쥐게 되며, 거기에서 인간의 욕심과 편견, 지배욕이 '정당한 영적 전쟁'으로 포장될 수 있음을 직시해야 한다. 그러기에 기독교 문명의 수호라는 구호는 종교적 사기이기가 십상이다. 그것이 파괴해 버린 인류의 귀중한 자산이 너무도 많았음을 기억해야 한다.

오늘날 교회는 '영적 전쟁의 선포자'라는 자격을 내세우기보다는 도리어 영적 전쟁의 대상으로서 더 깊이 자기를 반성하고 성찰해야 할 상황에 놓여 있지 않은가? 부자가 되어버린 교회만큼 하나님 앞에서 할 말이 없는 존재가 어디 있는가? 부정한 권력 앞에서 침묵하고 권력의 우산 아래서 자기 몸을 불린 교회만큼이나 하나님 앞에서 할 말이 없는 존재가 어디 있는가? 타락한 문화를 생산해내는 자본 자체를 질타하지 못하는 교회에서 이 민족의 미래를 위한 어떤 영적 변화의 능력을 기대할 수 있을까?

실로, 하나님의 의로움이 기준이 될 때 인간을 죄로 이끌고 가며 고통을 주는 '진짜 적의 정체'가 무엇인지 드러나게 될 것이다. 그 '적'은 인간의 영적 위엄에 상처를 내며, 인격적 권리를 짓밟고 자기 유익을 구하는 '정체가 은폐된 그 누군가'이다. 따라서 우리의 진정한 영적 전쟁은 이러한 세력과 존재의 정체를 세상에 그대로 폭로하고 이들이 더 이상 힘을 쓰지 못하게 하는 작업이 되어야 한다. 이 나라의 분단, 부패, 비리, 특권, 변절, 거짓, 탐욕, 탄압, 미혹을 지배의 수단으로 삼는 세력과 정면으로 대결하지 않는 영적 전쟁은, 결국 교묘하게 위장하고 있는 사탄을 돕는 결과를 가져올 뿐이다. 사탄의 근본적인 역사(役事)를 저지하는 일은 방지한 채, 엉뚱한 곳에서 우리의 신앙적 열정과 능력을 조잡한 수준으로 소모하게 만들기 때문이다.

우리의 순수함이, 우리의 신앙적 사명이 우리들 각자의 삶 속에 하나님이 주시는 진정한 자아를 회복하고, 이 사회에 종교로서의 기독교 정복주의적 지배가 아니라 하나님 사랑과 그 생명력의 충만을 이루는 선한 싸움—그 싸움으로 우리가 거칠어지거나 공격적이 되는 것이 아니라, 더더욱 겸손하고 온유하며 아름다워지는 것으로 이어지는 은총이 있어야 할 것이다.

# 선거, 지역감정
# — 예수의 해법

어느 틈에 우리에게 '지역감정'은 어떻게 손대기 어려운 정치사회적 현실이 되어버렸다. 그것은 사는 지역, 출신고장으로 연대되는 감정적 영역이 발휘하고 있는 힘의 크기가 생각 이상으로 엄청나고, 그것이 빚어내고 있는 모순들이 도리어 우리 사회의 기존질서를 교묘하게 유지하는 기능마저 하고 있기 때문이다. 선거시즌이 되면 이 지역감정이 더더욱 괴물처럼 기승을 부리는 모습을 우리는 안타깝게 목격한다. 그간의 역사적 과정에서 지역감정의 덕을 보아온 측은 자신의 지역감정은 문제 삼지 않고 '이렇게 계속 당하고만 있을 수 없다.'라고 외치는 특정지역의 '방어적 단결'을 '지역감정이 부추기고 있다.'고 공격한다. 반면에, 피해를 입어온 측은 자신의 지역성을 뛰어넘어 전국적 연대로 이어지는 대동(大同)의 차원을 열어 가지 못한다. 일체의 지역차별에 저항하면서, 누군가를 겨냥한 지역적 적대감 자체를 사라지게 하자는 보다 높은 수준의 이상(理想)을 대범하게 지향하고 있지 않은 것이다.

## '지역감정'이 만들어 내는 병적 인간형

"그동안 너희들이 누려왔으니까 이제는 우리가 누릴 차례 아니냐." 라는 식의 논법마저 정당한 듯 여겨지는 상황이 벌어지고 있다. 그래서 지역감정은 '누림의 순서와 관련한 투쟁'이 되어버렸다. 갈릴리 출신의 예수의 제자들이 예루살렘에 진격하면서 '세상을 뒤집으면' 이제 자기들 순서가 되는 줄로 알고 다른 제자들은 따돌리고 예수의 좌우편에 앉게 되기를 미리부터 청탁했던 모습을 떠올리게 한다. 기존질서를 대표하는 예루살렘에 항거하는 '반예루살렘파'라고도 할 수 있는 갈릴리의 지역성이 이제 주도권을 잡는 사태가 왔다는 정치적 판단이 이들을 지배하고 있었고, 그런 지역주의의 교체가 정의를 이루는 일처럼 인식되었던 것이다. 이 일로 예수의 제자공동체 내부는 갈등을 겪는다. "어떻게 우리들 몰래 너희들만 그렇게 누릴 자리를 선점하려고 수를 썼는가." 하는 분노가 이들 사이에 터져 나왔던 것이다.

이런 갈등의 폭발 앞에서 예수께서는 이렇게 말씀하셨다.

너희가 아는 대로 민족을 통치하는 사람들은 그들을 마구 내리누르고 고관들은 세도를 부린다. 그러나 너희끼리는 그렇게 해서는 안 된다. 너희 사이에서 으뜸이 되고자 하는 사람은 누구든지 너희를 섬기는 사람이 되어야 한다. 인자는 섬김을 받으러 온 것이 아니라 섬기러 왔다.(마태복음 20:42-45)

지역주의와 지역감정의 악순환을 가져오고 있는 것은 지역주의나 지역감정 자체가 아니라 그 근본에 '누리려는 마음'이 존재하고 있음을 명확하게 짚어내셨다. 말하자면, 지역감정으로 군림하고 있는 자나, 그로 말미암아 피해를 입은 자나 모두 똑같이 해방되어야 할 '족쇄'가 있는 것이다. 그렇지 못하면, 이는 족쇄를 차고 있으면서도 그렇지 않은 줄로 알고 사는 비극적 인간형이 되고 만다.

이런 우리의 현실은 고대부족사회의 원시적 혈연성이 이른바 탈근대(脫近代)를 운위하는 21세기에 민족의 자유로운 진운을 가로막고 있는 형국이다. 국가간의 각종 경계가 무너지고 있는 가운데, 하루빨리 '지구촌형 인간'을 길러내어야 할 시대에 이러한 지역감정이 우리의 무의식과 뇌리를 여전히 점령하고 있다면 이것은 심리학적으로 규정할 때 '퇴행적(退行的) 단계'에 머물러 있다고 할 수밖에 없다. 그런 상태에서 전지구적 규모의 도전을 감당한다는 것은 불가능하다.

기독교가 유대주의자들의 지역적 한계에 갇히지 않고 인류적 보편성을 획득할 수 있었던 이유는 다름 아닌 바로 이 문제를 분명하게 해결했기 때문이다. 예수시대 이후에 사도바울이 '할례'를 외적 근거로 하는 기독교 공동체 내부의 유대주의자들과 치열한 신학적 싸움을 벌였던 것도 신앙이 감당해내어야 할 숙제의 면모를 보여주는 것이다. 기독교 신앙이 인간내면에 잠재하고 있는 하나님의 형상을 최고로 발현해내는 역할을 하는 것에 동의한다면, '지역감정'은 이 형상을 일그러뜨리는 병의 하나임을 우선적으로 직시하는 풍토가 교회 안에 충만해야 하지 않을까?

## '12'의 비밀

'12'라는 수는 성서에서 완전수를 상징한다고 이해되어왔다. 왜 그런가? 구약에서 '12지파'와 신약에서 '열두제자'가 등장하니까 그에 맞추어 12는 성서적 완전성을 의미한다고 가르치고 결론 내려도 되는 것인가? 성서는 히브리 족속이 애초에 아브라함을 조상으로 하여 단일한 혈통으로 출발한다고 전제한다. 그러나 애굽의 노예살이에서 해방되어가는 과정에서 이들은 잡다한 족속들이 혼합되는 과정을 경험하게 된다. '광야의 여호와 공동체'는 그러한 종족적 다원성을 신앙의 깃발 아래 하나로 묶어가는 여정이기도 했다. 가나안에 정착하는 과정에서 각 지파에 대한 토지분배를 제비뽑기로 하고 이를 서로간에 침범해서는 안 되는 경계로 지정한 것은 향후 지파간의 토지분쟁을 미연에 막는 노력과도 깊은 관련을 갖게 된다.

르우벤과 갓 지파가 요단강 동편에 기득권을 갖는 대신, 선봉대로 나서고 이후 그 공적을 기득권으로 내세우지 않도록 한 것(민수기 32장)도 동일한 맥락이다. 특정지파가 그 수와 규모로 다른 지파를 압도해버리는 가능성을 봉쇄해버리는 종교적 약속이 성립된 것이었다. 그러나 지파간의 정치적 균형이 존중되었던 '사사기시대'를 거쳐 사울을 왕으로 옹립하는 시기에 이르면, 이러한 지파간의 균형은 서서히 상실되어 버린다. 사울이 지파 중에 가장 세력이 약한 베냐민 지파 출신이었다는 점은 어떤 특정지파가 다수를 배경으로 주도권을 잡지 못하게 하려는 하나님의 뜻을 알아차린 선지자 사무엘의 영감(靈感)깊은 노련한 판단의 결과였다는 점도 아울러 주목해 볼 필요가 있다. 물론 그러한 노력은 겸손했던 출발과는 다르게 달라져버린 사울의 독재적 전횡으로 말미암아 수포로 돌아가고 만다. '광야의 여호와 공동체' 이래로 히브리전통이 되어왔던 지파간의 균형이 깨어질 때 어떤 사태가 발생하는가에 대한 깊은 교훈을 사울의 비극은 두고두고 남기게 된 것이다.

중앙집권적 왕권에 대항한 이후의 예언자전통은 이러한 지파균형의 파괴에 대한 반격의 성격을 지니고 있으며, 이는 곧 '광야의 여호와 공동체'가 지니고 있던 원래의 원칙으로 복귀해야 한다는 목소리를 담고 있는 것은 당연하다고 하겠다. 다윗의 등장은 정치적으로는 사울에 의해 전개된 지파간의 불균형 내지 불평등을 바로 잡고 이들을 하나로 통합해내는 역할로서의 의미가 있다. 각 지파마다 요구가 다르고, 각양각색의 처지에 따른 분쟁이 끊이지 않는 상황에서 통일왕국을 수립한다는 것은 보통 어려운 노릇이 아니다.

12의 상징적 완전성은 이렇게 각 지파간의 다양한 요구와 입장을 조율해서 하나의 통일적 화합을 이룩해 낼 때 성립하는 현실을 의미한다. 즉, 12라는 수가 그 자체로서 '완전'이라는 숫자적 신비함을 지니고 있는 것이 아니라 복잡다단할 수밖에 없는 지파간의 갈등이 자멸적 분열로 이어지지 않고 '조화로운 하나'로 성숙한 통일체가 되는 과정을 포함할 때 비로소 이루어지는 완전무결한 상태를 가리키는 것이다.

이렇게 본다면, 예수의 '열두제자'도 그저 12라는 성서적 숫자의 전통에 의거한 것이 아니라 각양각색의 집단적 갈등과 대립을 하나의 사랑 안에 용해시켜 새로운 공동체로 탄생시키는 목표를 그 안에 내포한 의미가 있음을 알게 된다. 겨우 두 사람에 불과한 경우에도 그 마음이 하나가 되기 쉽지 않거늘, 12라는 수가 상징하고 있는 다양함과 복잡함이 일구어내는 변화무쌍한 역학을 관통할 '완전한 길'에 대한 추구는 기독교신앙이 전제하고 있는 가치의 수준을 보여준다. 이런저런 이해관계와 입장에 따라 갈기갈기 갈라져 있는 인간사회의 상처를 치유하고 하나의 형제자매가 되고자 하는 기독교 신앙 안에서 차지하고 있는 이 '12의 지향점'은 오늘날 지역감정으로 찢겨져 있는 우리의 현실에서도 여전히 중요한 비중을 가질 것이다.

## 이스라엘의 지역감정

'지파의 문제'가 성서 안에서 강조되는 것은 이 문제가 이스라엘의 역사 속에서 얼마나 많은 집단적 갈등을 불러 일으켰는가를 반증해주는 대목이기도 하다. 그 지파간의 지역적 대립이 극단적으로 표출되는 것은 솔로몬 이후의 남북국 시대에 들어서면서이다. 다윗과 솔로몬이 지파통합을 염두에 두고 그물망 같은 정략결혼을 했으며, 유다지파의 근거지 헤브론에서부터 이스라엘의 중앙에 해당하는 예루살렘으로 천도한 것, 그리고 예루살렘 성전을 건축한 것 등은 모두 오랫동안 쌓여왔던 지파간의 대립적인 지역감정을 소멸시키려는 정책적 노력이었다. 특히 헤브론에서 예루살렘으로 정치 · 종교적 중심을 옮긴 것은 어떤 지파에도 기울어지지 않는 불편부당한 입장을 천명한 것이며, 그로써 모든 지파에게 정통성을 인정받으려는 시도였다. 이렇게 정치적 안정을 도모했지만, 다윗시대에 남쪽의 유다와 북쪽의 이스라엘간의 미묘한 긴장과 대립은 여전히 심해서 사무엘하 19장 40-43절에는 이런 대목이 기록되어 있을 정도이다.

온 유다백성과 이스라엘 백성의 절반이나 왕을 따라서 요단강을 건넜다. 그런데 갑자기 온 이스라엘 백성이 왕에게 몰려와서, '어찌하여 우리의 형제인 유다사람들이 우리와 의논도 없이 임금님을 몰래 빼돌려 가고 있습니까?'

그러자 온 유다사람이 이스라엘 사람에게 대답하기를, '우리가 임금님과 더 가깝기 때문이다 …' 그러나 이스라엘 사람들은 유다사람에게 이렇게 말하였다. '…어찌하여 너희는 우리를 무시하느냐?'

이런 갈등은 솔로몬 이후 르호보암의 대에 이르러 더욱 첨예한 형태로 폭발하고 만다. 그리고 그것은 경제적 이유가 그 밑바닥에 깔려 있는 것이었다. 에브라임지파를 대표로 하는 북쪽의 지파들(이스라엘)은 유다지파를 대표로 하는 남쪽지파 중심으로 나라가 움직이고 있으며 이와 동시에 남쪽지파에 비해 세금과 노력동원이 과중하다고 불만스러워하던 중, 솔로몬 사후 르호보암이 왕위에 등극하자 이를 시정해 줄 것을 요구하게 된다. 그러나 르호보암 체제는 이를 거부하며, 이에 즉각 반발한 북쪽 지파는 당시 솔로몬의 추격으로 애굽에서 정치적 망명을 하고 있던 여로보암을 새로운 지도자로 옹립함으로써 이스라엘과 유다라는 남북국 분단의 시대를 열게 된다.

이런 상황이 벌어지면서 북쪽의 이스라엘은 자신의 수도를 세겜으로 정하고, 북쪽 경계의 끝 단과 남쪽 경계의 끝 벧엘을 유다에게 속한 예루살렘을 대체하는 종교적 성지로 선정하게 되었다. 이 같은 구도는 이후 이스라엘의 종교와 지역감정을 연결시키는 결정적인 계기로 작용하여, 어디가 보다 정통성 있는 여호와 신앙의 성지인가를 놓고 치열한 쟁투가 벌어지는 역사적 근거가 되고 만다. 이는 민심을 장악하는데 있어서 결정적인 대목이었기 때문이다. 뿐만 아니라 솔로몬의 정권탈취에 협력했던 제사장 사독의 헤브론파(남쪽)와 달리, 이에 저항했던 아비아달의 실로파(북쪽)는 몰락하였고 이들은 이후 여로보암체제 안에서도 단과 벧엘의 등장으로 변방적 위치에서 벗어나지 못하는 비운을 겪는다. 이러한 실로파의 몰락과 이들의 후예는 이후 헤브론 또는 예루살렘 중심의 기득권 세력에 항거하는 반체제적 예언운동의 기초를 이루게 된다.

아무튼, 이후 앗시리아와 바빌론 제국에 의해 각각 멸망당하게 되는 이스라엘과 유다는 예루살렘 재건이라는 새로운 목표 아래 통합의 시기를 맞게 되지만 예수 시대에 이르러서도 종교적 정통성과 지역감정의 문제는 매우 예민한 것으로 존속한다. 변화산상에서 베드로가 "여기다가 초막을 지읍시다."(누가복음 9:28-33)라고 제안하는 것도 성지와 관련한 정통성의 싸움이 아직도 끝나지 않았고 그것이 새로운 신앙운동의 미래에 얼마나 중요한 일인가를 보여주는 예이다.

북쪽 갈릴리 출신의 베드로 등이 예루살렘을 중심으로 한 세력이 행사하고 있는 지역적 우월주의에 대항하는 종교적 근거지의 대안(代案)을 거기에서 발견하려 했던 것은 무리가 아니었던 것이다. 그리고 이제 사마리아 여인이 "우리 조상은 이 산에서 예배를 드렸는데" 하고 서두를 떼며 "선생님네 사람들(여기서는 예수의 제자가 아니라 유대인들을 가리킴)은 예배드려야 할 곳은 예루살렘에 있다고 합니다."라고 대조하고 있는 대목은 예수시대의 이스라엘이 첨예하게 경험하고 있던 지역적 대립의 현실을 적나라하게 증언하고 있는 것이라 하겠다.

다시 말해서, '이스라엘의 지역감정'은 종교적 정통성의 문제까지 관련지어 전개되고 있었기 때문에 우리가 오늘날 겪고 있는 지역감정과는 비교할 수 없을 정도로 어느 쪽도 쉽사리 양보하기 어려운 사활적(死活的) 현실이었던 것이다.

## 예수의 해법

그런데 더더욱 심각한 문제는 이러한 지역감정이 단순히 서로 생각과 느낌의 차이를 보이는 단순한 지역감정으로 머무는 것이 아니라 상호 적대감의 원인이 되고 있다는 점이었다. 이런 경우 자칫 입상을 잘못 설정하면 지역감정의 대립이 만들어내는 무서운 소용돌이의 애꿎은 희생물이 되기 쉽다. 말을 잘못하면 몰매를 맞을 수 있다는 이야기이다. 그러니 이때는 눈치가 발달할 수밖에 없다.

자, 그렇다면 사마리아 여인의 발언에 대하여 예수는 어떻게 반응했는가? 지역감정을 넘어서는 지파적 균형을 꾀하려는 입장에 있다면 가장 적절한 반응은 사마리아의 종교적 성지와 예루살렘 모두에게 동등한 정통성을 부여하는 방식이 될 수밖에 없다. 현실적으로 이 이상의 합리적인 해결책은 없다. 한편, 기회주의적인 인물의 경우에는, 사마리아에 가서는 예루살렘을 욕하면서 사마리아의 성지를, 예루살렘에 가서는 사마리아를 비방하면서 예루살렘을 치켜세우는 교활한 수를 선택할 것이다. 반면에 어느 한 쪽의 정통성을 강하게 지지하고 있다면 사마리아 여인과 한바탕 열띤 논전을 벌이거나 아니면 서로 동조하는 관계로 들어가게 되었을 것이다. 그런데 예수께서는 그 어느 쪽의 선택도 하지 않았다. 그는 이제껏 이스라엘의 역사가 각 단계와 시기, 그리고 남북의 각 체제가 인정했던 신앙적 유산, 그리고 사마리아나 유다가 지탱하고 있는 종교적 정통성의 방식 일체를 부정하고 있다.

이것은 어느 쪽에서도 환영받을 수 없는 최악의 시나리오이다. 앞서 언급했던 세 가지 방식은 적어도 한 쪽의 지지는 획득할 수 있는 것임에 반해, 예수의 해법은 관련자 모두를 성나게 하는 무모한 자충수이다. 정치적 현명함이나 종교적 조심성, 또는 문화적 배려를 볼 수 없는 어리석은 짓이라고 평가받을 만한 발언에 해당한다. "이 산도 아니고 예루살렘도 아니다." 즉, 그 어디에도 지역적 정통성은 존재하지 않는다는 것이다. 이스라엘의 역사와 현실 속에 엄존하고 있는 지역감정(여기서는 유다와 사마리아간의 적대감)에 무신경했거나 아니면 지역감정의 대립으로 인한 공격의 위험을 자초할 법한 이 같은 말은 그 다음의 설명으로 매듭이 풀린다.

하나님은 영이시다. 그러므로 하나님께 예배를 드리는 사람은 영과 진리

로 예배를 드려야 한다.(요한복음 4:24)

무슨 말인가? 하나님의 영을 인간이 경계선을 그은 인위적인 지역적 정통성의 개념 속에 묶지 말라는 것이다. 아니, 그것은 결코 그런 것들에게 묶이지 않는다는 것이다. 이스라엘이 경험하고 있는 지파적 갈등, 지역감정의 모순과 대립을 푸는 길은 하나님의 영과 통하는 '초(超)지역적 진리'에 의해서 열린다는 이 대답은 실로 충격적이다. 왜냐하면 이는, 이제까지의 사고구조, 즉 '하나님은 우리 편에만 계신다.'라는 생각을 '나는 과연 하나님 편에 속해 있는가?'라는 질문으로 바꾸어 버리기 때문이다. 영과 진리가 없으면, 그 어떤 대단한 평가를 받고 있는 종교적 성지도 무의미하며, 거꾸로 영과 진리가 있기만 하면 세상이 아무리 하잘 것 없다고 여기는 자리에서도 하나님은 함께 하신다는 것이니 기존의 지역적 정통성은 무너질 수밖에 없다. 거기에서 출발하고 있는 지역감정은 설자리를 잃고 마는 것이다.

중요한 것은 지역이 아니라 마음이며, 진리이고 영인 것이다. 그것이 하나님 안에서 정통성을 획득하는 유일한 길이라는 것이다. 이것이 서 있는 공동체는 그로써 지역감정의 원시적 족쇄로부터 해방되기 마련이다. 이제까지 서로를 갈라놓고 있던 장벽이 얼마나 우스꽝스럽고 별 것 아니며, 그런 것들은 하나님 나라의 건설에 아무런 문제도 되지 않는다는 것을 깨우치게 되는 것이다. 지역을 근거로 한 우월감이나 열등감,

또는 적대감이나 능멸 등이 하나님의 영과 만나는 일에 전혀 무효력 하는 이 선언은 그래서 우리에게 지역감정을 뛰어넘는 새로운 기준을 제시해준다.

그것은, '우리들의 마음과 정신이 무엇을 지향해야 하는가를 바로 세우는 일'이야말로 지역감정의 전근대성으로부터 우리를 완전하게 해방시키는 첩경이라는 점이다. 그건 무엇일까? 교회가 한국적 지역감정의 현실에 줄 수 있는 구체적인 답안은 어떤 형태일까? 그건, 다름아닌 '하나님께 신령과 진리로 예배하는 자의 모습'이다. 하나님의 영으로 충만한 공동체로서의 존재이다. 정작 필요한 것은 영남이냐 호남이냐, TK냐 중부권이냐, 서울이냐 평양이냐를 따지는 일이 아니라, 한 사람 한 사람의 내면에 살아 숨 쉬고 있는 진실된 마음을 조명하고 그런 마음으로 채워진 사람들이 우리의 앞날을 이끌어 가는 가장 중요한 힘이라고 강력하고 꾸준하게 선언하는 노력이다. 그래서 언론이나 여론조사 매체들이 툭하면 조사하고 상업주의적으로 거론하고 있는 지역주의를 철저하게 거부하고 우리가 지향해야 하는 가장 아름다운 미래적 인간형을 모델로 내세우는 일이다. 예수는 바로 그런 모델의 성서적 원형이다.

사울을 비롯, 다윗과 솔로몬, 그리고 그 이후의 집권세력은 정치적 술수로 지파갈등을 해결하려 했으나 결과적으로는 모두 실패하고 말았다. 오늘날도 그런 사고는 끈질긴 관성을 가지고 우리를 지배하려 한다. 그러나 '진실의 영'에 기초하지 않은 일체의 방식은 언젠가 필연적으로 지역적 기득권과 연결되기 마련이다. 지역차별의 현실이 있음을 부정하자는 것이 아니라, 그것을 지역이라는 준거에만 집착해서 해결하려는 오류에서 벗어나자는 것이다.

오늘, 우리는 지역감정으로 피폐해진 민족의 현실 앞에서 '진실된 인간'을 회복하는 운동을 펼치지 않으려나? 지역적 우월감이 아니라 인간, 그 본래의 선함을 우선으로 앞세우는 노력 말이다. 그런 모습으로 하나가 되려 할 때 우리는 인류적 차원에서도 중대한 공헌을 할 수 있을 것이다.

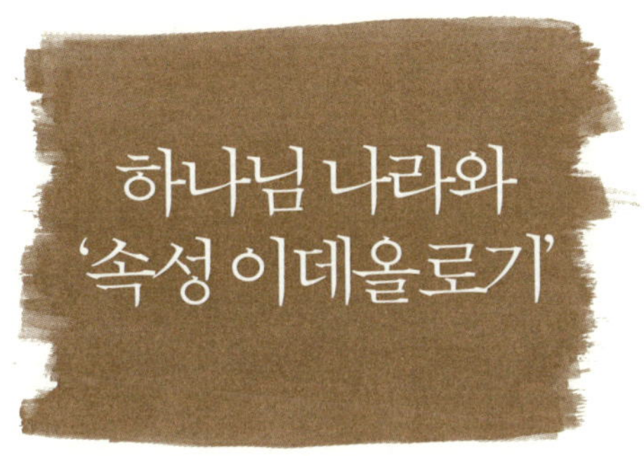


'그림을 그린다.'는 우리말은 "그 마음속에서 깊이 그리워하는 것을 화폭에 옮기는 것을 뜻한다."라는 풀이를 본 적이 있다. 멀리 있는 사랑하는 님이 보고 싶고 마냥 그리우면 그 님의 얼굴을 마음속에 한없이 그려보고, 고향이 그리우면 눈에 선한 고향 언덕과 동네 길을 또한 그렇게 해볼 것이다. 그러니 기계적으로 또는 기술적으로 베끼는 것과 그리는 것은 차이가 나지 않을까.

이렇게 본다면 그림은 그림 그리는 사람의 마음, 또는 영혼 깊은 곳에 이미 존재하는 어떤 무형의 감동을 밖으로 이끌어내어 나름대로 일정한 형태를 입히는 행위라는 해석이 가능해진다. 그림을 배우는 초기에는 아무래도 어쩔 수 없이 대상물을 베끼는 기초적인 훈련을 하지만,

그러나 그것은 표현력을 기르려는 연습일 뿐이고 정작 핵심적인 것은 이 그리움의 세계이지 않나 싶다.

그러니 아무리 그럴싸하게 실물에 가깝게 그렸다 해도 그것이 손재주로 베낀 차원으로 그칠 경우, 그런 그림에서는 영혼을 어루만지는 감동을 받기 어려울 것이다. 누군가 바다를 그린다 해도 그냥 바다를 눈으로 보고 그대로 베끼는 것이 아니라, 바다에 대한 그리움이 화가의 영혼에 강렬하게 존재하고 그래서 바다를 향한 그의 마음이 도저히 견딜 수 없는 지경에 이르자 붓을 움직인 그런 그림이 진짜가 될 것이다.

## 자신만이 간직하고 있는 영혼의 깊이

가령, 구겨진 담배 은박지 위에 철필로 새겨 그린 이중섭의 그림, 거기에 담겨있는 그의 가족, 바다풍경과 물고기들이 소박하게 어우러진 장면들은 그런 그리움이 아름답게 묻어있다. 루오의 화풍을 본받은 그의 초기작품은 두꺼운 선을 주로 사용하면서 담백하게 색조를 선택해 넉넉하면서도 과묵한 분위기를 주었는데, 그의 〈소〉같은 작품은 그런 분위기를 그런대로 여전히 간직하고 있는 경우라고 하겠다.

그런데 후기로 가면 그의 그림은 좀 더 아기자기해지고 다정한 느낌을 준다. 그리움을 간직한 사람의 그림인 것을 담박에 알아볼 수 있다. 프랑스 파리 화단에서 이름을 떨친 이응로 화백의 경우, 그 역시도 애초에는 첨단의 서양화풍을 습득하느라 무진 애를 썼다. 그러나 어느 날 그는 불현듯 깨닫는다. 자신은 그림을 그리고 있었던 것이 아니라 흉내를 내고 있었던 것을.

이후 그는 동양적인 필치로 단순하면서도 힘있게 전개시켜 나간 군중들의 움직임을 주로 그려나간다. 그것은 그가 가지고 있던 민족적 그리움, 역사를 새롭게 진전시켜 나갈 수많은 사람들의 대열에 대한 열망이 담겨있는 그림들이었다. 그런데 그의 이 그림이 서양인들을 감동시킨다. 거기에서 이들 서양인들은 그만이 간직하고 있는 영혼의 깊이를 본 것이다. 그것은 서양화냐 동양화냐의 문제가 아니었다. 무엇을 담아냈는가의 문제였던 것이다. 인간의 삶에 감동적 충격을 줄 수 있는 새것은 역시 그 영혼이 아름다운가 아닌가의 여부에 달려있는 듯하다.

## 그리움이 소멸한 시대

그런데 오늘날 우리가 부딪히고 있는 문제는 우리에게 애절한 그리움이 사라지고 있다는 사실이다. 무언가를 애타게 기다리고 그리워하고, 마음 졸여 사모하는 그런 일들이 점점 우리와는 별로 인연이 없어져 가고 있다. 젊은 시절 열애를 했던 남녀도 부부로 오래 살다보면, 대부분 그냥 덤덤해져가고 상대를 별로 마음 모아 사모하지 않는다. 참으로 슬프게도, 서로에게 있어서 '그리움의 대상'이 더 이상 아닌 것이다. 생활의 필요나, 습관대로, 아니면 익숙해져서 편하니까 그냥 사는 것이다.

그런 의미에서 우리는 배우자나 가족, 형제, 연인, 교우들, 친구들 사이에서 서로에 대한 사랑을 좀더 적극적으로 표현하는 일을 정성스럽게 할 필요가 있다. 손을 한번 잡아도, 눈을 한번 마주쳐도, 인사를 한번 건네도 그 가슴에서 풍성한 사랑을 길어 올려 상대에게 쏟아 붓는 마음이 있어야 할 것이다. 그것이 서로를 아름답게 만드는 에너지가 된다.

사실, 사랑이 넘치면 표현이 안 될 수가 없다. 우리의 영적 분위기가 이런 식으로 무덤덤한 것은 신앙적으로 말해보자면, 하나님 나라에 대한 그리움이 별로 충만하지 않아서이다. 하나님 나라가 이 땅에 이루어져야 한다는, 예수께서 가르쳐주신 주기도의 열망이 우리들의 영혼을 뜨겁게 차지하고 있지 않은 것이다. 의로움에 대한, 평화에 대한, 선함에 대한 열정이 최우선으로 그 마음에 자리 잡고 있지 않다. 우리가 대체로 원하는 것은, 그런 것들이 아니라 '이득이 있는 성취'이며 '자신의 위치를 높일 수 있는 획득'이고 '타산이 맞는 거래'이거나 또는 '자기를 내세울 수 있는 인정을 받는 일' 등이다.

이런 생각들이 주를 이루는 세상에서는 정의라든가 의리라든가 또는 신념이라든가 하는 것들은 낡은 가치들이 된다. 아직도 그런 것을 붙들고 사는가 하고 반문 당하는 현실에 처하는 것이다. 지금 말은 그럴싸하게 해도 높은 자리에 가면 다 달라지게 마련이야, 얼굴 싹 바꾸는 거지, 하는 냉소가 하등 이상할 것 없는 상식이 되어 버린 것이다.

무슨 일이 있어도 저 사람은 배신하지 않을 사람이야, 어떤 상황에서도 한결 같아, 자리의 높고 낮음에 의해 자신의 인간성까지 변할 사람이 결코 아니지, 하는 이가 보기 드문 것은 이 시대가 그만큼 경박해지고 있는 탓일 것이다. 그리고 그런 사태에 민감하게 고뇌하지 않기 때문일 것이다. 원칙이나 소신보다는 당장의 기민한 선택으로 승세를 잡는 것이 더 현명하다는 생각이 그만큼 모두의 영혼을 사로잡고 있기 때문이다.

그러나 그건 졸렬한 생각이다. 기초가 부실하고 끝마무리가 깨끗하지 않으며 마치 겉보기에는 이기는 것 같지만 결국 자신을 하나씩 망가뜨려가고 있는 과정인 것을 모를 뿐이다. 겉을 내세워 자랑하지 않고, 속이 꽉 차고 어디든 끝까지 함께 가도 실망하지 않을 그런 믿음직한 사람이 되려는 이가 적은 것은 실로 슬픈 일이다.

우리의 기도와 우리의 신앙도 자칫 이런 일들 주변에서 밤낮 맴돌기 쉽다. 이런 사항들과 관련이 없는 것에는 아예 다가가지 않는다. 아무리 세상이 우습게 여겨도 하나님의 뜻 안에서 의미가 있다고 여기면 하는 것이고, 아무리 세상이 소중하다고 역설하고 끌어당겨도 하나님의 뜻에 비추어 무의미하면 하지 않는 그런 선명한 기준이 그 영혼에 존재하고 있지 않은 것이다.

늦게 도달한다 해도 바른 길로 가려는 사람, 패색이 짙다 해도 꼼수 부리지 않는 사람, 당장에 오해와 편견으로 인기를 잃게 된다 해도 소신을 지켜가는 사람, 다급해도 약삭빠르지 않게 본래의 중심을 잡는 사람, 잘못이 있다면 비겁하게 남에게 전가하지 않고 책임질 줄 아는 사람, 이런 이들이 우리의 삶을 올바로 이끈다. 이건, 아무리 시대가 변해도 낡아지지 않을 좋은 선택이다.

화가가 자신의 눈길을 사로잡는 대상 앞에서 붓을 들지 않을 수 없듯이, 시인이 마음속에 충만하게 흘러넘치는 시상(詩想)을 놓칠 수 없어 펜을 잡듯이, 성악가가 꽉 차 오르는 감동을 무엇으로도 막을 수 없는 기운으로 소리를 내는 그런 모든 일들은 가장 순수해질 수 있는 순간을 포착한 자의 기쁨과 관련이 있다. 평화운동가가 전쟁을 막기 위해서, 빈민운동가가 가난한 사람들의 억울함을 풀어주기 위해서, 선교사가 한 사람의 영혼 속에라도 복음의 소망을 심기 위해서 세상의 영광과는 선혀 관련 없이 자신의 삶을 온통 뜨겁게 바치는 것 또한 그와 다르지 않다.

여기에는 계산된 자기 유익이 끼어 들 틈이 없는 것이다. 그러기에 인간의 세계에서 가장 아름다운 것의 탄생은 그렇게 해서 이루어진다. 그것은 인생에 대한 사랑, 자연에 대한 사랑, 생명에 대한 사랑, 하나님이 주신 감동의 세계에 대한 사랑으로 압축된다. 하나님 나라를 열망하는 사람들의 삶은 모두 이러하다. 돈이 되니까 하는 것이 아니고, 지위가 주어지니까 하는 것이 아니고, 명예가 높아지니까 하는 것이 아니다. 그럴싸해 보일 것 같은 허세 때문이 아니며, 세상의 갈채를 기대하기 때문도 아니고, 출세의 길이 열리기 때문에 하는 것이 아니다. 그렇게 하지 않고는 도저히 배길 수 없는 그런 영혼의 뭉클함과 거역할 수 없는 하나님의 음성을 느끼기 때문이다.

그러고 보면 애초의 그 그리움은 결국 사랑이고, 사랑하는 자의 영혼은 아름다울 수밖에 없다. 영혼이 아름다운 이는, 선한 일은 그 일이 선하기 때문에 하는 것이고, 의로운 일은 그것이 의롭기 때문에 하는 것이다. 그 외의 목적이나 다른 저의는 그에게 존재하지 않는다. 그 일을 하는 자체로써 이미 충분히 기쁘기 때문이다. 그로써 비난을 받는다 해도 감사하게 감수하는 그런 자가 되는 것이다. 그렇지 못한 자의 인생은 평생을 초조하고 기진하게 살 수밖에 없다. 세상이 주는, 눈에 보이는 확실한 보상만이 목표물이 되기 때문이다. 하나님이 그 영혼과 삶 속에 길러주시는 새로운 변화의 아름다움, 그 자체가 목표가 되지 못하는 자의 비극이다.

### 우리가 추구해온 것들의 몰락

사람이 살면서 쌓아 올리는 일에만 열중했다면, 그 기초가 어떤지 살펴볼 겨를이 없어서 쌓아 올릴수록 도리어 불안정해지는 인생이 되고 만다. 겉모양에 치중했다면, 그 속은 가난해진 채 화려한 외모와는 거꾸로 날이 갈수록 황폐하고 초라해져 가는 것을 절감하게 될 것이다. 모두 다 이 힘겨운 세상을 한번 이겨보겠다고 하는 일인데, 정작 제대로 이기는 것이 무엇인지 깨닫지 못하면 오히려 지고 마는 결과를 가져온다. 그 승패가 사실은 하나님의 뜻이 그 안에 있는가 없는가에 있는데, 그걸 알지 못하고 자기의 탐욕과 억울함을 성취하고 보상하는 것이 곧 성공인줄로 착각하고 사는 경우가 적지 않다. 그런 성취는 실패가 정작 성공의 계기를 마련해 준다. 성취할수록 사실은 실패하는 인생과 역사가 있음을 우리는 알 필요가 있는 것이다.

남보다 빠른 속도로 자라나는 '속성'(速成)은 얼핏 대단하고 기특한 작업인 것 같지만, 결국은 그 자라남의 과정에서 반드시 육성해야 할 것들을 육성하지 않아도 된다는 생각을 품게 하여 사실은 허약하기 짝이 없는 체질로 되어버리고 만다.

온 사회가 이 '속성의 이데올로기'에 휘둘려서 일확천금과 새치기와 권력에 대한 해바라기성 철새문화, 그리고 수단과 방법을 가리지 않는 반윤리적 출세주의를 가치관으로 삼아버리고 말았다. 차분하게 사고하는 능력은 '빨리빨리'라는 속전속결에 밀려났고, 고난 가운데서 마침내 획득하는 심오한 진리는 상품으로 만들어진 값싼 인기 앞에서 무력해졌다. 그러나 그 화려한 인기라는 것도 수명이 그렇게 짧을 수가 없다.

인간 자신의 계획과 구상에 집착하는 것이 다름 아닌 속성의 원천이다. 그러나 그 원천은 곧 고갈해버리고 만다는 것을 모른다. 하나님의 무궁무진하신 강물을 겉보기에 느리게 흐른다고 해서 우습게 여긴다. 이사야서에는 다음과 같은 말씀이 기록되어 있다. “이 백성이 고요히 흐르는 실로아의 물은 싫어하는구나.”

장안의 화제를 모으는 강사들을 보면 그 중에는 반드시 그런 것은 아니지만, 대체로 잠깐의 웃음과 익살을 부릴 줄 아는 능력이, 깊이 있게 대화하는 동양인의 아름다운 품위를 대체하고 있다. 상대의 영혼에 다가가는, 참으로 진지하고 존경스러운 대화법을 보여주는 사람들은 낡고 고루한, 이미 화석이 된 고생대 인종쯤으로 되어버리고 만 모양이다.

단어 하나하나에 압축된 의미를 풀어내는 끈기와 이를 통한 자기훈련의 과정인 묵상을 요구하는 책은 팔리지 않게 되었고, 재미로 한번 읽고 버리는 책들이 베스트셀러가 되어가고 있다. 좋지 못한 지질(紙質)에 활자모양도 별로였던 시절에 책들이 누렸던 가치, 그리고 그 책을 받아 읽는 사람들의 설레임은 지금은 보기 어려워졌다. 최근 겪고 있는 인문학의 위기도 다른 데 있지 않다. 세상적 성공을 목표로 하는 속성은 반드시 문명의 천박성을 가져오게 되어있다. 시간 속에서 연단되는 진지함의 가치를 멸시함으로써만이 이루어지는 것이 속성의 철학이기 때문이다.

## 사랑보다 이익이 앞서는 사회

그러나 이제 붕괴의 씨앗을 담은 풍요가 길러낸 오만은 세상 사람들의 비웃음의 재료가 되고 있다. 그래서 그 추락은 연민보다는 모멸의 대상이 되고 있는 것을 우리는 본다. 그러니 세상의 성공을 너무 부러워하지 말 것이다. 그 성공 모두가 다 우리의 찬사를 사고, 열정의 대상이 될 만한 것들은 아닌 것이다. 모두가 상석에 앉으려고 기를 쓰지만, 그것이 부끄러움의 자리가 되는 일을 얼마나 많이 목격하고 있는가. 이런 현실 속에서는 자신감을 가지는 것이 지나쳐서 교만해지고, 자기주장이 강해져서 온유함을 잃어버리는 일이 다반사이다. 그런 인간형으로 물질적인 풍요를 구가하면 자신을 타락시키고, 주변 사람을 불행하게 만든다.

중세교회의 억압과 신화의 세계로부터 해방된 인간의 이성이 인류의 진보와 발전을 약속한다는 믿음은 세계를 근대의 시기로 들어서게 했다. 그러나 그 근대는 신앙을 버린 결과 두 번의 참혹한 전인류적 전쟁과 무서운 파괴를 경험했다. 사랑보다도 이익이 앞서는 사회를 건설하는 데 성공했고, 그것은 인간을 이익이라는 기준으로 판단해버리게 하고 말았다. 사람이 자랑하는 이성이 물질적 변화를 가져오는 데는 성공했을지 모르나 인간을 파괴하는 일을 저지하는 데는 속수무책인 것을 부인할 수 없게 된 것이다.

똑똑할수록 선한 일보다는 악한 일을 하는 자가 많다. 그 영혼이 사탄에게 미혹된 것이다. 똑똑할수록 위선을 부리는 일이 많다. 남들의 눈을 속이는 위장술을 알고 있기 때문이다. 그러니 똑똑하려고 할 것이 아니라, 먼저 진실하도록 해야 할 것이다. 머리가 명민한 것은 좋은 일이나 그것이 그의 진실 됨을 가로막는 역할을 하고 있다면 불행이기 때문이다.

계산에 밝은 자본주의가 기르고 있는 인간의 탐욕은 이제 거대한 규모로 성장해서, 가난하고 힘없는 나라들은 그 앞에서 꼼짝 못하고 있다. 이윤이 되지 않는 일은 하지 않는다는 철학은, 그 일이 아무리 의미있고 필요하다 해도 돌아보지 않는 매정함이 인간사회에 자라나게 하고 있는 것을 우리는 보고 있다. 자기 유익을 구하는 이윤 동기를 뛰어넘는, 모두의 유익을 구하는 사명의식이 중심 되는 사회를 만드는 것은 기독교 신앙의 핵심적인 사회관이다. 그러나 이러한 기독교적 사회의식을 가지고 있는 사람을 기르는 일을 교회는 게을리 해온 것이 아닌가 싶다.

실로 인간 자신의 변화가 없는 그 어떤 발전, 진보, 성공, 풍요는 모두 다 그 영혼이 사탄의 종이 되는 길이 될 뿐인 것을 우리는 깨달아야 한다. 그는 마치 자유자인 것 같으나 노예이다. 세상이 부러워하는 것들을 얻기 위해서라면, 자기의 인격과 영혼을 파는 일에 서슴지 않는 존재가 되고, 다른 인간의 삶을 짓밟는 것도 아무렇지 않게 여기는 세상에서 우리는 '참인간의 모형'이 되어야 하는 사명을 안고 있다.

## 광야의 자유인, 그 기쁨

애굽에서 노예생활을 하던 백성들을 이끌어내어 해방의 과정에 들어간 모세는 광야에서 이들 백성들의 불평과 불만을 한 몸에 받아내어야 하는 곤고한 고비를 수없이 거치게 된다. 실로, 자유의 대가는 기득권의 포기였다. 그 포기의 과정을 통과하지 않는 자유는 없다. 신앙은 우리에게 쥐는 방법이 아니라 놓는 방법을 먼저 깨우치게 하는 하나님의 지혜를 보여준다.

이 지혜가 없으면, 정작 쥐어야 할 것을 쥐지 못하는 자가 된다. 놓아야 할 옛 것을 그대로 움켜쥐고 하나님께서 약속하신 새 것이 왜 내게 주어지지 않는가 하고 탄식하는 어리석은 존재가 되는 것이다. 그런데, 이들에게 그 기득권이란 애굽에서의 고기가마 옆의 안락이었다. '종(從)이어도 좋다. 배불리 먹게만 해다오.'가 이들의 요구였다. 그 물질적 안락의 현장에서 이끌어낸 모세는 비난의 대상이 된다.

광야의 자유는 배고픔을 의미했고, 애굽의 종살이는 배부름을 뜻했다. 그리고 백성들은 후자를 택하는 것이 도리어 낫다고 여긴다. 그렇다면 어찌하여 하나님께서는 이들에게 광야의 자유와 함께 고기가마를 허락하시지 않은 것일까? 그랬다면 금상첨화요, 하나님의 은혜에 감격하여 자유와 풍요를 한꺼번에 택한 자신들의 선택에 자신감을 가졌을 것이 아니겠는가?

그러나 그렇지 못한 이들의 현실에서 광야의 자유는 초라하게 나부끼는 깃발이다. 금강산도 식후경(食後景)이니, 자유도 식후경(食後景)인가? 그러나 성서는 우리에게 애굽에서의 식후경을 대가로 얻는 자유는 사실 '종의 사슬'임을 가르친다. 그것은 동물적 '포만의 자유'는 줄지 모르지만, 생명의 권리는 이미 그에게 없다. 고기가마의 포식이 허락되는 자유는 있지만, 그 고기가마에 묶여있는 육신과 영혼을 풀어낼 자유는 없는 것이다. 이 세상을 살아가기 위해서는 고기가마 속의 고기를 먹지 못하면 죽는 줄로만 아는 생각으로 가득 찬 인간으로 되어갈 뿐이다.

그래서 그는 그곳을 떠나지 못한다. 세상에 우리의 육신을 채워줄 양식은 그것밖에 없는 줄로 안다. 그 애굽의 고기가 아니더라도 우리를 충분히 먹이고 풍요하게 만들어나갈 더 좋은 양식이 있는 것을 알지 못하고, 그렇게 주어지는 양식의 능력에 확신을 갖지 못하는 것이다. 그리하여 그의 자유는 제한되어 있다. 고기가마 옆에서만 자유를 느낀다. 그러니 그의 인생은 종으로서는 성공할지 모르나, 참된 자유인으로서의 성공은 불가능하다.

하나님은 이들 백성들이 배고픔을 통해서 새 양식을 맛보게 하시는 과정으로 진입시키시는 것이다. 고기맛의 사슬에서 이들을 풀어내시는 것이다. 그런 하나님께서 이들에게 배고프다고 하니 고기를 던져 주실리가 있겠는가? 그것은 바로 왕이 하는 수법이요, 사탄의 유혹이 택하는 방법이다. 이들 백성들의 온몸과 영혼에 꽉 배이고 들어찬 고기 냄새와 맛을 모조리 뽑아내는 과정이 없고서는 이들에게 참 자유는 없다. 그것은 세상이 보기에 얼핏 궁핍과 박탈과 실패인 듯하지만, 정작은 새로운 양식으로 채워져서 기력을 회복하는 자유의 과정이다. 그런 절차가 없고서는 이들은 종의 체질에서 결코 변화를 얻지 못한다.

세상의 안락과 풍요와 명예와 위치와 재물로 도달하는 삶이 아닌 것은 가치 없다고 여긴 그의 인생에 세상의 종이 되는 길이 아닌, 하나님의 생명으로 자유인이 되는 문이 열리는 것이다. 해서 사도 바울은 이렇게 고백한다.

그러므로 우리는 낙심하지 않습니다. 우리가 지금 겪는 일시적인 가벼운 고난은 비교할 수 없을 정도로 영원하고 크나큰 영광을 우리에게 이룩해줍니다. 우리는 보이지 않는 것을 바라기 때문입니다.(고린도후서 4:16-18)

우리는 이 세상에 살면서 너무나 세상의 유혹과 일상의 죄에 그 육신과 영혼이 물들어 있다. 그래서 그러한 삶이 충족되지 않으면 불만스러워 하고 어떻게 좀 더 그런 것들이 내 손아귀에 들어오는 방법이 없을까 골몰한다. 그러나 그 골몰의 열정과 시간을 새 양식을 구하는 자유에는 쏟지 않는다. 그 양식은 눈에 보이지 않는 듯하나, 사실은 이미 하나님께서 풍요하게 마련하신 은혜이다. 인간의 능력으로서는 어떻게도 도저히 지울 수 없는 죄가 깨끗이 용서되는 기쁨을 주셨고, 어떤 현실 속에서도 사랑할 능력이 길러지는 감사가 있게 하셨으며, 욕심을 끝까지 채우는 것에서가 아니라 도리어 그것을 버리는 것에서 평화가 오는 감격을 허락하신 것이다.

이윤이 되지 않아도 그것이 가치 있고 필요한 일이라면 나서며, 이름과 빛이 나지 아니해도 세상을 아름답게 만드는 일이라면 서슴지 않는 영혼의 소유자가 되는 자유가 있는 것이다. 이 자유 안에서는 상대의 마음과 영혼을 상처 내는 교만한 자신감이 아니라, 함께 온유해지고 용기를 얻는 온유한 당당함이 있게 된다.

고기가마 곁에서 유일하게 주어진 '포만의 자유'보다 하나님께서 예비하신, 광야의 무한한 선택을 기뻐하는 자가 되며, 속성의 철학에서 깨어나 인간의 계산으로 볼 때에는 불투명하고 불확실할 것만 같은 하나님의 시간이 사실은 결정적인 때를 향해서 무르익는 것을 기다릴 줄 아는 지혜로운 인간이 되는 것이다. 그래서 세상이 보기에는 마치 홀로 바람 몰아치는 허허벌판에 서 있는 것 같지만, 사실은 하나님과 함께 약속된 새 길을 떠나는 장엄함과 설레임이 거기에 있는 것을 아는 자가 되는 것이다. 고기가마 옆에서 허락된 종의 안락이 결코 부럽지 아니하며, 새로이 다가오는 축복의 능력을 겸손하게 사모하는 자가 되는 것이다.

하나님은 진실로 사랑이시니, 그분이 우리를 광야로 이끄시는 정작의 목적은 광야의 고난을 겪게 하려 하심이 아니라 그 고난을 넘어서서 펼쳐지는 새 땅을 주시기 위함이다. 이것을 믿는 이의 인생과, 그 민족의 역사는 반드시 성공할 것이다. 그 어떤 수고도 헛되지 아니할 것이다. 하나님의 장중에 있는 자의 자유야말로 가장 영광되고 존귀하며 진정으로 풍요하다. 하나님의 것이 바로 그의 것이기 때문이다.

예수 그리스도는 이 자유의 절정을 우리에게 보여 주신 분이다. 그러기에 그분의 영과 함께 하는 자는 이 은혜의 기쁨을 누리게 될 것이다. 이걸 모르고 진력을 다하기는 했으나 사실은 목에 사슬이 묶인 줄을 모르고 같은 자리를 빙빙 돌며 헤매다가 정작 거두어야 할 것을 거두지 못해 후회하는 자 되지 말고, 하나님의 은혜를 흔들리지 않는 터로 삼는 감사가 있게 되기를 서로 축복하자. 사는 것에 이리저리 휘둘리고 시대가 힘겨우니, 하나님 나라를 그리워하며 하나님 나라가 이 땅에 이루어지기를 뜨겁게 열망하는 존재들이 되었으면 하는 마음이다.

# 역사와 현실, 영성의 조화

모든 생명은 역사를 지니고 있다. 시간과 더불어 명멸(明滅)하는 존재이기 때문이다. 따라서 역사를 알고자 하는 것은 그 생명의 시간이 기록해놓은 의미를 되새겨보고 그 위에서 성장하고자 하는 갈망에서이다. 그런 의미에서 보자면, 역사에 대한 되새김이 없는 존재는 그 생명의 성장을 바라지 않는 것과 다름없다. 그러므로 역사에 대한 앎을 억압하는 것은 생명을 억압하는 것과 같다.

진시왕이 분서갱유(焚書坑儒)를 통해서 역사를 짓밟으려 한 것은 생명을 멸시한 소행이었고, 참으로 역설적이게도 그 자신의 역사적 생명을 단축시키고 말았다. 이는 무엇을 말함인가? 역사에 대한 통찰력과 안목을 기르지 못하는 인생과 공동체는 그 생명을 새롭게 발전시키는데 한계에 부딪힐 수밖에 없음을 뜻한다.

### 역사에 대한 되새김, 하나님의 섭리를 보는 신앙의 길

성경은 우리로 하여금 인류 역사의 흐름 속에서 존재하는 나 자신의 개인적 실존에 주목하게 한다. 창세기 이후의 성경은 그런 측면에서 인류적 통사(通史)이며 이 통사적 맥락에서 '나는 무엇인가'를 묻고 있는 것이다. 이스라엘 민족사 속에서 활동하신 하나님의 모습은 이스라엘 민족 개개인의 구체적인 실존적 삶과 분리되지 않았으며, 도리어 이를 망각하는 것을 죄라고 규정하고 있다. 그래서 하나님은 "기억하라, 기억하라."고 명하신다. 망각이 죄가 되고, 역사에 대한 되새김이 없는 신앙은 하나님의 섭리에 눈이 어두워지는 길로 나아가기 때문이다.

구약의 선지자들 역시 바로 이러한 관점에서 인간 실존의 역사성을 주시하게 한다. 지금 당장 한 개인의 짧은 인생 여정만 생각하면 보이지 않는 하나님의 섭리가, 긴 역사의 여정에서 바라보면 알게 된다는 이들 선지자들의 혜안은 역사와 현실, 그리고 개인의 삶을 가치 있게 일구어 내는 영성 사이에 어떤 관계가 맺어져야 할 것인지를 일깨우고 있다.

선지자들이 범인(凡人)들이 놓치고 살아가는 역사의 세미한 음성을 듣는다면, 이들의 영성은 매우 민감한 것이 아닐 수 없다. 지구는 자전하며 공전하고 있으나 아무도 이를 체감(體感)하지 못한다. 그 안에 있으면 그 움직임의 거대한 축은 인식하지 못하는 것이다. 그러나 선지자들은 이 거대한 축의 미묘한 변화를 감지하는 존재이다. 그만큼 그들의 영이 맑고 투명하기 때문이다. 그러기에 세상에 미처 알아차리지 못하는 때에 멸망과 번영의 갈림길이 어디에서 비롯되는 투시(透視)할 수 있고 그 축의 떨림을 듣는다.

그렇지 못한 무수한 사람들은 대세의 흐름 속에 휩쓸려가고, 그 실존의 자리를 죽음으로 몰아가는 일에 아무런 반성 없이 따라가지만, 영성이 뛰어난 선지자들은 이에 저항하고 이겨내는 길을 제시한다. 그러기에 역사와 현실에 마주하지 않는 영성은 무기력할 뿐만 아니라 참된 의미의 영성이 아니다. 자신이 타고 있는 배의 운행과 그 운명을 알지 못하고 그저 배안의 객실이 일등석인지 이등석인지를 따지면서 자신의 운명을 가늠하는 것과 같기 때문이다. 침몰하는 배의 일등석은 힘차게 항해하는 선박의 삼등석과 비교할 수 없다.

예수님은 주변에 몰려든 사람들에게 이 영의 맑고 아름다움이 하나님 나라를 보고 소유하는 일의 핵심적인 관건인 것을 밝히신다. 하나님 나라가 이 땅에 이루어져야 할 것이라고 외치신 그분의 음성은 역사와 현실이 하나님 나라의 뜻과 만나는 것임을 의미한다. 그것과 분리된 하나님 나라는 없다. 이스라엘 역사의 비극성을 목격하고, 이 비극적 사태의 반전 내지는 역전을 꾀하는 하나님 나라의 혁명적 도전은 한 개인의 실존적, 내면적 영성에서부터 출발하여 그것이 공동체적 현실이 되는 지점에까지 가는 것이다.

"너희가 내 이름으로 둘, 셋이라도 모인 자리에는 나도 함께 있겠다."라고 하신 말씀은 하나님의 역사란 '홀로의 고독한 실존에서 이루어지는 하나님의 임재(臨齋)'로 그치는 것이 아니라, 하나님 나라의 공동체적 확대를 뜻한다. '말씀이 육신이 되어 우리 가운데 거하셨다(장막을 치셨다)'는 요한복음의 증언은, 다름 아닌 역사와 현실, 그 안에 녹아들어 새로운 생명력으로 존재하는 하나님 나라의 실체를 지목하는 말씀이다.

## 구체적인 역사와 현실 속에 몸이 되는 영성

구체적인 역사와 현실 속에서 몸이 되지 않는 영성은 관념이며 추상이고 허상에 불과하게 될 뿐이다. 생명은 관념과 추상, 허상이 아니라 오늘의 역사와 현실에서 생생하게 살아 움직이는 현존(現存)이다.

그런 차원에서 보자면, 한국교회는 영성과 역사, 영성과 현실이 조우(遭遇)하는 작업에 소홀히 해왔다. 아니, 소홀히 해왔다기보다는 오히려 무시했고, 이 작업에 반대해 왔다는 편이 옳을 것이다. 역사의 문제를 제기하고, 현실의 문제를 제기하는 것은 영성과는 아무런 관련이 없는 것처럼 도외시했다. 심지어는 영성이 흐려지는 것으로 이해하고 받아들이는 것이다. 그러다보니 교회가 우리 사회 전체가 영적으로 타락하고, 죄에 무뎌지며 교만과 거짓된 풍요로 비대해져가고 있는 것을 막아내지 못했다. 역사의 무수한 사건을 외면했으며 그러한 일들을 방치하는 것이 한 개인의 실존적 인생관에 어떤 변화를 가져오는지 세심하게 주의를 기울이지 않았다. 그러나 우리 신앙 선조들은 그렇지 않았다. 총칼 앞에서 권력 앞에서 굴하지 않았다.

권세 앞에서 체념과 비굴과 기회주의가 길러지는 것은 한 개인의 영성과 아무런 관련이 없는 것일까? 부정의한 일을 보고 침묵하며, 자신의 개인적 복락에만 관심을 쏟는 존재의 영성은 건전한 것일까? 빈부의 격차가 심해지고, 사회적 양극화로 고통받는 이들의 절규가 터져 나오고 있는데도 불구하고 이런 일에 귀를 막고 있는 이들의 영성은 무엇을 위한 영성일까? 이런 마음과 영성을 지닌 이들이 우리 사회의 지도층에 있게 되면 어떤 사태가 벌어질까? 역사에 무지한 채로 역사의 죄과를 되풀이하는 이의 영성은 존경받을 만한 것인가? 민족 분단의 적대적 현실을 보고, 어떻게 민족적 화해와 협력을 이루고자 하는 마음을 갖지 못하는 영성은 제 아무리 묵상의 길이가 깊고, 교회생활이 충실하다 해도 이 민족의 미래를 위해 도움을 주지 못할 것이다. 그러한 영성은 하나님 나라와 어떤 관련이 있을까?

기독교 신앙의 영성은 먼저 인간과 우주 만물의 아픔에 눈뜨는 일에서 시작한다. 예수 그리스도의 영을 소유하는 일이 우리가 목표하는 영성이라면, 그분의 상한 갈대도 꺾지 않고 꺼져가는 등불도 끄지 않았던 그 절절한 마음을 갖는 것이 제대로 된 영성의 기초이다. 오늘날 생태계가 파괴되고 있는 현실 앞에서는, 인간의 고통뿐 아니라 우주 만물의 절규를 듣는 것도 요구된다. "이 아픔을 어떻게 치유하고 여기에 새로운 생명을 불어넣을 수 있습니까." 하고 하나님께 묻는 과정, 이것이 우리가 가져야 할 신앙이며 곧 영성 훈련의 절차이다.

생명의 기력을 받아 이 아픔에 다가가는 능력이 영적 성장이라면, 우리는 아픔에 민감하고 그 아픔을 낫게 하는 사랑의 마음을 풍성하게 갖는 것이야말로 영성의 전제인 것을 확인하게 된다. 아파하는 존재에게 다가가지 못하는 이에게 주어지는 하나님의 영은 없다. 자신을 남보다 강하게 할 능력을 사모하고 과시하려는 자에게 주어지는 영은 단연코 사탄의 영이다. 우리 교회 안에 이러한 모습은 없는지 돌아볼 일이다. "모든 영이 다 하나님에게서 온 것으로 믿지 말라."(요한일서 4:1)고 한 사도 요한의 말씀을 기억해야 한다. 양의 탈을 쓴 이리의 영이 신앙인들을 혹세무민하고 있다.

## 강자를 추종하는 세상적 영성

역사의 희생자들, 현실의 패배자들이 내지르는 통한의 절규에 귀가 멀어있다면 그의 영성은 강자를 추종하는 세상적 영성이며 하나님의 뜻에 합할 수 없다. 온유하고 겸손하며 낮은 자의 모습으로 세상에 버려진 자들을 향하여 다가가신 예수님의 동역자가 될 수 없기 때문이다. 만일 우리 교회가 일찍이 이런 예수 그리스도의 영성을 추구하면서, 신앙 선배들의 유산과 전통을 이어받으며 그 동역자가 되려는 노력을 꾸준히 쌓아왔다면 한국교회의 사회적 영향력은 지금과는 비교할 수 없을 것이다. 그러나 교회는 그런 은총을 누리지 못하게 됐다. 이 세상을 향해 하나님 나라의 역사적 실체를 구현하라는, 그래서 그 어떤 위협 앞에서도 '십자가의 능력'을 믿고 힘 있게 나가는 모습을 보이는데 실패하고 만 것이다.

그런데 한 가지 염두에 둘 것이 있다. 역사와 현실, 그리고 개인적 영성의 관계를 다져나가는 과정에서 자칫 범하게 되는 오류에 관해서이다. 역사와 현실을 말한다고 하면서 이것이 또 다시 새로운 관념주의와 추상주의에 빠지게 되는 함정이 있다. 생생한 역사와 현실보다는, 자신의 역사관과 현실 해석이 앞서서 생동하는 현실과 역사의 숨결을 가로막는 것이다. 그리고 그 역사와 현실 속에 들어있는 개인적 실존의 고뇌를 드러내기보다는 당위론적 주장에 치우쳐 마음 깊이 다가가는 영성의 섬세함을 잃어버리는 일이다.

역사와 현실이라는 거창한 구도 속에 파묻히는 인간의 실존 자체를 주목하는 일이 필요하고 또 그것이 어떻게 역사와 현실이라는 규모가 큰 장과 관련을 맺고 있는가를 밝히는 일이 요구되는데 그에 필요한 접근 능력이 우리에게는 아직 부족하다. 그래서 주장은 난무한데 감동은 없고, 이성의 설득은 충만한데 영적 변화는 이루어지지 않으며, 당위론적 결단은 있으나 신앙적 확신은 없는 상태를 낳게 될 수 있다. 이것은 역사와 현실의 중요성을 강조하는 상황에서 흔히 빠지기 쉬운 대목이라는 점에서 각별한 주의를 요구한다.

그러면 어떻게 하면 될 것인가? 무엇보다도 구체적인 개인적 고뇌의 현장에 대한 체험과 이해가 풍부해져야 한다. 그래서 그 생생한 아픔과 갈망의 뿌리를 깊숙이 들여다 볼 수 있어야 한다. 그 아픔에 다가가는 언어 또한 생경하지 말아야 하며, 구체적인 생동감과 언어적 탄력성을 지니고 있어야 한다. 여기서 언어적 탄력성이라는 것은 그 아픔을 표현하고 이해하는 방식이 다채로워야 한다는 것이다. 인간의 고뇌는 그토록 다면적 차원을 가지고 있기 때문이다.

그리고 이러한 작업에서 한걸음 더 나아가서 그 개인적 고뇌가 어떤 사회적, 역사적 현실과 관련이 있는가를 보도록 해야 한다. 자기만의 문제라고 여겼을 때는 힘들지만, 그와 유사한 처지에 놓여 있는 이들의 증언과 간증, 그리고 현실을 듣고 보는 일은 점차 안목을 넓혀 가는 기초가 된다. 그래서 세상의 작은 자들이 하나가 되어 서로 사랑하고 아끼면서 죽음의 권세가 지배하는 역사와 현실에 도전함을 '새로운 생명공동체'가 탄생하도록 해야 한다.

이것은 겨자씨가 자라나 큰 겨자나무가 되어 공중에 유리하는 새들의 보금자리가 되는 것과 같은 이치이다. 이로써 이제까지와는 전혀 다른 원리와 방향이 그 삶의 기초를 잡아가는 그런 공동체가 되도록 하는 것이다. 생명 공동체의 존재와 성장이 있음으로 해서 인간사의 영성이 바로 세워지고, 새로운 미래에 대한 희망이 자라나며 하나님 나라의 실체가 하나씩 하나씩 이루어질 수 있는 것이다.

오늘날 우리 사회를 어지럽히고 있는 일체의 모순은 역사와 현실에 대하여 바로 마주하지 않는 기독교 영성에서 비롯되는 것도 적지 않다. 역사가 잘못 갈 때, 현실이 모순을 그대로 지속하려 들 때, 그것이 한 개인의 실존에 어떤 고통을 주고 있는지는 지금 벌어지고 있는 대량 실업과 가족 공동체의 파괴에서 그대로 목격하고 있다.

이제 한국교회는 개인주의적 영성의 이기심에서 벗어나 신앙 선배들이 보여준 실로 '이웃을 내 몸과 같이 사랑하는' 생명 공동체의 능력을 길러나가야 한다.

05

# 법(法) 그리로 흐르다

삼성, 기업인가 범죄집단인가

〈조선일보〉의 거꾸로 읽는 역사

'하나님의 칼'을 맞을 것인가

'박정희 향수'와 성서의 정신

메인스트림을 권하는 사회

무한경쟁 시대, 그 특권의 자리

# 삼성, 기업인가 범죄 집단인가

김용철 변호사의 책 《삼성을 생각한다》는 한 번 손에 들면 그대로 읽어 나가지 않을 수 없게 한다. 최근 중대한 사건의 이면을 폭로하는 책을 보기 어려운 상황에서 그의 책이 인기를 끌고 있기도 하려니와, 워낙 거대한 기업의 내부를 파헤치는 책이라 주목하지 않을 수 없다. 게다가 이건희, 이재용 등 이들의 이름 뒤에 가려진 실체가 무엇인지를 아는 일은 대한민국의 권력 지도를 아는 일과 통하기 때문이다. 이 책에서 김용철 변호사는 자신이 이들에 의해 길들여지고 타락한 생활을 했던 것을 뉘우치고 있다. 실컷 누리다가 이제 와서 뭐냐 하는 힐난이 있지만, 아직도 길들여져 사는 인간들이 있다는 점에서 그의 용기는 평가되어야 할 것이다.

《삼성을 생각한다》를 보면, 이건희 회장 일가가 얼마나 많은 비리와 불법을 자행하고 그 과정에서 숱한 사람들을 희생시켜 왔는지가 다 드러난다. 삼성이 어떤 기업인가? 한국 최고의 세계적 기업이다. 그러나 그 안에서 이루어지는 일은 최악이다. 회사 돈을 자기 돈처럼 물 쓰듯 쓰고, 탈세와 탈법을 쉽게 저지른다. 삼성이 이 사회 곳곳에 처 놓은 그물망과 같은 동맹체제가 있어서 가능한 일이다. 이른바 삼성 장학생이 줄지어 있다. 그러면서 이 사회는 부패해지고 온갖 비리가 눈 하나 깜짝하지 않고 벌어진다. 삼성이 한국사회의 권력이 되고 있고 그 삼성을 향한 이 사회의 신앙이 뿌리내렸기 때문이다.

삼성이 우리를 구원하리라, 이런 식의 복음이 퍼져 있는 것이다. 그러나 과연 그럴까? 이건희 회장 일가의 전유물처럼 전락해버린 삼성은 그 안에 있는 무수히 정직한 이들의 명예를 더럽히고 삼성을 자랑스럽게 여기는 국민들을 모독하고 있다. 그러면서 돈이면 다 된다는 식의 부정의한 생각을 유포하고 있다.

김용철 변호사가 밝혀내고 있는 권력의 내면은 삼성의 지배자들이 돈을 가지고 이 나라 구석구석을 얼마나 타락시키고 있는가를 드러낸다. 검찰은 물론이고 대법원 판사도 여기에 속해 있으며 더 나아가서 정권까지 장악하고 있다. 이를 위해 삼성 이건희 세력은 회사 돈을 비자금화시키기 위해 온갖 탈법을 자행하고 있을 뿐만 아니라 주주에게 손해를 끼치고, 고객들이 찾아가지 않은 돈까지 비자금으로 둔갑시켰다. 일이 이렇게 되면, 이는 범죄 행위다. 그럼에도 이에 관련된 자들은 누구 하나 제대로 법의 처단을 받지 않는다.

이명박 정권이 법치를 외치고 있지만, 실상을 들여다보면 삼성은 법망을 빠져나가는 선수이며 이를 위해 권력은 최대한 편의를 봐주고 있다. 그 결과가 이건희 전회장의 단독 사면 아닌가? 유전무죄, 무전유죄라는 말이 나오게 생기지 않았는가? 법은 모두에게 평등하고 정의롭다가 아니라 법에는 눈이 달려 있어서 돈 많은 쪽으로 천칭 저울을 기울게 한다가 된다. 그런 사회에서 우리는 법에 대한 기대를 접게 되고, 권력이 법을 위해 봉사하는 현실에 직면하여 도대체 법치라는 말이 가당키나 한 것인가 하고 의문을 품기 마련이다.

김용철 변호사는 이른바 '떡값'이라는 말에 대해서도 문제를 제기한다. 그건 명백한 뇌물이지 떡값이라고 하면 그 뇌물의 성격이 은폐된다는 것이다. 옳은 말이다. 그렇게 해서 삼성은 엄청난 액수의 돈을 여기저기 뿌린다. 그 돈으로 영혼이 타락해 버린 이들은 삼성의 불법 행위에 대해서는 철옹성 방위군이 되는 것이다. 검사 출신인 김 변호사는 바로 이런 일을 위해 삼성에서 돈을 받았고 또 그 돈을 뿌린 자들과 인연을 맺고 이건희 일가를 위한 충신으로 살았던 것이다.

이건희 일가가 비자금을 조성하는 과정이나, 그 돈을 뿌려 권력을 관리하는 방법이라든가, 탈세 또는 아들 이재용에게 삼성 재산을 넘기는 방식 그 모든 것에 불법 행위가 관련되지 않은 것이 없고 권력이 이를 비호하지 않은 것이 없다. 뿐만 아니라 일이 잘못되면 책임자는 빠져나가고 엉뚱한 이들이 곤욕을 치른다.

하지만 그 대가는 후에 주어진다. 이렇게 해서 삼성 이건희 일가의 재산과 권력은 철저하게 방어되는 대신, 이 나라의 법과 권력은 날이 갈수록 타락해 가는 것이다. 범죄와 손을 잡은 공권력이 되는 것이다. 이러니 삼성이 한국을 대표하는 기업이라기보다는 범죄 집단이 아닌가 하는 생각마저 든다.

김용철 변호사의 양심선언을 도운 천주교정의구현사제단의 전종훈 신부는 서문에 이렇게 밝히고 있다.

삼성 그룹 구조조정본부의 한 핵심 임원이 세상에 나왔습니다. 김용철 변호사는 세상이 모르는 진실의 전모를 생생하게 담고 있는 쪽지였습니다. 박종철 사건처럼 그는 파놉티콘을 연상하게 하는 그룹의 심장부에서 탈출하여 이곳저곳을 헤맸지만 그 어디서도 받아들이지 않았습니다. 검찰은 물론이고 방송사와 주요 일간 신문 데스크, 시민 단체를 찾아갔지만 대한민국의 신흥 독재자인 재벌 기업의 범죄 사실을 귀담아 들어주는 사람은 아무도 없었습니다. 검사 출신의 기업 변호사가 자신이 손수 꾸민 일과 직간접으로 가담하거나 목격했던 일들을 낱낱이 자백하고 증언하겠다고 했지만 수사와 감찰의 권능을 가진 국가 기관들은 일찌감치 가당찮은 일이라며 손사래를 쳤고, 더러는 가족을 생각해서라도 그러지 말라고 다독였습니다. 결국 그는 사제단의 문을 두드렸습니다. 낯선 방문객의 사연을 듣고 우리는 경악했습니다. 사람이 탐(貪), 진(嗔), 치(痴)의 짐승이라더니 평소 깨끗하고 세련된 이미지를 과시하던 기업이 그런 비참의 실상에 시달리는 딱한 괴물이었습니다. 그것은 회장 일가와 몇몇 가신들의 문제였지만, 삼성 그룹은 물론이고 대한민국 전체를 심각하게 망치는 해악이었습니다. (하략)

정종훈 신부는 권력과 짝해서 대한민국을 망치고 있는 이 해악을 어떻게 할 것인가 하고 묻고 있다. 그 물음에 우리가 답해야 할 차례이다. 도대체 교회는 이 일에 대해 입을 꽉 다물고 있다. 범죄 행위에 침묵하는 것은 공범이 되는 것이다. 교회는 이 범죄에 대해 공범이 되려는가? 그나마 천주교 사제단은 나서서 이 죄악이 세상에 드러나는 일에 일조했고 이로써 이 나라 민주주의의 길에 더욱 굳건한 초석 하나를 놓게 해주었다.

김용철 변호사는 자신의 폭로 행위를 이렇게 말하고 있다. 그는 자신이 속해 있던 조직의 비리와 불법을 고발했다는 점에서 배신자라는 이야기를 들었던 모양이다.

돈을 펑펑 뿌리면서, 나는 늘 사육당하는 기분이었다. (중략) 그들은 내게 쥐어 준 돈으로 사법부를 길들이기를 원했다. 내 청춘을 고스란히 묻었던 검찰이, 그들이 뿌린 돈으로 썩어 가는 것을 보는 일은 괴로웠다. (중략) 구겨진 삶을 바로잡기 위한 내 선택은 낯익은 자리로 돌아가는 것에 다름이 아니었다. 하지만 많은 사람들이 이런 선택을 비난했다. 내가 '배신자'라는 게다. (중략) 나는 이해할 수 없다. 그들은 나더러 배신자라고 하지만 먼저 배신한 것은 삼성과 검찰이다. (중략) 전두환 전 대통령의 비자금을 찾아낸 검사였던 나를 뽑아서 굳이 비자금 소굴에 배치한 것도 그들이었다. (중략) 거악과 맞서 싸운다는 자부심을 먼저 허물어뜨린 게 검찰이었다. (중략) 나는 이건희 일가를 배신했는가? 역시 아니다. 그들은 법률가라는 이유로 나를 뽑았다. 그래서 나는 법과 진실을 수호하는 법률가 본연의 역할을 했을 뿐이다. 이게 왜 배신인가? 그렇다면 대한민국 정부를 배신했는가? 범법 행위를 저지른 공무원들을 적발하는 일은 정부가 일상적으로 하는 일이다. 오랫동안 공무원이었던 나는 삼성으로부터 부당한 돈을 받은 이들을 고발하여 정부가 할 일을 도왔다. 이건 배신이 아니다. 검사 시절, 나는 유흥업주에게 10만 원을 받은 경찰을 해직시켰다. 이랬던 내가 수백만 원 뇌물을 받은 검사를 고발하지 않는다면 그게 진짜 배신이다(18-21쪽).

결국 이 나라의 거대한 권력과 자본이 이 나라 국민들을 배신하고 제 배를 채운 셈이다. 그의 말은 구구절절이 옳다. 그리고 권력과 삼성의 해명은 구구절절이 틀렸다. 이런 자본의 권력이 이 나라를 지배하고 있는 한 우리는 거짓과 기만, 그리고 불법의 세상에서 살아가게 된다. 양심과 진실의 법을 가장 우선하는 교회는 그렇다면 어찌해야 하는가? 답이 분명하다. 이런 기업의 수뇌부와 지배 세력에 대해 일갈을 가해야 한다.

삼성이 돈과 권력을 앞세워 기고만장하는 것을 그대로 보고 있어서는 안 된다. 만약 그렇다면 물질이 주는 환상 속에서 미친 듯이 춤추다가 서서히 썩어 내려가는 이 나라의 발판을 보게 될 것이다. 부패한 돈과 결탁한 자본 권력의 세력에 이 나라의 장래를 맡기는 것은 우리의 영혼이 부패하는 것을 방치하는 일이다. 삼성을 다시 생각하는 것은 우리 자신의 영혼을 생각하는 일이다. 모든 이들의 피난처여야 하는 교회는 이 타락한 현실에 대해 입 한 번이라도 제대로 뻥긋해야 하는 것 아닌가?

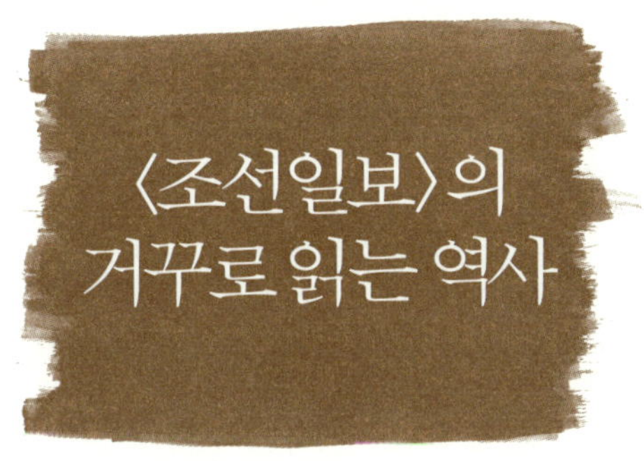

# 〈조선일보〉의 거꾸로 읽는 역사

〈조선일보〉는 한 때 한국갤럽과의 공동조사를 통해, 대한민국 50년 역사상 가장 큰 업적을 남긴 50대 인물이 누구인가에 대한 여론조사 결과를 발표한 적이 있다. 특히 이 기사는 1면 머릿기사로 "박정희 전 대통령 '1위'"라는 제목으로 조사 결과를 보도하였는데, 이승만, 전두환, 박세리 등이 각각 5위와 9위, 10위에 오른 것으로 나타났다.

〈조선일보〉 자체가 보수적인 신문이라는 점을 감안한다 해도 이 결과는 우리 국민들의 일반적인 역사의식이 어느 선상에 머물러 있는가를 그대로 보여주는 예였다. 다시 말해서, 우리 민족이 표상(表象)으로 삼아야 할 역사적 목표와 인간적 덕목을 체화(體化)한 인물로서 단연 괄목할 만한 가치를 지닌 인간상을 설정하는 작업이라는 점에서, 이 여론조사의 결과는 우리 민족의 장래진로를 잡아나가는 데 매우 우려되는 사항들을 적지 않게 보여주었다.

## 민족의 표상? 승자들

가령 김 구 선생이나 김수환 추기경 정도, 즉 세상의 갈채나 인기를 노린 것이 아니라 자신을 헌신적으로 바쳐 공동체 전체의 복리를 위하다가 혹여 역사의 패자가 되어도 감수하겠다는 아름다운 인간성을 가진 인물이 집중적으로 포진되어 있기보다는 당대의 권세와 명망을 추구하는 인물형이 대다수를 차지하고 있기 때문이다. 무수한 인명의 무고한 희생을 가져온 광주학살의 가장 중요한 책임을 져야 할 전두환 전 대통령까시 10위 안에 들어 있다는 것은 수단과 방법의 윤리성은 전혀 고려되고 있지 않음을 보여주는 놀랍기만 한 보기였다.

이것은 국민교육적 차원에서도 권력지향적이며 출세지향적 인물군을 만들어 내게 된다는 점에서 문제이며, 더군다나 신앙인의 신앙고백으로 비추어볼 때에 예수를 따르는 길과는 전혀 반대의 방향이라는 점에서 우리에게 깊은 충격과 교회의 역할에 대한 자책으로 돌아와야 할 것이다. 만일 이러한 여론조사의 결과가 민족교육과 가치관의 정립에 공적 기준이 된다면, 그 시각부터 기독교는 예수를 따르는 길을 폐기해야 하는 압력에 내몰리게 될 것이다.

예수 당대에, 또는 그의 부활 이후 반세기가 지난 다음일지라도 이와 같은 여론조사를 했다면 어떤 결과가 나왔을까? 아마도 로마의 황제나 대장군 또는 예루살렘의 내로라하는 학자와 명망가, 그리고 권세가들의 이름이 줄지어 명단을 차지했을 것이다. 이스라엘을 그토록 험난한 식민지로 만들고 로마의 부패를 가져온 주역 중의 주역이 바로 로마의 경제를 부흥시키고 군사력을 강화했던 황제들이었다는 점을 상기한다면, 이러한 '업적'(?)을 중심으로 역사와 인간의 가치를 판정하는 것이 과연 옳은 일일까?

바로 이들 상석에 앉은 자들과 나사렛 예수께서 서로 대립했고, 그 결과가 바로 십자가 처형이었다는 점을 주목한다면 우리가 그러한 역사적 현실 속에 존재하는 이들이었다면 그 같은 역사관과 인간관을 어떻게 받아들여야 했을까? 그것은 자신들을 핍박하고 인간의 덕목을 파괴한 인물들을 그들의 화려한 물질주의적 국가관과 군사주의적 정복관을 치적으로 내세워 찬양해야 하는 일과 같은 것이 아니었는가?

로마가 황제를 찬양하는 정치문화와, 이를 거부하는 이들에게 십자가처형의 처벌을 가했다는 사실을 주목한다면, 이 문화 속에서 자신의 이득을 취하고 군림하는 권력자, 부자, 명망가, 군사주의자들이 서로 머리싸움질을 하면서 차지하려는 '상석의 리스트'는 심판날에 그들의 멸망을 증명하는 증거물이 되지 않겠는가? 그럼에도 불구하고 이러한 상석 리스트를 여론조사용으로 내세워 민족적 가치관을 이끌어가려는 의도가 보이는 이러한 접근은 실로 심각한 비판의 대상이 되지 않을 수 없다.

더욱이 이 여론조사의 결론을 정리하는 대목에서 〈조선일보〉측은 "이번 조사는 응답자들이 역사적 인물을 평가하는 데 있어서 국가발전과 세계보편적 가치에의 기여도 등을 판단기준으로 삼도록 했다."고 언급했다. 과연 선두에 나열되어 있는 인물들의 대다수가 국가발전과 세계보편적 가치에 얼마나 공헌을 했는지 검토해 보면, 그러한 여론조사의 가치와 의미가 보다 분명하게 확인될 것이다. 박정희를 비롯하여 친일군상, 그리고 과거사의 학살 문제 등에 대한 오늘날 여론의 이해는 매우 제한되어 있다. 여론조사 1, 2위를 차지하는 인물들에 대한 이 사회의 가치관은 도덕적이지 않다. 여론조사가 갖는 함정은 여론조사의 대상들이 대체적으로 자신들이 많이 듣고 알고 있는 현실 정보에 무비판적으로 의존한다는 점이다.

만일 여론조사의 방식을 이렇게 하지 않고, 경제건설을 대가로 하여 정치적 폭력을 감수하겠는가 하고 물었다면 어떻게 되었을까? 인간에 대한 가치판단에서 그 인생의 마지막을 어떻게 결말짓는 것이 중요한가 아니면, 살면서 누린 권세가 더 중요한가 하는 식으로 물었다면 어떻게 되었을까? 질서를 확보한다는 명분 아래 인간을 학살하는 것이 옳은 것인가 아닌가 하고 물었다면? 또는 자신이 가지고 있는 현실적 영향력을 통해서 누군가를 일방적으로 매도하는 것이 옳은가 아닌가 한다면? 권력의 편에 철새처럼 붙어서 만년 편안한 권좌생활을 누리는 것에 대해서는? 이런 식으로 질문을 던진다면, 그 앞에서 이 사회는 어떤 대답을 할 수 있을까?

## 질문 방식의 함정

우리는 당시 이 여론조사가 가지고 있는 질문 방식의 함정과 그 가치관의 심각한 문제성을 꿰뚫어볼 수 있어야 한다. 그렇지 않으면, 사람들은 '아, 어떤 여론조사에서 그런 결론이 나왔다더군.'하고 그것을 기정사실화하여 우리의 50년 역사에서 가장 뛰어나게 업적을 남긴 인물군(人物群)을 주입식으로 자신에게 입력해 버리는 무뇌적(無腦的) 태도를 지니게 될 것이다. 이것은 언론의 여론조사라고 하는, 사회적 권위로 포장한 '역사의 오도(誤導)'를 결과하고 만다는 것을 깨우치는 과제를 우리에게 주고 있다.

기독교 신앙은 더더군다나 하나님 한 분 외에는 두려워할 존재가 없다는 것과, 이를 기초로 하여 역사에 대한 예언자적 양심을 가지고 세상을 향해 나가야 한다는 점을 상기한다면 이러한 여론조사에 대하여 간단히 넘어갈 일이 결코 아닐 것이다. 이는 실로 예수 그리스도를 통해 우리가 이루어야 할 인간형을 송두리째 부정하는 일이 될 수 있다는 점에서 우리는 매우 날카로운 반응을 보여야 하는 것이다.

소위 주류 언론들이 거론하는 여론 인기도 상층부에 속하는 인물군상들은 우리 민족에 다대한 업적을 남겨서 두고두고 후손들이 그 뒤를 따라야 할 존재라기보다는 대체적으로 우리가 극복해야 할 인물상들이다. 반면, 정작 따라야 할 존재들에 대한 사회적 가치의 확인은 미약하기 짝이 없고 김 구 선생의 경우에는 그의 필생의 소망과 삶의 자세는 도리어 현실에서 처절하게 부정당하고 있는 것이 우리의 지금이다.

김 구 선생에 대한 역사적 평가가 그간 많이 높아지긴 했으나 그의 원칙적 민족주의와 민족을 섬기는 삶, 그리고 남북통일을 위해 온갖 음해를 견디면서 좌우합작을 시도하려 했던 바는 여전히 현실 정치생활 속에서 부인당하고 있다. 최근 지 아무개라는 한 군사평론가는 "김 구 선생은 국가 경영의 철학과 능력이 없는 일개 테러리스트에 불과하고, 이승만의 능력을 시기하는 인물"로 주장하여 파장을 일으켰다. 일고의 가치도 없는 얼토당토하지 않은 말이다. 그러나 그만 탓할 일이 아니다. 오늘날 이 민족이 어떤 인물을 지도자로 세우려 할 것인가를 놓고 생각해 보면, 김 구 선생은 지도자의 반열에 필시 오르지 못할 것이다. 나아가 〈조선일보〉의 이승만 재평가작업의 과정은 있었으나 김 구 선생에 대한 재평가작업은 없었다는 것은 무엇을 의미하는 것인지 깊이 생각해 볼 일이다.

그런데 김 구 선생이 이승만 대통령과 왜 대립했던가? 민족적 분열

이 가져올 참화에 대한 우국충정이 아니었던가? 그리고 그의 예언은 맞아들어서 결국 우리는 민족상쟁의 전쟁을 겪어야 했다. 좌우합작과 민족의 흥망 양자 중 하나를 선택해야 한다면, 그는 민족의 생명 쪽에 자신을 걸었다. 그러나 그는 공산주의자들과 협력한 인물로 음해되어서 암살되었고, 그 배후에 바로 조선일보사 등이 그토록 경외해 마지않는 이승만 대통령이 있었다는 점은 우리의 가치관이 얼마나 전도(顚倒)되어 있는가를 역설적으로 반증해 주고 있다. 〈조선일보〉가 한국언론계에서 가장 영향력이 있다는 사실은 그 영향력이 윤리적으로 타당하다는 것과는 다른 것임을 우리는 여기에서 다시 한 번 주목하게 된다.

이러한 여론조사가 선두에 내세운 인물들에 대해서 한번 생각해 보자. 한국 현대사에서 가장 뛰어난 업적을 지닌 인물로서는 박정희 대통령이 거의 언제나 1위로 꼽힌다. 그의 정치적 역정에는 그럴 만한 요인이 분명히 존재한다. 그러나 그러한 경제성장이 우리 사회에 어떤 결과를 가져왔는지는 전혀 반성이 되지 않고 있다. 한국사회에서 빈곤을 몰아내야 한다는 과제는 실로 절박한 생존의 문제였고, 이것은 다른 여타의 것을 제2차적으로 삼아서라도 해결해야 할 일이었다.

그러나 그 빈곤의 퇴치는 한국사회 내부에 새로운 빈곤을 가져왔다. 그것은 빈부격차의 심화에 따른 상대적 빈곤의 확산과 물질주의적 가치관이 우선권을 차지함으로써 생긴 정신문화의 빈곤이다. 그리고 이러한 빈곤은 인간을 인간으로서 평등하고 의롭게 서로 대하지 않는, 그래서 한 인간을 구성하고 있는 물질적 외관만으로 평가하려고 드는 반윤리적이고 무자비한 사회를 만드는 초석이 되었다. 박정희가 이렇게 청산의 대상으로도 동시에 사고되지 못한다면, 그것은 오늘날 한국사회의 현실에 눈먼 결과를 가져올 뿐이다.

그래서 오늘날 우리는 우리 사회가 인간이 제대로 대접받고, 인간적인 선함이 찬양되는 그런 사회라고 자신할 수 없는 지경에 몰려 있다. 그뿐인가? 그렇게 해서 권력과 부를 움켜쥔 세력들은 대를 이어 이 사회에 부정한 기득권 세력으로 군림하고 있다. 우리 사회는 정의롭지 못한 기득권을 지탱하느라 진전이 가로막히는 일이 한 두 번이 아니며, 들통이 나도 시간이 지나도 권력이 대충 은폐하고 가려줌으로써 그 악의 뿌리는 뽑힐 줄 모르고 있다. 정경유착과 부패의 사슬, 그리고 자유에 대한 획일적인 억압 등 박정희 시대가 후대에 남긴 죄의 무게는 결코 가볍지 않다.

물질적으로 잘 살게 해주기만 하면 된다는 식의 가치가 지배하는 사회라면, 인간은 이러한 가치관의 종노릇 외에는 할 것이 없게 된다. 마치 애굽의 압제에서 벗어난 히브리 민족이 광야에서 잠시 어려운 고비를 맞이했다고 해서 애굽의 고기가마를 그리워했던 것과 무슨 커다란 차이가 있겠는가?

“마른 빵 한 조각을 먹고도 화목하는 것이 진수성찬을 가득히 차린 집에서 다투며 사는 것보다 낫다.”는 잠언의 말씀은 이런 상황에서 비집고 들어설 자리가 없다. 우리 사회는 마른 빵 한 조각으로도 화목해지는 사회를 지향해 온 것이 아니라, 진수성찬을 만들어 그 앞에서 싸움박질을 하는 것을 당연히 여기는 사회가 되어버렸다. 이런 사회가 된 것을 어찌 박정희 대통령의 책임만이라 하겠는가?

그러나 그의 업적이라고 하는 사회적 결과가 담고 있는 바가 무엇인지 깊이 들여다보지 않은 채 그것을 바람직하다고 여기는 한, 우리에게 박정희 망령은 삶의 기준이 되어서 나사렛 예수의 사랑의 삶을 추방해 버린다는 점을 뚜렷이 인식해야 한다. 나사렛 예수의 삶이 지향하는 모델이 어찌 박정희 대통령의 모델과 같을 수 있겠는가? 그것은 도리어 이 예수의 모형으로 극복해야 할 인간형임이 분명하지 않은가?

### '독재자 1위'가 한국인 역사관인가

죽은 자를 다시 관에서 꺼내어 살해할 의도는 없다. 하지만 실로 박정희 대통령의 말로(末路)는 어떠했는가? 정신은 황폐해질대로 황폐해졌고, 육신으로는 부패한 삶으로 귀결되어 버리지 않았던가? 그런 모습을 우리의 후대들에게도 자랑스러운 민족적 표상의 일생으로 가르칠 수 있을 것인가? 그의 말로를 질타하려는 것보다는, 그런 인생으로 전락해 버린 그의 삶에 대한 총체적 인식과 더불어 이런 모습을 아파하고 슬퍼함이다. 박정희식 물질주의적 성공주의는 결국 인간을 그렇게 만들어 가고야 만다. 나이가 들수록 아름답고 고결하며, 맑고 깨끗한 모습이 되는 것이 아니라 육욕(肉慾)을 탐하고 추해지며 다른 이들에게 속으로는 경멸당하는 존재가 되고 마는 것이다.

전두환 대통령은 또한 어떤가? 그는 민족 앞에 나서서 자신의 견해와 입장을 그렇게 당당하게 이야기할 수 있는 자격이 있을까? 자신을 청와대에 초청한다고 해서 이제야 제대로 나라가 잘 된다고 말할 수 있는 것일까? 당시, 그는 자신이 구속되기 전에 이른바 골목성명이라는 것을 발표해서 자신의 행위에 대한 정당함을 구구하게 내놓았다. 그 성명을 듣고 있던 광주학살의 희생자들의 가슴에 또 한 번의 못질을 한 셈이었다. 무수한 인명의 살상에 책임이 있음에도 그에 대하여 제대로 된 사죄 한 번 없었고, 이후에는 민족의 미래를 위해서 참회의 눈물 한 방울 흘리지 않은 사람을 어떻게 업적 운운으로 높이 받들 수 있는 것일까?

예수께서 세리와 죄인들과 함께 어울리니 당대의 지식인이자 예루살렘의 명망가들인 율법학자들은 예수를 비난했다. 제대로 된 인간들과 어울리지 않고 사회적 선동이나 일삼고 있다는 비난이었다. 그러나 그들에게는 기껏해야 비난으로 들렸던 목소리가 이들 죄인들에게 무한한 은혜를 끼친 복음이었다는 사실을 기득권을 누리는 일부 언론인들은 알고나 있을까?

박정희 대통령이나 전두환 대통령에 대한 여론조사의 결과가 이렇게 나온 것을 주시하면서 〈조선일보〉는 당시 경제난 속에서 경제분야의 업적을 중요시하는 추세가 반영됐다고 했는데, 그것은 경제분야의 업적에 대한 재평가라기보다는 곤고한 삶에 대한 돌파구가 딱히 없어서 헤매고 있는 우리 자신의 가치표류를 의미하는 것에 다름 아니었다. 오죽하면 이미 낡고 부패한, 사라져야 할 모델이 다시 등장해서 오늘의 우리를 현혹시키고 있는가에 대한 깊은 개탄이 있어야 할 현실에 대하여 아무런 자성의 소리가 없다는 것은 우리가 또다시 정신적 위기를 겪고 있음을 말해 주는 대목이다.

이러한 대목에 대하여 좀더 분명하고도 엄격하게 자신을 볼 수 없다면 우리는 어떤 역사적 과오를 되풀이하게 될 것인지 알 수 없다. 빵을 주겠다고 늑대를 따라가는 양이 있겠는가? 늑대가 양을 위해서 빵을 주겠는가? 그랬다면 오늘날 한국정치의 현실이 이 지경이 되었을까?

## 하나님의 사람들

마리아는 나사렛 예수를 가진 상황에서 이런 기도를 드린다.

주께서는 그 팔로 권능을 행하시고 마음이 교만한 사람들을 흩으셨으니 제왕들을 왕좌에서 끌어내리시고 비천한 사람들을 높이셨습니다. 주린 사람들을 좋은 것으로 배부르게 하시고, 부한 사람들을 빈손으로 떠나 보내셨습

니다.(누가복음 1:51-53)

상석에서 군림하고 있는 인간상들은 하나님의 사람이 아님을 토로하고 있으며, 그와 함께 하나님께서 누구를 역사의 주역으로 삼으시려는지를 고백하고 있다. 그로써 예수께서는 세상의 가장 작은 자들을 멸시하지 않고 자신을 대하듯 겸손하고 온유한 이들이 하나님 나라의 주인이 될 것이라는 충격적인 복음을 선포한다.

세상 현실에 그악해야 하고, 출세에 야망을 지녀야 하며 남의 위에 올라서는 일에는 수단과 방법을 가리지 않고 작은 자들의 사정은 돌보지 않아도 되는 인간상이 지배하는 세상을 뒤집는 사건으로 예수 그리스도는 오신 것이다. 하여 그는 그런 인간상들이 누리고 있는 기득권을 성전정화를 통해 반전시켜 버리신다. 돌 하나에 돌 하나도 남지 않을 것이라는 경고와 함께 하나님의 마음을 품은 이들이 지향해야 할 삶의 내용과 목표를 "너희는 먼저 하나님 나라와 그 의를 구하라."라는 말씀으로 압축하셨다.

그렇다면 우리 다시 스스로에게 묻자. 오늘날 민족적 정체성과 관련하여 역사적 청산의 논란이 되고 있는 인물들에 대하여 기독교인으로서 이들이 과연 "하나님 나라와 의를 구한 사람"인가를 물어야 하는 것 아닌가? 이것이 먼저이고, 그래서 먹고 마시고 입을 것은 바로 그런 하나님의 정의로움에 기초하여 이루어져야 한다고 믿는 그런 사람들이었던가, 아니면 하나님 나라와 의는 먹고 마시고 입을 것을 수단방법 가리지 않고 먼저 구한 다음에나 생각해 볼 일이라고 여긴 이들이었던가? 답은 자명하다. 하나님 나라와 의를 구하는 가운데 이루어지지 않은 물질은 반드시 우리 자신을 불의(不義)하게 만들고, 썩게 하며 결국에는 사망의 길로 인도할 뿐이다.

실로 겸손하고 온유하며 그 가운데 인간을 극진하게 사랑하면서 이 세상을 아름답게 만들려는 십자가의 길을 가고자 하는 그리스도인은 이런 인물관과 가치관에 의존해야 하는 것일까 아니면 거부해야 하는 것일까? 세상풍조를 따르는 이는 그리스도의 십자가를 질 수 없다. 예수 그리스도는 우리가 세상을 더 사랑하는지, 아니면 그리스도의 삶과 그 길을 따르는 일을 목숨처럼 여기는지를 묻고 계신다.

그렇다면, 이러한 물질주의적이고 권력지향적이며 출세로 이름을 내는 일에 바쁜 세상 앞에서 우리가 선택해야 할 길은 애매하지 않다. 이러한 여론조사의 결과는 바로 그러한 여론의 추이가 우리가 따르고 인정해야 할 바가 아니라, 도리어 그것을 제대로 극복하지 않으면 우리의 역사적 비극과 고난은 되풀이될 수밖에 없음을 경고해 주는 반증적 자료이다.

하나님의 사람들이 이 세상에서 해야 할 일은 '빛과 소금'이 되는 길이다. 언론권력이 만들어내고 있는 인생과 역사에 대한 허상을 밝히 비추고, 우리가 눈멀어 있는 것이 무엇인지 드러내야 한다. 부패한 가치관과 인간관이 이 사회를 현혹하고 있는 바에 대하여 반부패(反腐敗)의 효력을 있는 대로 다 드러내야 한다. 그렇지 못하면 우리의 기독교 신앙은 세상풍조가 지향하는 바를 이루는 데 보조적 역할을 하는 사탄의 도구가 되기 십상이다. 이름도 빛도 없이 세상을 위해 자신을 헌신적으로 희생하고, 그로써 공동체 전체의 미래를 새롭게 살찌워 나가는 인간형을 모색하고 찾아나서지 않는 사회는 사탄의 노예가 거듭될 뿐이다.

"돌로 떡을 만들어 주겠다."는 소리에 넘어갈 수밖에 없기 때문이다. 그 떡을 먹어 우리의 영혼이 결국에는 돌과 같은 영혼이 되면 어찌 하겠는가? 하나님이 주시는 살과 같이 부드러운 영혼의 소유자가 되는 길은 오로지 세상의 갈채와 인기에 연연하는 인생이 아니라, 고독할지라도 하나님의 말씀에 끝까지 사로잡힌 자의 고결한 자부심과 자존심에 달려 있음을 깨우쳐야 한다. 과거사의 문제는 과거의 문제로 그치지 않는다. 그것은 현실과 장래를 걸고 마주해야 할 문제이다. 이를 가볍게 여기는 것은 자신의 인생에 대한 회개의 가치를 가볍게 여기는 신앙인의 모습과 진배없다. 진정한 청산을 담는 회개 없이 생명의 길로 가는 진리가 있을까? 아니다. 역사도 이와 결코 다르지 않다.

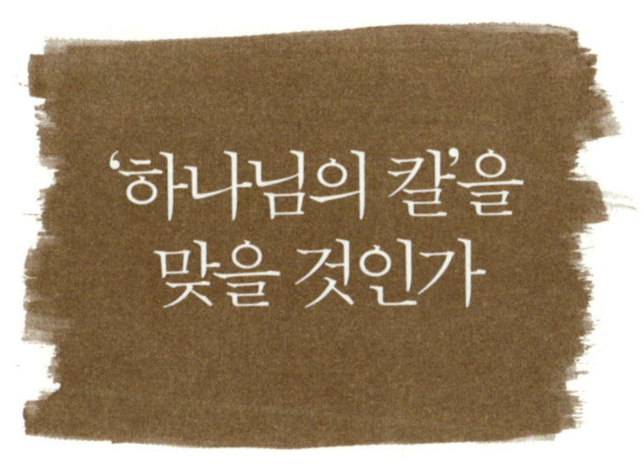

# '하나님의 칼'을 맞을 것인가

저 사람은 법 없이도 살 사람이야, 하는 말은 그가 매우 선량하다는 뜻이다. 그러나 정작 그런 사람은 법이 없다면 어디 보호받을 데가 없어 곤경에 처하기 십상이다. 이렇게 말하고 나서도 뭔가 석연치 않다. 왜인가? 그건, 법이 선량한 사람들, 약자들을 보호한다는 전제가 서 있을 때 가능한 논리이기 때문이다. 오늘날 우리는 법이 도리어 그런 사람들을 궁지에 몰아놓고 그 권리를 박탈해버리는 일을 어렵지 않게 본다. 법이 사람 위에 군림하고 법도(法道)가 아니 법도(法刀)를 휘두르기 때문이다.

그런데 이는 사실 이상한 일이 아니다. 법의 탄생은 언제나 권력자의 의지와 관련이 있다. 법은 그 권력자의 이익을 지켜내고 그에 저항하는 이들을 족쇄로 걸기 위해 만들어졌다. 하지만 이렇게 말하면 사람들은 소크라테스를 들먹인다. 그가 죽으면서 악법도 법이라고 했으니 그만한 철학자가 인정한 국가의 법은 그 내용이 악하더라도 공공의 질서를 위해서 지켜야 한다는 것이다. 과연 그럴까?

## 악법은 왜 악법인가?

소크라테스의 발언은 왜곡되었다. 악법도 법이라는 것은, 법이 다 모두에게 좋은 것이 아니고 법에는 악법도 있다는 이야기다. 그러니 법이라고 다 존중하고 선하며 의롭다고 여기지 말라는 것이다. 그 악한 법에 의해 그 고명한 철학자가 타살당하는 것을 보라는 것이다. 철학자를 죽이는 법, 문제를 제기한 지식인을 죽이는 법, 그건 악법이라는 것이며 그걸 말로 해서는 못 알아들으니 목숨을 걸었던 것 아닌가?

악법을 정당화시킬 때 소크라테스의 권위는 이용하면서, 그가 치른 희생의 의미는 슬며시 지나친다. 이래서는 법의 실체를 제대로 알 수 없다. 악법은 폐기되어야 마땅하며 인류의 스승에게 칼을 겨눈 법은 더더욱 사라져야 한다. 그렇다면 악법은 왜 악법인가? 그것은 그 법이 그 사회의 기득권자, 권력자, 강한 자의 이익만 옹호하기 때문이다. 그러면서 법 앞에서 모든 사람들이 평등하다는 논리는 무너진다. 법은 모든 사람들이 평등하지 않다는 것을 보여준다.

삼성 이건희 회장에 대한 단독 사면은 그 대표적인 경우다. 법은 차별적으로 해석되고 적용된다. 그래서 유전무죄, 무전유죄라는 현실과 말이 나오는 것 아닌가? 법은 돈과 권력의 기초 위에 있다. 법을 다루는 사람들이 돈과 권력을 쥐고 있는 것만 봐도 이는 입증된다.

근대사회는 과거 봉건시대처럼 권력자의 자의대로 정치가 이루어지는 인치(人治)가 아니라 법치(法治)사회라고 한다. 그래서 사람들의 권리가 법으로 보호되고 자의적 정치행위가 이로써 제동이 걸린다고들 믿는다. 하지만 좀 더 깊이 들어가 보면 그 법치는 인치를 위한 법체계일 경우가 훨씬 많았던 것이 인류의 역사다. 약자의 권리를 지켜내는 법이 애초부터 나온 것이 아니었다. 기득권 질서를 강화하는 법으로 인한 억압과 희생에 반발하고 저항해서 일어난 운동과 사건들이 그 법의 성격을 바꾸지 않으면 안 되게 만들었다.

그런 과정이 근대의 역사를 열어간 과정이었다. 하지만 근대가 반드시 민주주의를 이루어내는 법을 성숙시켜온 것은 아니다. 권력자들은 일단 권력을 잡으면 법에 의한 약자의 보호보다는 자신의 이익과 권력을 더 크게 만드는 일에 몰두하기 마련이다. 법을 만드는 권한마저 가지고 있으니 이는 더 말해 무엇 하겠는가?

프랑스 혁명 이후 가장 민주적인 법이라고 나온 미국의 헌법도 그 제정자들이 노예소유주들이었고, 보통의 시민들이 정치적 발언권을 갖는 것을 최대한 제약시키려는 노력을 했다는 사실은 법의 역사와 법의 정체에 대해 다시 생각하도록 만든다. 이른바 실정법이라는 것은 일단 어떤 것이든 현실의 기존질서로 되어 있는 한 어쩔 수 없다는 식의 논리를 만들어 낸다. 양심상 잘못된 것을 알아도 법이 그러니 어쩔 수 없다는 식의 이야기가 바로 그거다.

## 법의 본질, 물 흐르듯이 가라

이런 와중에도 사법부가 양심적 판결을 내리면 이에 대한 공세가 시작된다. 양심과 현실적 법체계 사이의 싸움도 전개된다. 이른바 법 감정이라는 이상한 용어도 동원된다. 철저하게 법관의 양심, 양식, 법에 의한 판결을 대중들의 법 감정으로 평가하고 난도질 하는 경우가 생겨나는 것이다. 권력자의 마음에 드는 판결은 언제나 옳고 그래서 법을 지켜야 한다, 법질서가 중요하다, 하면서 그렇지 못한 것은 국민 법 감정 운운하면서 꺾으려 드는 것이다.

법은 어떤 고정불변한 것이 아니다. 봉건 시대의 법이 오늘날 그대로 적용되지 못하며, 새로운 기술 환경의 발전이 만들어내고 있는 사회적 변화는 구시대의 법을 옳다고 하기에는 시대착오적이다. 트위터라는 새로운 소통 기구가 나오면서 민주주의의 보다 폭 넓은 소통 공간이 생겨나고 있는데 이마저도 한국 정치에서는 선거법 운운으로 검찰의 단속 대상이 된다. 법이 얼마나 현실을 못 따라가는 구닥다리인지 입증해주는 예이다.

법(法)이라는 한자를 봐도 법의 본질에 대해 생각할 수 있다. 말 그대로 [물(水)이 흐르듯(去) = 法] 가라는 것이다. 그건 인간의 양식과 시대의 요구를 담아내라는 뜻이 그 안에 있다. 오늘날 한국사회는 민주주의의 성숙을 요구하는 현실에 있다. 이걸 거스르면 그건 법이 아니라 거꾸로 그걸 배반하는 역(逆)일 뿐이다. 참으로 요상하게도 최근 사법부의 판결에는 칭찬할 만한 것 말고도 일반 상식을 깨는 논리가 횡행하는 느낌이다. 절차는 문제가 있으나 결정사항은 위법은 아니다, 라든가 하는 식의 이야기는 대중들에게 놀림감이 되고 있다.

컨닝은 문제가 있으나 성적에 영향을 미치지는 않는다, 사법고시 대리시험은 문제가 있으나 그렇게 해서 합격한 것은 불합격 취소할 수 없다, 이런 식의 해괴한 논리에 대한 풍자가 잇따른다. 법조계 스스로 자신의 얼굴에 먹칠한 격이라 아니할 수 없다. 과정의 문제는 결과에 그 영향을 미치게 마련이며, 문제가 있으면 원상복구가 원칙이다. 부당한 해임에 의해 직책이 복구되자 이에 대해 직위는 인정하나 권한은 인정할 수 없다는 식의 궤변이 해당기구에 의해 나온 경우도 있다. 권한 없는 직위라는 것이 있었는가?

아이들에게 무엇을 가르칠 수 있을지 모르겠다. 이러다가는 과정의 가치를 우습게 아는 사회가 되지는 않을까? 법은 이런 과정을 거쳐서 능멸당하고 있는 중이다. 그러니 누가 법을 지키려 들겠는가? 법을 지키는 자가 어리석은 자가 되는 것이다. 법은 가급적 피하고 볼 일이 된다. 그러다가 문제가 되면 권력에 의탁해서 법망을 빠져나가면 그만이다. 이게 오늘날 한국사회가 마주하는 법 현실의 적나라한 모습이다.

이런 사회에서 가장 유능한 자는 누구이겠는가? 법을 이용해서 자신의 기득권을 최대한 강화하는 자들이다. 그러나 그렇게 법을 이용할 수 있는 능력을 가진 이들은 과연 누구인가? 그건 강자들이다. 그러니 약자들은 날로 이 법에 의해 희생제물이 된다. 법은 원성의 대상이 되고 마는 것이다. 이러면서 대화로 풀어나갈 일도 죄다 법으로 풀려고 한다. 그게 자신들에게 유리한 결론을 내려주니까.

정치도 법, 경제도 법, 사회문제도 법, 하면서 법 만능주의가 퍼지고 있는 중이다. 법은 성찰의 능력이 없다. 법은 구체적인 사안에 대해 고민하지 않는다. 법은 이미 그 법 탄생의 과정적 요구에 의해 그 법 해석의 권한이 약자에게 주어져 있지 않다. 그러기에 법정에 들어서는 것은 사회적 약자들에게는 이미 상당히 불리한 싸움을 해야 함을 의미한다.

### '법을 세워야' 할 때

나아가 그 내용은 둘째 치고 정당한 법절차를 거치지 않은 법의 이름을 내걸고 윽박지르고 그러면서도 '법대로' 집행하겠다는 소리가 쨍쨍한 오늘의 법 현실이 '법이 무어냐'고 몰아 세운다. 왕과 양반들의 봉건

왕조시대, 일본제국주의의 식민지 통치, 해방 이후 거듭된 군사독재정권의 통치가 법의 이름으로 이루어졌기 때문에 국민은 법과 멀어지게 되었다. 현 정부도 예외는 아닌 듯싶다. 가까이 하면 다치는 법은 여전히 칼이었고 칼자루는 권력이나 돈, 부정한 방법으로 재산을 축적한 자들이 쥐고 있다고 믿게끔 되었다.

법이 표방하는 이상과 현실이 이렇게 다를 때, 우리는 법의 근본 가치인 정의와 평등을 곰곰이 생각하게 된다. 흔히 사회에서는 '법대로' 죽이고 처벌하면 정의가 이루어진다고 주장하지만, 하나님은 "죽을 죄를 지은 사람이라도 죽으면 언짢아" 하시고(에스겔 18:32), 상한 갈대도 꺾지 않고 꺼져가는 심지같이 아무런 힘이 없어 법으로 보호를 받아야 할 사람들을 들어올려(누가복음 1:52 참조) 실질적인 평등을 이루어주신다.

이제는 참으로 이 나라에 '법을 세워야'(아모스 5:15) 할 때이다. '덫'이나 '함정'처럼(호세아 5:2), 칼처럼 사람들에게 깊은 상처를 주고 분열시키고 심지어 목숨을 앗아가는 법들은 모두 없애야 한다. 아울러 그 아래에서 누려 온 기득권과 특권에 대해서도 회개해야 한다(이사야 59:3-15). 앞서 언급했듯이 물이 흐르듯 사회 곳곳에 흘러가 약한 이들의 권리를 지키고 강한 자들의 힘을 억재하여 함께 사는 세상을 이루는 '생명의 법'(에스겔 33:15)을 세워야 한다. 무엇보다도 그 법의 으뜸을 백성들을 사랑하는 마음으로 할 때(마가복음 12:29-31) 정의가 서고 평화가 그 뒤를 따를 것이다(시편 85:13).

## 하나님의 칼을 맞을지 모른다

만약 하나님의 뜻을 묻지도 않고(예레미아 2:8) 백성들의 마음을 헤아림 없이 날치기로 통과 시킨 실정법 조문에 얽매여 법을 칼처럼 휘두른다면, 우리는 또다시 '질서유지'란 명목으로 사람들의 마음속에 씻기지 않은 상처를 남길 것이다. 그러다 하나님의 칼을 맞을지 모른다(에스겔 22:14-21).

그렇다면 성서는 이에 덧붙여 무엇이라고 말하고 있는가? 성서는 고아와 과부를 돌보라고 한다. 거할 곳이 없는 나그네를 돌보라고 한다. 이게 법 정신이다. 하나님의 법이다. 자기 힘으로 자기 권리를 지켜낼 수 없는 사람들을 지켜내는 것이 법의 출발점이고 하나님의 마음이 그 안에 있다고 한다. 율법주의자들은 이걸 알지 못하고 자기들 위주로 법의 정신을 해석한 자들이다. 그래서 법을 알지 못하는 이들을 멸시했고 죄인으로 몰았다.

나사렛 예수는 이러한 법 현실에 대해 분노했고 저항했다. 안식일을 거룩하게 만들어 놓고 사랑을 행할 수 있는 기회도 봉쇄해 버리고 만 것에 대해, 이건 아니라고 일갈하셨고, 이걸 바로 세우지 못하는 한 무수한 사람들이 억울한 눈물을 흘리게 될 것이라며 가슴 아파하셨다. 아닌 게 아니라, 오늘날 법은 약자들의 가슴에 피눈물을 흘리게 한다. 그러고도 멀쩡하다. 그 피눈물을 보고 애통하는 법조인들은 기득권을 가진 자들에게 공격 대상이 되고 만다. 법은 그렇게 해서 권력의 도구가 되고 마는 것이다.

사실 따지고 보면, 인간 사회에서 법은 최소한 원칙이다. 서로 상생하면서 잘 살아보려면 상대의 권리를 침해해서는 안 되고 차별적 사회를 만들어서는 안 된다, 이게 법의 기본 정신이 되어야 한다. 그런데 현실은 이걸 거꾸로 뒤집어야 법 정신이 된다. 그로 말미암아 현실은 법 조문의 위압적 지배 아래 숨죽인다.

"세상에 그런 법이 어디 있어?" 하는 말이 있다. 법이라면 적어도 인간의 존엄성과 그 본래적 권리를 짓밟아서는 안 된다는 절규다. 그런데 법이 그런 일을 하고 있다면 그건 이미 법이 아니라 불법이다. 합법적 불법이다.

권력은 자기 마음에 들지 않으면 모든 것을 불법화시킨다. 그 반대는 합법화 시킨다. 하지만 우리가 봐야 할 핵심은 인간의 존엄성을 존중하고 권력과 재물, 사회적 신분의 차이를 막론하고 사안 사안에 대해 판단하고 판결을 내리는가에 있다. 그렇지 못하다면 그건 이미 법이 아니라 법을 가장한 기득권 전략에 불과하다. 이걸 깨는 것이 하나님 나라의 법이다. 인간의 존엄성을 최대한 지켜내고 그 사회가 약자들의 권리를 최대한 보장하는 노력을 체계화하는 법이 있을 때 우리는 그걸 제대로 된 사회라고 부른다.

예수시대에 왜 그리 율법주의자들에 대한 예수님의 비판이 강했는가? 그건 법을 내세워 인간을 능멸했기 때문이다. 그런 자들은 아직도 사라지지 않았다. 법을 자신의 기득권 도구로 보는 자와, 법을 약자들의 권리로 보는 이 시각의 대립에서 그리스도인들은 어디에 서야 하겠는가? 하나님의 법에 따르는 이들은 그 답이 자명하지 않겠는가?

# '박정희 향수'와 성서의 정신

《만화 박정희》, 《소설 박정희》, 《알몸 박정희》, 《실록 군인 박정희》, 《주식회사 대한민국 CEO 박정희》, 《박정희 모델과 신자유주의 사이에서》… 박정희와 관련된 책들이 봇물처럼 쏟아지고 있다. 특히 《만화 박정희》는 박 전 대통령의 친일 행각, 좌익 경력, 군부 독재 실상을 비판적으로 다루고 있어 논란이 일기도 했다. 임헌영 민족문제연구소장은 "양 극단으로 나뉜 박정희에 대한 최근 평가는 그 시대를 살아보지 않은 어린 세대들에게는 무엇이 진실인지 혼란스럽게 여겨질 수도 있다"며 "남녀노소를 불문하고 대한민국 국민이라면 누구나 쉽고 재미있게 그리고 정확하게 박정희를 이해할 수 있는 방법이 없을까 깊이 생각한 끝에 《만화 박정희》를 기획하게 됐다"고 출간 목적을 밝혔다. 임 소장은 "철저하게 사실과 증언을 토대로 구성해 사실의 혼동이 없도록 했다."며 "이 책의 출간으로 우리 민족의 과거, 현재, 미래까지 영향을 미치는 한 '문제적 인물'에 대해 국민들이 냉철하게 판단하는 근거를 제공할 수 있게 됐다."고 출간 의의를 설명했다.

여러 가지 논란거리를 안고 있는 이 책의 폭발력은 벌써부터 감지되고 있다.

새누리당 박근혜 의원의 팬클럽인 '박사모'(박근혜를 사랑하는 모임)는 《만화 박정희》 출간을 '박근혜 죽이기'의 일환이라고 보고 이에 대응하는 《인간 박정희》 만화를 출판하기도 했다.

사실, 박정희 전 대통령을 되살리려는 반동적 경향은 일부 보수언론들의 집요한 노력의 산물이기도 하다. 이는 남한의 정치적 정통성과 경제적 성취에 대한 정당성 확보와 함께, 그간의 민주투쟁의 성과를 거의 전면적으로 부인하는 역사인식의 발로라고 할 수 있다.

그리고 이 배후에는 한국사회의 미래축을 '대북 대결주의적 안보와 노동탄압적인 자본의 논리'가 장악하도록 하려는 세력이 존재한다. 그런데 이 '박정희 신드롬'이 힘을 얻도록 만든 계기를 결정적으로 조성한 책임은 역설적으로 박정희 시대의 모순과 투쟁해 온 지난 문민정부, 국민의 정부, 그리고 참여정부를 표방한 현 정부의 주도세력에게 있다. 경제적 좌초와 윤리적 몰락, 대북정책의 표류를 비롯해서 그 어느 것 하나도 장기적 구상 속에서 추진하지 못한 '정치의 뇌성마비적 현실'의 결과가 민심을 이반시켰고, 그 대안을 과거로부터 찾아내게 만든 것이다. 그렇기에 박정희 향수에는 미래적 모델을 창조적으로 창출하려는 고뇌보다는 '과거의 지배'에 굴종해버린 비극이 배어 있다.

### 박정희, 지속불가능한 발전의 유공자

백낙청 서울대 명예교수는 〈창작과 비평〉에 기고한 '박정희 시대를 어떻게 생각할까'라는 글을 통해 박정희 정권의 공과에 대한 엄밀한 평가를 시도했다.

백 교수는 우선 박정희 찬반논란의 핵심이 되고 있는 '경제 업적'과 관련, "민주화 세력이 당시나 그 후 오랜 기간에 걸쳐 한국경제가 박정희 시대에 이룩한 괄목할 성과에 대해, 그리고 전제적이며 포악하기까지 했지만 유능하고 그 나름으로 헌신적이기도 했던 '주식회사 한국'의 CEO 박정희에 대해 충분히 인정을 안 해준 것은 사실"이라고 지적했다.

그는 "'한국식 고도성장 모델'의 창안자로 박정희의 '지적 재산권'을 인정하는 데 인색할 필요는 없다고 본다."며 "수출 전략에 정치적 탄압과 사회적 획일화를 포함한 다른 전략들을 '한국식'으로 배합해간 주역은 박정희였다."고 말했다. 그는 "독재만 하고 경제성장을 못 이룬 독재자가 많다는 점에서 또 한국에서와 같은 극적인 성장을 이룩한 일은 더욱이나 드물다는 점에서 어쨌든 박정희는 유공자는 유공자"라고 덧붙였다.

백 교수는 "한번 탈락하면 항구적 약자로 전락하기 일쑤고 약자는 강자로부터 사람 대접을 기대하기 어려운 현존 세계체제의 현실에서 우리가 애써 쟁취한 그나마의 민주적 가치를 보존하고 한반도의 분단체제 극복 과정에 능동적으로 개입할 수 있기 위해서라도 박정희 시대에 이룩된 경제 성장에 대해 일정한 평가를 해줌과 동시에 그의 경제 전략 중 어떤 것이 아직도 유효한 것이고 그런 것들이 박정희가 침해한 민족주의-민족화해 등의 목표와 어떻게 결합될 수 있을지를 진지하게 탐구할 필요가 절실해진다."고 밝혔다.

그는 이와 함께 박정희 시대 민주화 운동 세력에 대해 "대체로 민주화 운동은 노동자의 권리와 공해 억제를 주장하고 부정부패, 정경유착 등 각종 천민자본주의적 행태를 규탄하는 데 앞장서기는 했지만 한국경제를 어떻게 발전시킬지에 대한 현실적 대안을 제안했다고 말하기는 어렵다."고 '대안 부재'의 한계를 지적하기도 했다.

그는 "대부분의 반정부 인사들이 주로 인권 탄압을 이유로, 거기에 더해 문인들은 농촌의 전통적 생활양식을 함부로 파괴하는 데 대한 반발로 박정희의 산업화 추진 방식에 반대했지만 그것이 우리가 자본주의적 근대 또 박정희 식 근대화에 어떻게 대응할지에 대한 충분한 답은 못 됐다."며 "마르크스주의와 종속이론의 영향을 받는 급진적 분파들이 대규모 외자도입에 의존하는 (박정희 식) 수출주도형 성장 모델을 배격하고 좀더 '내포적인' 발전 노선을 제창했지만 지금 돌이켜보면 개방형 모델이 좀더 현실적인 것이었다고 판단된다."고 설명했다.

백 교수는 그러나 박정희를 '유공자'로 평가하면서도, 그 '유공자'는 '지속불가능한 발전의 유공자'일 뿐임을 날카롭게 지적했다. 백 교수는 박정희가 유공자임을 인정하더라도 "그것이 고속성장뿐 아니라 역사의 진정한 발전을 위해 최선의 것이었느냐는 문제는 여전히 남아 있으며, 그것이 바로 '재평가'작업의 핵심이 되어야 한다."고 보수 진영의 일방적인 '박정희 찬양'과 선을 그었다.

백 교수는 결론적으로 "오늘의 정치 지도자들에게 어떤 문제점이 있건 간에 '제2의 박정희'가 해결책이 못 되는 것만은 분명하다."며 최근의 '박정희 향수'와 그에 기대보려는 일부 정치인의 시도를 강하게 비판했다.

### 박정희 체제의 기본성격

5 · 16 군부의 집권은 국제적으로는 1960년대 제3세계를 휩쓴 민족해방투쟁에 대한 미국의 대응전략적 소산물이었고, 한국자본주의 발달사의 관점에서는 억압적인 냉전체제를 기반으로 하여 고도로 국민 에너지를 집결시켜 산업화 과정을 단축시킨 분기점이다. 따라서 그 기본성격은, 내부의 자생적 발전의지를 국민적 합의라는 보다 견고하고 장

기적인 기반이 아니라 '외부의 정치경제적 지도 및 지원과 군사적 동원 체제 수립'으로 드러난다. 하여 국제노동시장에서 하청적 역할을 담당하는 종속발전의 형태를 취하지 않을 수 없었고, 일사분란한 총화적 단결을 중심으로 국민 에너지의 계획적 배치를 이루어야 했던 것이다. 그러나 이 과정은 자연 이러한 방향에 대한 저항을 억압하고 배제하는 폭력을 요구했고, '인간에 대한 훼손'은 필연적이었다.

이 시기는 산업능력이 극도로 미약했고 붕당적 정치로 인한 국민적 에너지의 소모적 분산이 진행되었으며 북한이 남쪽을 흡수할 만한 기세로 급속한 경제적 신장세를 보였던 상황이다. 따라서 체제위기를 최일선에서 민감하게 느끼고 반응한 군부의 정치개입은 '북과의 체제경쟁'이 그 초미의 과제일 수밖에 없었다. 통일은 경제건설 이후의 작업으로 미루어졌고, 통일 문제에 대한 사회정치적 논의는 건설 에너지의 교란으로 규정되었으며 지금의 단계는 일로 매진하여 물적 토대의 안정을 이루는 일이라는 논리는 박정희 체제를 이해하는 열쇠라고 하겠다. 결국 남쪽이 주도하는 통일 작업에 기초를 형성하고, 그로써 중간 단계의 무리는 불가피하다는 사고가 박정희 체제의 정당성을 형성하고 있다.

그런데, 이와 같은 정치적 구조가 당시의 정세가 가장 중요하게 제기하고 있던 도전들을 해결하는 데 최적의 대안이었는가 하는 문제는 여전히 논란으로 남는다. 산업화의 수준이 낮고, 자본의 자생력이 약한 상황에서 정치권력이 국가적 에너지를 집중시켜 경제발전의 지휘권을 행사하는 것은 당연한 시대적 요구이다. 그리고 이러한 요구에 부응하는 지도력을 인격적으로 체화한 인물이 권력의 중심에 있게 되면 그 나라의 발전은 기약될 수 있다. 그런데 문제는 이 에너지 집결방식에 있다. 과제의 파악은 올바로 되었으나, 이에 접근하는 자세에 있어서 논의의 여지는 남아있는 것이다.

### 그 평가의 기준

박정희 체제는 기본적으로 권위주의적 위계질서에 의한 동원체제이다. 즉, 국민적 동의의 수준을 점진적으로 향상시키려들거나, 또는 국민 일반의 사고에 대한 신뢰를 민주적으로 육성하는 방식이 아니라 '매우 교조적인 일방성'을 기초로 한 상명하복(上命下服)의 운영체계였다. 이것은 위기상황의 관리에 그 존재 이유를 찾는 군사적 시스템의 전사회적 적용의 결과였다. 일일이 설명할 여유가 없고, 긴급한 대응을 해야 할 상황에서 이같은 방식의 지휘체계는 실천적 정당성을 갖는다. 그리고 그 지휘의 책임자가 탁월한 사태 인식을 가지고 있을 경우, 이는 더더욱 가치 있는 지도력의 모델이 될 수 있다.

그러나 문제는 당시의 정세가 제기했던 과제의 해결은 사회 전반에 걸친 긴급조치의 방식을 요구하지 않았다는 점이다. '빈곤의 타파'를 위한 에너지의 강력한 집중이 반드시 권위주의적 위계질서에 의해 이루어지는 것은 아니다. 당시 가난한 삶을 극복해야 한다는 각성은 누구나 하고 있었고, 그 과정에서 민주주의와 인권이 희생되어서는 아니된다는 정치의식도 존재했다. 즉, 빈곤의 극복을 실현하기 위한 과정이 권력의 독재적 행사를 통해서 하기보다는 사회구성원들이 의논해가면서 각계각층의 창조적 에너지를 민주적으로 동원할 수 있었던 것이다. 누구도 빈곤타파의 과제를 수행해야 한다는 점에 대하여 반대하지 않았으며 그 발전전략의 선택에 있어서 인간의 가치가 훼손되지 않는 방식을 고려해야 한다는 주장이 있었다는 것을 주목할 필요가 있다.

그리하여 다소 속도가 나지 않더라도 장기적 발전의 안목 아래 발전의 가치관과 방식의 윤리성을 거듭해서 점검하는 틀을 만드는 작업의 토대 위에서 이 문제를 풀어야 했다. 그러나 박정희 체제는 발전에 대하여 일면적(一面的) 이해에 머물러 있었기 때문에, 자본의 성장만 보았지 그것이 가져오게 될 각종의 문제는 예민하지 못했다. 그래서 권력으로 자본을 키워나가는 방식에 집착하여, 노동을 억압하고 나아가 권력 자신이 거꾸로 자본에 사육당하는 현실까지 낳고 말았던 것이다. 오늘날 한국사회의 뼛속 깊이 파고든 물질만능의 풍조와 정경유착의 비리는 이렇게 해서 확고하게 형성되었다. 인간보다 더 중요한 가치가 한국사회 안에 존재하게끔 만들어 버린 것이다.

그래서 풍요의 정치경제적 기반을 만드는 데 성공한 듯하나, 그 풍요가 사회적 약자의 희생에 기초를 둠으로써 온 사회의 윤리적 수준을 타락시키고, 그 방식의 권위주의적 일방성으로 말미암아 사회구성원들의 창조적 문제제기 능력을 위축시키고 만 것이다.

물론 박정희 모델은 우리나라와 같은 역사적 상황에서 일정한 정당성을 가졌다는 점을 인정한다. 우선 박정희 자신이 보였던 현장지도의 헌신성, 국가재원의 계획적 운용의지, 그리고 국가적 진로에 대한 분명한 구상 등은 이후의 정치 지도자들에게 쉽게 발견하기 어려운 면모이다. 게다가 국가적으로 반드시 필요한 계획이라면 여론의 풍향에 노심초사하면서 좌우되지 않고 결정하는 결단력 등은 간단하게 보아 넘길 수 없는 대목이다.

그리고 국가적 과제의 우선순위를 정하는 안목도 남달랐던 것이 사실이다. 이러한 그의 개인적 특징은 당시 낙후했던 민도(民度)와 경제발전의 단계가 요구하고 있던 지도력의 통합능력으로 발휘됨으로써 한국의 근대적 하부구조를 건설하는 데 결정적인 공헌을 했다.

## 박정희 모델은 미래지침 아니다

그러한 역사적 정당성의 대목을 가지고 있음에도 불구하고 박정희 모델이 21세기에 들어선 오늘의 시점에서 우리가 지향하고 복권시켜야 할 모델이 될 수 없는 이유는 명확하다. 박정희 신드롬은 박정희 시대와 관련한 그간의 일방적 매도에 대한 역사적 평가의 균형을 이루는 논의에는 의미가 있을지 몰라도, 미래적 지침이 될 수 없는 까닭은 세 가지로 압축된다.

그 첫째는, 이미 앞서 언급했듯이 그러한 성격의 지도력은 반드시 인간의 존엄을 훼손하고 만다. 대(大)를 위해서라면 불가피하게 소(小)를 희생시킬 수밖에 없다는 논리로 대와 소의 자의적 규정에 토대를 둔 폭력행사가 정당화 되는 것이다. 폭력체제를 극복하는 민주주의에 대한 세계적 대세 앞에서 이 모델은 역사에 대한 반역이 된다.

둘째, 비교적 단순했던 전근대적 산업구조와 사고체계의 단계를 넘어선 시기에 권위주의적 동원체제를 통해서 생존할 수 있는 박정희 모델을 적용하려는 것은 그때와는 상대가 되지 않을 정도로 복잡해진 사회구조의 요구와 이에 따른 창조적 사고능력의 발휘에 전혀 적합하지 않다. 게다가 개성의 존재가 21세기적 문화의 기초가 되고 있는 판국에 획일의 통제체제를 다시 유지하려는 것은 '자해적 퇴행(自害的 退行)'의 논리가 되고 말 뿐이다. 한마디로 오늘의 세계적 판도에서 낙오를 자초하는 선택인 것이다.

셋째, 박정희 모델의 기본적 전제는 대결주의에 있다. 북과의 체제경쟁이라는 대결적 위기감이 이 모델의 정치적 적용을 가능하게 했던 것이다. 그러나 오늘의 세계는 새로운 협력의 모델을 모색하고 있다. 따라서 박정희 모델은 그런 현실 속에서 생명력을 갖기 어렵다. 이 모델에 집착하려는 한, 누군가 적을 상정하는 방식으로 국가 에너지를 통합해보려는 유혹에 빠지게 되어 있으며 남북협력을 비롯해서 국제적 협력의 기초를 세우기 어렵게 된다.

그렇다면 박정희 신드롬이 현실 영역에서 정치적인 모습을 통해 육화되어버린다면 그것은 실로 국가발전의 길을 가로막는 것이 된다. 또한 오늘날, '진정한 인간'이 사라지고 있는 때에 그것을 더욱 소멸시켜버릴 모델을 되살리겠다는 것은 아무리 그 모델이 효율성의 차원에서 시대적 매력을 가지고 있다 해도 특히 신앙인들은 단호히 거부할 일이다. 하나님 나라는 비인간적 폭력에 기초한 지휘체계를 결코 받아들이지 않기 때문이다. 그건, 생명과 평화 그리고 사랑에 충만한 '하나님 나라의 의'와 정면으로 충돌한다는 사실 하나라도 우리의 선택은 자명할 수밖에 없는 것이다. 아무리 황금 송아지가 필요해도 그걸 얻기 위해서 악마에게 영혼을 팔수는 없지 않은가?

### 사울체제의 파괴적 성격

이스라엘도 주변정세에 위기감을 느끼고 권력의 집중에 토대를 둔 안보체제를 형성하는 과정을 거친다. 사울을 중심으로 한 왕정의 수립은 이전의 평등공동체였던 사사(師士)체제를 결정적으로 파괴하고 만다. 지파 간의 합의와 균형을 전제로 한 대등한 결속이 아니라, 특정한 지파를 중심으로 한 지역주의와 권력 편중에 의한 동원체제가 등장한 것이다. 이러한 사태의 비극적 결과에 대하여 사무엘은 이렇게 경고한다.

사무엘은 왕을 세워 달라고 요구하는 백성들에게, 주께서 하신 모든 말씀을 그대로 전하였다. "너희를 다스릴 왕의 권한은 이러하다. 그는 너희의 아들들을 데려다가 그의 병거와 말을 다루는 일을 시키고, 병거 앞에서 달리게 할 것이다. 그는 너희의 아들들을 천부장과 오십부장으로 임명하기도 하고, 왕의 밭을 갈게도 하고, 곡식을 거두어들이게도 하고, 무기와 병거의 장비도 만들게 할 것이다. 그는 너희의 딸들을 데려다가, 향유도 만들게 하고 요리도 시키고 빵도 굽게 할 것이다. 그는 너희의 밭과 포도원과 올리브 밭에서 가장 좋은 것을 가져다가 왕의 신하들에게 줄 것이며, 너희가 거둔 곡식과 포도에서도 열에 하나를 거두어 왕의 관리들과 신하들에게 줄 것이다. 그는 너희의 남종들과 여종들과 가장 뛰어난 젊은이들과 나귀들을 끌어다가 왕의 일을 시킬 것이다. 그는 또 너희의 양 떼 가운데서 열에 하나를 거두어 갈 것이며, 마침내 너희들까지 왕의 종이 될 것이다. 그때에야 너희가 스스로 택한 왕 때문에 울부짖을 터이지만, 그때에 주께서는 너희의 기도에 응답하지 않으실 것이다."(사무엘상 8:10-18)

사울은 당시 이스라엘의 정세에서 볼 때 가장 적합한 지도력을 갖춘 인물이었다. 전쟁에 능했던 것이다. 그리하여 그는 이스라엘을 강력하게 통합해 나가고, 단시간에 왕정체제의 권력집중을 이루어낸다. 그리고 그는 "눈에 보이는 대로 용감한 사람이나 힘센 사람은 자기에게 불러들여"(사무엘상 14:43) 강력한 군부(軍部)를 조성한다. 자신의 세력기반을 철저하게 군사화 했던 것이다.

그러나 이와 같은 과정에서 이스라엘은 이후 다윗과 솔로몬 왕정체제가 그 안에 내포하게 된 전제정치의 폭압성을 기르게 되고, 백성들의 삶을 도탄에 빠뜨리고 만다. 안보를 내세워 권력을 점령한 사울체제가 그것을 기득권으로 삼아서 이스라엘 내부에 분열과 갈등의 씨앗을 뿌렸던 것이다.

이를 극복하겠다고 등장한 대안체제로서의 다윗왕조 역시 그 정치적 성품에 있어서는 사울체제의 연장선 위에 고스란히 서게 되는 것을 본다. 한 시대의 극복이 그렇게 간단치 않은 것이다. 다윗은 인구조사를 통해서 징세의 부담을 강화했으며, 솔로몬은 무리한 성전건축정치를 통해서, 그리고 르호보암은 그에 못지않은 징세부담의 가중으로 3대를 거치면서 백성을 수탈하는 정권으로 변질했던 것이다.

그러자 이에 반기를 든 세력이 일어났고, 이후 나라는 분열되어 결국은 차례차례 망하고 마는 사태에 이르게 된다. 예언자들의 등장은 다름아닌 바로 이러한 왕정체제의 오만과 독선, 그리고 폭압에 대한 항거이자 하나님 나라의 회복이라는 점에서 박정희 시대를 통과하면서 우리자신이 겪었던 역사적 경험은 성서적 적합성을 갖는다.

결론적으로, 신앙인들은 예수를 모델로 한 선한 목자의 풍모를 지닌

지도력을 한국사회의 중심에 굳게 세우는 노력을 기울여야 한다. 제자들은 다윗왕조를 회복하는 문제에 집착했던 반면에, 예수께서는 선교의 출발부터 하나님 나라를 거론했던 이유를 분명하게 인식해야 한다.

사랑과 정의, 평화와 생명을 가져오지 못하고 도리어 그것을 파괴해버리는 '발전'은 하나님 나라와 맞서는 가치체계이다. 그리스도 안에서 우리는 누구나 새로운 존재가 되지 않은가? 그래서 주어지는 하늘의 능력이 미래를 연다. 그런데 어찌하여 과거의 모습에 집착하는가? 예수의 모델 속에서 다가올 나라의 주도권을 행사할 수 있는 길을 보는 그런 놀라운 지혜가 우리에게 있어야 하지 않을까. 우리의 모델은 나사렛 예수가 아닌가?

# 메인스트림을 권하는 사회

한때 정가에서는 '주류론'으로 시끄러웠다. 정적(政敵)을 향해 그런 식으로는 이 나라의 주류, 메인 스트림에게 거부당할 것이라는 정치 공세였다. 그렇다면 도대체 이 나라 이 사회의 기득권을 장악하고 있는 메인 스트림은 과연 누구인가?

불행하게도 이 나라의 주류로 기득권을 가지고 있는 세력은 민족사의 정통성과는 거리가 먼 존재들이다. 일제가 패망하고 이 땅에 등장한 정치경제적 주류 세력은 일제시대 일본제국주의 세력에게 부역했던 자들이었으며, 이들은 미국 군정의 배경을 뒤로 하고 다시 자신들의 권세를 보호하면서 주류 행세를 하기 시작했던 것이다. 이들을 거슬러 올라가 보면 봉건시대의 잔재와 맥이 닿아 있으며, 이러한 연고로 해서 해방 이후 남한에 세워진 국가를 장악한 주류 세력들은 이 땅의 민족적 열망을 배반한 자들이었다.

### 일제시대 · 미국 지배체제 소산물이 결합해 만들어낸 기득권층

자연히 이들은 자신의 권세를 사리사욕적으로 이용했고, 역대 정권에 붙어서 그 기득권을 지켜내는데 혈안이 되다시피 했던 것이다. 이들 기득권 세력들은 이후 군사정권의 보호 아래 성장해 왔고, 그로써 자신의 기반을 방어해냈다. 하여, 이들은 자신들의 불의한 기득권을 지켜내려는 보수 세력일 뿐만 아니라 역사의 진전을 가로막은 수구 세력이었고 더 나아가서는 그 역사를 거꾸로 돌리려는 반동적인 지향성을 가지고 있기조차 한 것이다.

이른바 메인 스트림은 이 나라의 정치 · 경제 · 언론 · 교육 · 문화 · 군사 각 분야에서 인사와 물질을 좌우하고 있으며 그들의 기득권을 의문시하는 존재나 세력을 이념적으로 매도하는 일에 앞장서 왔다. 이들의 매도에는 반드시 '빨갱이'라는 단어가 위력을 발휘했고 그로써 무수한 사람들이 억울하게 희생되어온 역사가 있다. MBC가 5년간(1999. 9 - 2005.6) 〈이제는 말할 수 있다〉라는 프로를 통해 이 나라 역사의 메인 스트림이 저질러온 역사적 죄과에 대해 고발하기도 했다.

이런 점에서 보자면 이 나라의 교육이나 가치관은 메인 스트림의 정당성을 지지하는 방향으로 형성되었다고 할 수 있다. 이들의 정당성에 대하여 의문을 제기하거나 도전하면 그것은 곧 도발 행위로 진단되었고 파문의 대상으로 정리되는 운명에 처하게 되는 것이었다. 친일 경찰이 해방된 나라의 경찰 수뇌부가 되었고, 일본군에 부역하여 독립운동을 탄압했던 자들이 모자만 바꾸어 국군의 기간을 세웠으며 친일 지식인들이 이 나라 교육의 토대를 감당했으니 그런 나라의 메인 스트림이 가진 본질적 성격이 무엇인지는 더 이상 묻지 않아도 분명하다.

이후 미국이 이 나라의 운명을 좌우하다시피 하는 시기가 오면서 한국의 메인 스트림은 미국의 영향을 받은 자들이 된다. 알아서 미국의 이익을 챙겨주고, 알아서 미국의 입장을 대변해주고, 알아서 미국의 정책을 지지하는 세력으로서 이들은 친일세력 이후의 신주류의 자리를 차지하게 되었던 것이다. 무수한 미국 유학생들이 이러한 친미 주류 세력의 구성 요소가 되었고 그로써 한국사회의 메인 스트림은 이들의 향배에 따라 이루어지는 운명에 처하게 되었던 것이다.

결국 이렇게 보자면, 우리 사회의 메인 스트림은 일제시대 식민지 상황의 소산물과 미국의 압도적인 지배체제 하의 산물이 하나로 결합하여 이루어진 것임을 알게 된다. 그렇게 따지고 보면, 이 나라의 메인 스트림이란 국가와 민족의 장래에 대하여 헌신적으로 자신을 바친 이들이 아니라 일신의 영달을 위해 강대국의 손에서 사육된 세력이라는 것을 발견하게 된다. 하여 오늘날 한국의 언론들이 자주적이지 못하고,

강대국의 논리를 그대로 베껴 전달하는 까닭을 알게 된다. 태생적 한계와 출신의 본질을 고스란히 드러내고 있는 셈이다.

따라서 이들 메인 스트림은 이제 역사의 극복과 청산의 대상이며, 그로써 새로운 역사를 만들어내는 일에 장애가 되는 존재라고 할 수 있다. 새 포도주는 새 부대에 담아야 하는 역사의 시기에, 우리는 해방이라는 새 포도주를 낡은 부대에 담고 만 결과의 비극이라고 할 수 있다.

주류는 권력이다. 그래서 주류 '바깥에' 있는 이들은 누구나 한 번쯤 주류이기를 갈망한다. 주류들도 주류 권력의 단맛을 계속 즐기고 싶어한다. 그래서 '주류 콤플렉스'는 주류는 물론 비주류 모두에게 강요되는 것이다.

정계 · 재계 · 관계 등에서 이른바 TK · PK · MK 등으로 상징되는 많은 파벌과 인맥, 혈연을 중심으로 한 족벌과 혼맥, 동문 등으로 맺어진 학맥. 정치 · 경제적 이해관계로 얽힌 잡다한 인맥과 파벌이 할거하는 우리 시대의 모습은 어쩌면 주류 콤플렉스에 깊이 빠진 사회의 다양한 군상들의 모습이 아닐까. 주류론이 의미 있는 바는 어쩌면 이런 권력지향적인 헐벗은 군상들의 구체적 모습을 보여줄 수 있다는 점에 있는지도 모른다.

## 메인 스트림은 역사의 극복과 청산의 대상

이러한 차원에서 교회는, 기독교는 기존의 메인 스트림이 되려는 것에 존재적 목적이 있는 것이 아니라, 새로운 차원의 내용을 가진 새로운 유형의 메인 스트림을 창출해내는 것이 책임이다. 바울이 세상 풍조를 닮지 말라고 했는데 그것은 바로 불의한 메인 스트림을 의미하는 것이며, 따라서 우리는 이러한 주류를 거부하고 새로운 주체가 되어야 하는 사명이 있는 존재들인 것이다.

예수 선교의 현실을 보면, 그 자체가 불의한 메인 스트림, 불의한 주류 세력들과의 대결이었다는 점을 발견하게 된다. 이것을 피하고서는 새로운 하나님 나라의 질서는 바랄 수 없다. 이 땅의 메인 스트림은 우리가 본받을 만한 세력이 아니라, 하나님 나라의 완성을 위해서 교체되어야 할 대상이며 우리는 그 교체된 자리에 새롭게 서야 할 새로운 주체 세력인 것을 깊이 깨달아 이를 완성시켜야 할 것이다.

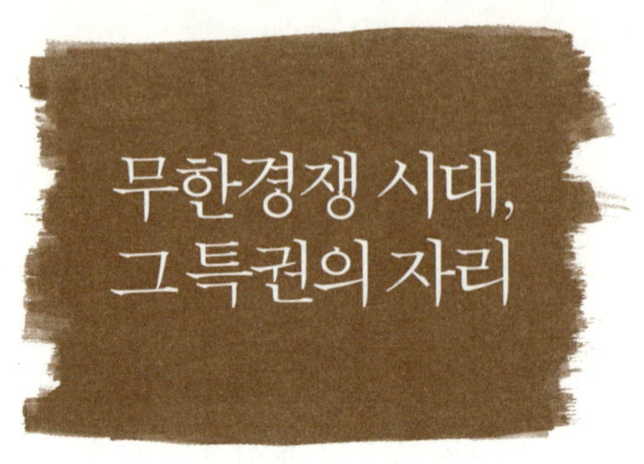

# 무한경쟁 시대, 그 특권의 자리

요사이 젊은이들은 연애 따로, 결혼 따로의 풍조가 만연하다고 한다. 실리우선주의가 가정의 미래를 지배하고 있다는 이야기이다. 물론 이런 모습이야 그동안 보지 못했던 무슨 대단하게 생경한 일은 아니지만, 그래도 그건 과거의 경우 인생사를 살면서 지쳐버린 기성세대의 대체적인 사고방식이었는데 사랑과 패기로 살아가야 할 세대조차 그렇지 못하게 되어가고 있는 것은 사회의 병든 모습을 그대로 드러내고 있다 하겠다. 사람보다 그 사람을 이루는 집안배경과 능력 위주로 상대를 고르는 것이 상식이 되어가고 있다는 말인데, 그것은 결국 사람과 결혼하는 것이 아니라 조건과 결혼하는 셈이니 그 조건이 변해버리면 그런 때에는 어떻게 사태를 감당하려는지 걱정이 든다.

사람이 좋아서 함께 만나 가정을 이루어도 어려운 고비가 무수히 있게 마련인데, 조건으로 결합한 가정이라면 헤어지는 일도 아마 그렇게 어렵지 않을 것이다. 이쯤 되면 반론도 만만치 않을 것이다. 사람이 좋아도 조건이 불편하면 사랑이 깨진다고 말이다. 그러나 그렇게 깨질 사랑이면 애초에 사랑이라고 할 수 없을 것이다. 그런 정도의 장애도 극복하지 못하면서 사랑한다는 자는 사랑할 자격이 없다고 해야 옳지 않을까.

## 실리주의라는 우상숭배

서로 처지가 사회적으로 어울리지 않는다고 여기면 부모들이 들고 일어나서 기를 쓰고 말리는 경우도 우리는 적지 않게 본다. 그렇게 해서 갈라놓고 손해 보지 않을 결혼, 이익이 남는 결혼을 골라서 시키느라고 혈안인 것이다. 사람이 아무리 괜찮아도 집안이 볼 것 없으면 일단 합격선에서 밀려나지만, 집안의 명성이 드높으면 그 사람에 대한 평가도 덤으로 올라간다. 이런 시각은 신앙이 우리에게 일깨워주는 가치관과는 전혀 반대이다. '그 사람의 환경과 주변이 좋든 나쁘든 문제는 그 사람 자체이다'라는 하나님의 시선과는 딴판인 것이다.

더 나아가서 그 사람의 과거가 혹 문제가 있다 해도 그걸 약점으로 잡아 걸고넘어지지 않으신다고까지 하시는 하나님의 생각과 비교해보면, 그 사람이 선택한 것도 아닌 환경을 가지고 시비로 삼는 것은 실로 잔인한 사고방식이 아닐 수 없다. 이걸 '잔인하다'고 생각할 수 있어야 하는데 그렇지 않고 '현실이 다 그렇지 않은가'라고 생각하는 것이 경쟁 시대에 실리주의를 우상으로 삼고 있는 사회의 증상이다.

무엇이든 그 집안의 명예와 위신을 높이는 일에 도움이 되는가 아닌가가 그 판단의 기준이 된다. 그래서 사람들은 빽적지근한 가문과 연을 맺는 것을 자랑으로 여기고, 사회적 위상에 변화가 오는 것을 기뻐한다. 그 반대의 경우에는 이를 수치로 받아들여 한사코 반대하는데, 정작 그 속을 들여다보면, 다들 정도의 차이가 있을 뿐이지 명문가가 되고 싶어 하는 마음들은 한 가지이기 때문이다.

이름을 내는 집안이 되면 남들이 존경해주고 알아주고 떠받들어주고, 그런 집안과 알고 지내는 것을 자랑으로 생각하기 때문인데, 사실상 이것은 열등감의 발로이다. 우리나라의 족보는 단지 혈통의 확인과 그 계보의 기록이라는 차원에서만이 아니라, 그런 콤플렉스의 깊고 깊은 흔적이기조차 하다. 따지고 보면 허무한 치장인데도 사람들은 그런 치장으로 자신을 높일 수 있다고 여기기에 족보의 명은 길다.

한 가문이 권세를 잡으면 권문세가가 되어서 어이없게도, 성씨가 같다는 이유 하나로 한 시대를 호령했다. 그리고 그런 호령으로 한번 특권층이 되면 마르고 닳도록 그 특권을 지키기 위해서 별별 수단을 다 쓴다.

예전에 이완용의 후손이 땅을 찾았다는 소식이 있었다. 이는 우리나라 현대사의 말할 수 없는 수치이자, 특권구조의 강고한 존재를 그대로 보여주는 예이다. 하여 이 특권구조의 한 자리를 차지하고 있는 그 후손은 그렇게 당당할 수가 없다. 그런 당당함을 용납해주고 있는 우리나라의 법이란 것, 우리 민족의 의식수준이라는 것을 어떻게 이해해야 하는지 막막해질 지경이다.

따지고 보면, 이완용의 집안은 당시 실로 명문가였다. 그는 당대의 천재라고 사람들이 부러워했고, 나라가 망해도 그 집안은 귀족이 되어서 권문세가의 위엄을 부릴 수가 있었다. 그만이 아니라 무수한 명문세도가들이 나라의 패망과는 상관없이 몇 십 간짜리 대궐 같은 집을 그대로 움켜쥐고 자신들의 일신의 영달을 누렸고, 그 자손들은 일본, 미국, 영국 등으로 유학을 다녀와 고스란히 다음 시대의 지배자들이 되었던 것을 우리는 모르지 않는다.

민중은 수탈당하고, 독립이요 뭐요 하면서 가정이 파산 나고 육신이 일그러지는 동안에 이들 명문가들은 '세월이 이렇게 좋을 수야'하면서 민족의 현실은 아랑곳없이 끼리끼리 연을 맺고, 특권의 바벨탑이 무너질세라 판검사를 배출하고, 국회의원을 배출하고, 박사들을 배출했다. 그 판검사들과 국회의원들과 박사들이 나라를 위해서 무엇을 했는가 보면, 기도 차지 않는다. 힘 좀 있다고 죄 없는 사람 가둬, 돈 없는 사람 중형 때려, 기회만 있으면 부패와 부정 저질러, 교묘한 말로 권세가들을 옹호해, 그렇게 살면서 밤낮으로 주지육림(酒池肉林)에 빠져서 정력 보강하느라고 기를 쓰다가 곱게 못 늙고 날이 갈수록 추해지는 것이다.

## 경쟁시대, 귀족 가문의 커넥션

그런데 이런 으리벅적지근한 위세를 지닌 사람들이 그 집안을 채울 때 사람들은 그런 집안을 가문이 좋다고 생각한다. 그런 집안과 연을 맺으면 덩달아 명문가가 되는 길이 열린다고 여기는 것이다. 그리고 이것은 오늘날에도 크게 달라지지 않았다. 우리 사회의 특권층들이 귀족 가문의 커넥션으로 되어가고 있다고 어느 한 잡지는 신랄하게 그 현실을 보고하고 있다. 깊이 들여다보면, 얼키설키 엮어져 있는 그 혼맥은 오늘날 한국사회의 중추에 누가 버티고 있는지를 그대로 드러낸다. 자기들 정도의 사회경제적 수준이 아니면 거들떠보지도 않고, 인간으로 생각도 않는 그런 현실이 한쪽에 있는 것이다.

이들은 한국사회의 변화에 저항하고, 자신들의 기득권을 유지하기 위해서 각종 정치경제적 영향력을 행사하며, 그로써 한국사회가 특권의 배분을 통해서 위계질서화하도록 만들어간다. 그래서 세상이 부러운 눈초리로 바라보는 명문가라는 것이, 알고 보면 특권을 누리고 유지하기 위해서 자기들끼리 철벽을 쳐놓고 으스대는 이들이라는 것을 보게 된다.

그런데 나라를 망하게 한 자들, 나라를 부패하게 만들고 사람들을 업신여기고 자기들 세상처럼 굴다가 민족 전체를 곤경에 몰아넣은 부류들은 대체로 이런 자들이었다는 것을 역사가 증언하고 있다면, 우리는 어떻게 생각을 정리해야 할까? 힘없는 백성들이 나라를 망하게 한 예는 없다. 아니 나라를 망하게 할 힘조차 없는 이들이 어떻게 그리할 수 있겠는가. 도리어 이들은 나라의 패망 앞에서 가장 먼저 나라를 구하기 위해서 나섰으면 나섰지 특권층들처럼 나라의 주인이 바뀌거나 정권이 바뀌어도 내내 1등석에 앉을 궁리나 하면서 몹쓸 짓을 하지는 않았다.

현대 한국사회의 특권층은 결국 중세봉건체제가 근대적 과정을 거쳐서 해체되기보다는 일제 식민지체제로 이어지면서 낡은 토지소유관계가 상당 부분 잔존하면서, 이에 기반을 둔 세력들이 한국사회의 근대사를 장악해버렸다는 점에 그 역사적 출생을 찾아볼 수가 있다. 한 보고서에 따르면, 3-4퍼센트의 인구가 전국 토지의 80퍼센트를 차지하고 있다고 하니, 지난 반세기 동안 이러한 토지소유의 집중화는 특권의 질서를 견고하게 만드는 기초가 되었음을 어렵지 않게 짐작할 수 있다.

해방 당시, 중세봉건적 잔재와 일제 식민지시대의 토지소유관계를 일제히 정리하여 새로운 민주적 토지소유관계로 전환하는 정치적 변화가 있어야 했으나, 권력과 결탁하여 토지소유의 특권을 유지하려는 세력의 움직임이 주도하면서 이후 한국사회의 민주주의는 근본적인 한계를 지니게 되었던 것이다.

사회경제적 불평등과 빈부격차의 심화가 확대재생산 되는 사회에서 특권을 폐지하고 누구나가 평등하고 자유로운 사회경제적 권리를 향유할 수 있도록 공평무사한 경쟁의 무대를 만들어주는 민주주의가 발전한다는 것은 어려운 일이며, 정치가 그런 개혁적 방향으로 간다는 것 또한 불가능한 상황이 될 수밖에 없다. 토지귀족이 길러낸 정치가와 산업자본가들이 자본주의 사회 내에서 현대판 귀족체제를 형성하여 자신들의 배타적인 세력을 꾸리고, 한국사회의 미래적 활력에 상처와 절망감을 주고 있는 것이다.

그래서 '돈 없는 이들은 계속해서 고생하고 아무리 열심히 일해 봐 야 잘 살 수 있는 길은 원천봉쇄 되어 있다.'는 좌절감이 깊어지면, 특권의 위계질서 자체가 근본적인 도전에 직면하게 된다는 점에서 이는 한 사회의 건강한 결속력을 파괴하는 결과를 가져온다. 부자들에 대한 무작위적인 증오를 기반으로 하여 폭력을 행사했던 사례들은 이러한 사회의 극단적인 병세라고 하겠다.

우리와 마찬가지로 해방 반세기를 맞이하고 있는 인도와 파키스탄을 보면 명문가의 허무함을 볼 수 있다. 인도의 네루 집안, 파키스탄의 부토 집안은 그 출발의 역사성과는 달리 그 자손들이 부패의 늪에 빠져 나라와 가문을 망신살 뻗치게 했다. 특권에 안주하면서 그것이 보장해주는 안전망에서 범죄적 행동을 자신의 삶의 스타일로 삼은 자들의 비극이다. 애초에는 훌륭하게 시작했던 가문이, 한마디로 집구석이 엉망이 된 것이다.

## 아모스의 질타

죄를 지으면서 안전하다고 여기는 이들에게 아모스는 하나님의 목소리를 전한다. 그들의 특권이 건설한 요새가 과연 안심하고 피해 있어도 될 자리인지 묻고 있다. 그리고는 하나님의 심판이 오는 것을 경고한다.

너희는 망한다. 시온이 안전하다고 생각하고, 거기에서 사는 자들아, 사마리아의 요새만 믿고서 안심하고 사는 자들아. 이스라엘 가문이 의지하는 으뜸가는 나라, 이스라엘의 고귀한 지도자들아. 너희는 갈레로 건너가서 살펴보아라. 거기에서 다시 큰 성읍 하맛으로 가 보아라. 그리고 블레셋 사람이 사는 가드로도 내려가보아라. 그들이 너희보다 더 강하냐? 그들의 영토가 너의 것보다 더 넓으냐? 너희는 재난이 닥쳐올 날을 피하려고 하면서도, 너희가 하는 일은 오히려 폭력의 날을 가까이 불러들이고 있다. … 아마샤는 아모스에게도 말하였다. '선견자야, 사라져라! 유다땅으로 도망가서 거기에서나 예언을 하면서 밥을 빌어먹어라. 다시는 베델에 나타나서 예언을 하지 말아라. 이곳은 임금님의 처소요, 왕실이다.' 아모스가 아마샤에에 대답하였다. '나는 예언자도 아니고, 예언자의 제자도 아니다. 나는 집짐승을 먹이며, 돌무화과를 가꾸는 사람이다. 그러나 주께서 나를 양 떼를 몰던 곳에서 붙잡아 내셔서 주의 백성 이스라엘에게로 가서 예언하라고 명하셨다'(아모스 6:1-3, 7:12-15).

그런데 아모스는 정작 이스라엘 출신이 아니라, 남쪽의 유다 출신이었다. 그러니 그가 이스라엘의 현실을 비판하는 것은 이스라엘의 자존심을 건드리기에 충분하였다. '네 집구석이나 잘 챙겨,' '네가 무언데 우리 집안을 헐뜯는가?'하는 비아냥이 금세 그를 향해 반격처럼 꽂힐 그런 상황이다. 게다가, 그는 이스라엘의 신흥 명문가 아마샤와 일대 대결을 벌이고 있으니, 이건 누가 보아도 싸움이 되지 않을 듯한 한판이다.

아모스가 예언활동을 한 시기는 여로보암 2세가 통치하던 시기인데, 여로보암 2세는 엘리야의 뒤를 이어 이스라엘의 영적 지도자가 되었던 엘리사가 하나님의 뜻에 따라 점지한 예후의 자손이다. 예후는 또 누구였던가? 이스라엘의 정신적 부패를 개혁하기 위해서 엘리사의 권고에 따라 일대 혁명을 일으켰고, 그로써 바알 숭배의 근본을 뒤집어 엎어버린 인물이었다. 그로써 이스라엘은 일대 영적 개혁의 시기에 들어갔고, 그의 집안은 이스라엘을 이끄는 새로운 가문으로 부상하였다.

이런 집안에서 자란 여로보암이기에 그에게 한 구석 기대를 걸만도 했다. 그러나 현실은 그렇지 못했다. 여로보암 2세가 통치하던 시기에, 이스라엘은 주변 제국들을 제압하는 강국으로 융성함을 떨쳤다. 그래서 여로보암 2세의 치적은 남들이 넘볼 수 없는 것이었으나, 그 치적과

융성함의 이면에는 정의가 짓밟히고, 정신적 타락이 만연하며, 강자가 약자를 능멸하는 것이 아무렇지도 않은 현실이 존재하고 있었다.

백성들은 모두 이런 것이 사는 것인가 보다 했고, 여로보암식의 지배에 저항하지 못했다. 나라는 비록 분열되었으나, 그래도 여로보암의 위대한 지도력으로 나라가 이만큼 잘 살게 되었고, 강국으로 주변의 경계심까지 일으킬 정도가 되었으니 국가권력의 정통성에 도전할 세력은 찾기 어려웠던 것이다. 게다가 새롭게 세워진 베델의 성전은 여로보암 체제를 종교적으로 옹호하는 데 있어서 매우 중요한 역할을 했다.

바로 그러한 때에, 아모스라는 인물이 출현한 것이다. 여로보암 2세 입장에서는 한참 끗발 좋게 잘 나가고 있는 판국에 웬 낮도깨비 같은 자가 나타나서 잔치 분위기를 흐리고 있는 셈이다. 그런데 아모스는 눈 하나 깜짝하지 않고 이스라엘의 부패와 부정과 타락과 부정의의 죄를 신랄하게 고발하기 시작했다. 그 예언의 핵심은 다른 것이 아니었다.

너희가 이 따위로 살면서 온전할 줄 아느냐? 하나님께서 침묵하고 계시리라고 여겼다가는 오산이다. 늦기 전에 돌아서라. 아니면, 모두 망할 것이다.

이렇게 여로보암 가문을 비난하고 다니는 것을 아마샤가 그냥 보고 있을 수는 없는 노릇. 혹세무민에다가 온갖 유언비어 그리고 왕에 대한 모독적인 발언까지 함부로 하고 다니는 이런 자를 그대로 둘 수는 없었던 것이다. 그래서 아마샤는 아모스의 입을 막으려 한다.

유다 출신 주제에 어디서 와서 행패냐? 여긴 너 따위가 입을 벌리고 다닐 그런 땅이 아니다. 너는 감히 쳐다볼 수도 없는 명문가의 왕이 계신 처소요, 왕실이다.

아마샤는 아모스가 왕에게 반역하고 있다고 경고하는데, 정작 그는 왕이 하나님에게 반역하고 있는 것은 보지 못하고 있었다.

## '쥐뿔도 없는 아모스', '이름 없는 명문가'

그때 아모스는 이렇게 말한다. "나는 예언자도 아니고, 예언자의 제자도 아니다." 무슨 말인가? "아마샤, 너는 베델의 명문가 제사장이라고 뻐기는구나. 그래 나는 무슨 이름난 예언자도 아니고, 또 누구의 문하에서 수업을 받은 바도 없다. 나는 명함 한 장 없다." 그리고는 이어 이렇게 자신을 묘사한다. "나는 집짐승이나 먹이고, 돌 무화과나 가꾸는 천한 놈이다." 이건 또 무슨 이야기인가? "그래, 나는 네가 보기에 밥이나 빌어먹게 생긴, 쥐뿔도 없는 놈이다. 그런데, 그런 천한 놈에게 하나님이 말씀을 내리셔서 역사의 현장으로 불러내셨다."

아모스는 이런 말도 한다. "하나님이 말씀하시는데, 누가 예언을 가로막느냐?" 그가 자신을 불러내신 하나님의 행위를 '붙잡아 내셔서'라고 표현하고 있는데, 이는 들판에서 계속 그대로 양을 치고 과실수를 가꾸는 일에만 묻혀 있기에는 도저히 견딜 수 없게 만드신 하나님의 영의 역동적인 움직임이 있었음을 보여주는 대목이다. 아마샤는 아모스의 초라한 행색과 그 출신을 보고 능멸하였으나, 아모스는 자신에게 하나님께서 함께하심을 확실하게 밝히고 있다.

이 '쥐뿔도 없는 아모스'가 그 대단한 명문가의 세도와 맞서서 하나님의 말씀을 선포하는 광경은 눈부시다. 어느 누구도 그를 저지할 수 없는 위엄과 생명의 영력이 그의 모습에서 뿜어져 나오기 때문이다. 그리고 그는 세상이 부러워하는 너희의 삶이 사실은 망할 길을 재촉하고 있다고 선언한다. "세상이 부러워하는 자의 삶이 도리어 죽을 길을 달려가고 있다는 경고", 이것은 실로 특권에 대한 역습이다.

아모스는 이를 불평등이라든가 아니면 부정의라는 차원에서만이 아니라, 생명과 죽음의 문제로 우리들에게 제기하고 있다. 한마디로, '특권은 죽음이고, 특권의 폐지는 생명이다.'라는 결론이다. 쥐뿔도 없는 자가 도리어 생명을 소유하고 있으며, 특권을 화려하게 누리고 있는 자가 이미 죽음의 자리에 서 있는 것이다.

해방 이후의 역사는 어떻게 보면, '밥이나 우선 먹고 보자'와 '정의를 먼저 세우자'의 싸움이기도 했다. 배가 고플 때 정의는 사실상 생각하기 어렵다. 반면에, 배가 부르면 정의는 거의 불가능해진다. 부정의하게 유지해온 것을 그대로 움켜쥐고 유지하느라고 더 큰 죄를 짓지 않을 수 없게 되기 때문이다. 체질이 이미 그렇게 먹지 않고는 버틸 수 없게 되어 있기 때문에 정의로운 삶은 고통스러운 것이 되고 만다. 그러나 정의가 없는 배부름은 모두를 결국 타락하게 하고 죽음의 길로 이끌지만, 정의가 있는 배고픔은 순결한 훈련과 감사의 과정이 되며 정작 배가 찼을 때 정의로운 능력을 지니게 된다.

## 정의를 잃어버린 풍요의 비극

오늘날, 이 나라의 되어가는 형편은 정의를 잃어버린 풍요의 비극이다. 그리고 그 풍요조차도 지금은 불확실한 상태에 놓여 있다. 사찰사건으로 촉발돼 일파만파로 번지고 있는 사건은 그 단적인 예이다. 정의를 떠난 풍요를 향해 온 사회가 질주하는 것은 잠시의 배부름을 가져다주고 명문가의 세도를 누리게 해주는 듯하지만 결국 죽을 길을 재촉하는 일인 것을 하나님께서는 오늘 일깨우신다.

가난한 자에게 인정을 베풀고, 힘없는 자를 짓밟지 않고, 부정의한 길로 가문의 세도를 부리는 이들을 결코 존경하지 않으며, 술수와 권력과 돈을 우상으로 섬기는 일을 단호히 거부하고 가진 것으로 인간을 판단하지 않는 아름다움을 최선의 가치로 여기는 일을 게을리한 사회는 병고에 시달릴 수밖에 없다.

하여, 인간의 성공과 실패는 세상의 논리로는 그의 지위나 달성한 목표가 기준이 되지만, 진정한 기준은 거기에 있지 않다. 그의 존재 내면에 타자에게 나누어줄 만한 인격적, 영적, 정신적 힘이 얼마나 있는가가 더 중요한 내용이다. 아무리 지위가 높아도 그 마음이 교만하고 편협하면 그 지위는 오욕의 현장이 된다. 아무리 성취가 대단해도 그 영적 내용물이 천박하면 그는 헛살았다고 할 수 있다.

상처 받아 신음하고 있는 자를 위해 그가 얼마나 위로와 치유의 능력이 있는가, 절망의 나락에 빠진 이에게 뜨겁고도 실질적인 희망을 제시할 수 있는 힘이 있는가, 앞을 가늠하지 못하는 상황에서 빛이 되는 지혜를 내어놓을 수 있는 사람인가, 미움과 대결의 현실에서 용서와 화해, 그리고 사랑의 능력을 발휘할 수 있는가, 인간의 마음을 한없이 겸허하게 그리고 온유하게 만드는 성품을 가지고 있는가, 열정이 다 식어버린 곳에 다시금 재기의 열망을 불어넣는 영적 강렬함이 있는가, 재빠른 계산과 이익에 눈이 어두운 현실에서 굳건한 양심과 순결한 의지를 가지고 세상을 감동시킬 수 있는 자세를 가지고 있는가, 그가 나타나면 갈라졌던 이들의 사이가 하나가 되고, 그가 나타나면 침울했던 자리에 활기가 돌고 그가 나타나면 답답했던 심정이 뻥하고 뚫릴 것만 같은 느낌을 주는, 그런 멋진 인간이 될 것인가, 이것이 무한경쟁 시대에 성공과 실패의 기준이며 풍요와 가난의 표준이 되어야 한다.

이에 실패한다면, 열매가 별로 많지 않거나 또는 그 맛이 별 볼일 없어 힘만 들고 망쳐 버린 포도농사를 한 셈이다. 포도열매를 내놓아야 할 계절이 왔음에도 내놓을 것이 없어 막막해지는 자의 신세가 되는 것이다.

그 잘난 여로보암과 그 대단한 아마샤가 보기에, 아니 스스로 보기에도 내세울 것 없는 아모스가 오늘, 우리에게 하나님의 말씀을 전하고 있다. 하나님의 의를 세우는 일에 자신을 다하는 자가 진정 하나님의 축복을 받을 것이라고 말이다. 세상이 아무리 대단한 명문가처럼 여겨도 하나님께서 인정하지 않으시면 소용이 없음을 깨우쳐야 한다. 세상이 우습게 여겨도, 하나님께서 귀하게 여기셔서 '이름있다' 하시면 그 이름이 영원한 것이다. 하나님이 세워주신 인류의 명문가가 되는 것이다. 그 명문가는 특권을 누리는 가문이 아니라 인류의 미래를 위해 자신을 내어놓는 이들의 집안이다. 한마디로 '이름없는 명문가'이다.

우리 민족도 그런 비전을 품어야 하지 않겠는가? 이름 없는 명문가! 그것은 네모난 삼각형, 각이 진 동그라미 같은 말이지만 하나님 안에서 이루어지는 은총이다. 또다시 새롭게 주어진 한 치 앞을 예측할 수 없는 무한경쟁 시대, 이름 없이 빛도 없이, 바벨탑을 향한 특권을 소멸시킬 하나님의 의가 이 땅에 이루어지기를 기도하며, 우리들이 그런 일에 의미 있게 쓰이기를 기도하는 민족이 될 수 있도록 힘써야 하지 않을까? 사도 바울은 이렇게 고백한다. "나는 이름 없는 자 같으나 이름 있는 자요, 가난한 자 같으나 모두를 풍요하게 하는 자요."라고.